# EINFACH, SCHNELL UND GUT!

## Das Kochbuch für alle Gelegenheiten.

Maria Steinbrugger

# Vorwort

Mein **Kochbuch für Einsteiger** schreibe ich vor allem für jene Frauen und Männer (Berufstätige, Studenten, Pensionisten), die bisher wenig Zeit und Lust zum Kochen hatten oder sich nicht zutrauten, etwas Schmackhaftes und Gesundes für die Familie oder Freunde auf den Tisch zu bringen.
Ich weiß, aller Anfang ist schwer und es ist noch **„kein Meister vom Himmel gefallen"!** Ich möchte Ihnen Mut machen, Schritt für Schritt die **Zubereitung einfacher Speisen** zu versuchen. Vielleicht gelingt der erste Versuch nicht ganz optimal, aber beim zweiten Mal geht es schon viel besser!
Mit der Zeit werden Sie bestimmte Fertigkeiten erlangen, vielleicht sogar eigenständig ein Rezept verändern oder neu erfinden.

Der Großteil der ausgewählten Gerichte ist wahrscheinlich ohnehin bereits als so genannte „Hausmannskost" bekannt, das eine oder andere Rezept wird sicher Ihre Neugierde und Ihr Interesse an Neuem wecken können. Die Zutaten der von mir ausgewählten Rezepte sind in jedem „normalen" Lebensmittelgeschäft erhältlich und für jeden erschwinglich. Manche der angegebenen Zutaten können leicht durch andere ersetzt werden.

Im Sinne der Zeitersparnis und Vereinfachung der Zubereitung möchte ich auch das reichhaltige Angebot des Lebensmittelhandels an Halbfertigprodukten für meine Rezepte nutzen. In der Beschreibung der Zubereitung mache ich auf mögliche Schwierigkeiten oder Fehlerquellen aufmerksam und gebe Tipps für die Lösung ev. auftretender Probleme.
Wichtig ist mir auch, grundlegendes Wissen darüber zu vermitteln, wie man mit Lebensmitteln richtig umgeht, damit unser Essen auch gesund und nicht nur „magenfüllend" ist.

Die Fotos zu den Rezepten wurden größtenteils von mir in meiner Küche fotografiert. Sie dienen der Veranschaulichung von Arbeitsschritten bzw. der Vorstellung der fertigen Speisen. Die angegebenen Zubereitungszeiten sind grobe Richtwerte.

**Abschließend wünsche ich Ihnen viel Erfolg und Spaß beim Probieren und Experimentieren und vor allem Freude beim Genießen!**

***Maria Steinbrugger***

## Koch- und Arbeitsbehelfe

### Für die Vorbereitung

- 1 – 2 Schneidbretter aus Kunststoff: 1 größeres für die Fleischbearbeitung ev. mit Saftrinne, 1 etwas kleineres für Gemüse usw. Zu kleine Schneidbretter sind eher unpraktisch.
- Schüsseln in verschiedenen Größen (Plastik, Glas oder Edelstahl, ev. mit Deckel)
- Messer: 1 gutes Fleischmesser, 1 mittleres Schneidemesser, 1 kleines Messer zum Gemüse putzen
- 1 Kartoffelschäler
- 1 Gemüsereibe (ideal ist eine Vierkantreibe) oder ein Hobel mit verschiedenen Einsätzen
- 1 Abtropfsieb (für gekochte Teigwaren, gewaschenen Blattsalat usw.)
- 1 – 2 Siebe (groß und klein)
- 1 Küchenwaage
- 1 – 2 Messgefäße
- 1 Dosenöffner
- 1 Apfelentkerner
- 1 Fleischklopfer

### Für die Zubereitung

- 1 – 3 Pfannen zum Braten: 1 Edelstahlpfanne mit dickem Boden und Deckel zum Braten, 1 beschichtete Pfanne, ev. 1 Pfännchen für kleine Mengen
- 1 Stielkasserolle: Die Töpfe sollten aus Stahlemail oder pflegeleichtem Edelstahl sein, mit einem dicken Boden aus Alu- oder Kupferkern. Diese gewährleisten eine gute Wärmeleitfähigkeit. Metallgriffe bei Topf und Deckel werden meist heißer als Kunststoffgriffe.
- 1 hohen Topf für Suppen oder Teigwaren mit Deckel
- 1 – 2 halbhohe Töpfe mit Deckel – Durchmesser ca. 18 cm und 14 cm (Kasserolle)
- Viereckige (oder ovale) Kasserollen für das Backrohr (für Braten, Aufläufe, Lasagne) aus Metall, feuerfestem Glas oder Keramik
- 1 – 2 Backschaufeln (Alleswender)
- 2 – 3 Kochlöffel
- 2 Schneebesen (groß und klein)
- 2 – 3 Schöpfer in verschiedenen Größen, 1 Siebschöpfer oder -löffel

- 1 Passiersieb (Flotte Lotte)
- 1 Kartoffelpresse oder Kartoffelwiege
- 1 Mixer mit Pürierstab
- 1 Teigspachtel mit Stiel
- 1 Teigkarte
- Backformen: Tortenform, Kastenform, ev. Rehrückenform, Guglhupfform
- 1 – 2 Spritzsäcke mit Tüllen (es gibt auch Einwegspritzsäcke aus Plastik)
- ev. 1 Kurzzeitmesser
- 1 Zitronenpresse
- 1 Flaschenöffner und Korkenzieher
- 1 Pfeffermühle
- 1 Menage (Salz- und Pfefferstreuer)

## Grundvorräte von Lebensmitteln und ihre Aufbewahrung

**Brot:** Reines Roggenbrot hält am längsten im luftdurchlässigen Brotbeutel oder in einem Brotkasten (oder im Tontopf der wöchentlich einmal mit Essigwasser ausgewaschen werden soll). Knäckebrot, Vollkornbrot in Scheiben ev. einzeln verpackt, Mini-Baguettes zum Aufbacken.

**Butter, Margarine:** wird im Kühlschrank gelagert. Margarine gibt es auch in Flaschen (z. B. Rama flüssig), sie sind sehr praktisch.

**Eier:** werden im Kühlschrank gelagert. Freilandeier sind besser als Batterieeier, Mindesthaltbarkeitsdatum beachten.

**Joghurt, Sauerrahm, Schlagobers:** Angebrauchte Becher immer gut verschließen, im Kühlschrank lagern und bald verbrauchen. Haltbares Kaffee- oder Schlagobers und QimiQ hält auch ungekühlt, geöffnete Packungen bis zum endgültigen Verbrauch im Kühlschrank aufbewahren. Creme fraiche und Schlagobers können durch Rama Cremefine ersetzt werden.

**Milch:** gibt es mit unterschiedlichem Fettgehalt, in Halbliter- oder Literpackungen, sie wird im Kühlschrank aufbewahrt. Haltbarmilch ist ungekühlt haltbar, geöffnete Packungen kühlen. Frischmilch immer gut verschließen, da sie leicht fremde Gerüche annimmt.

**Käse:** Hartkäse wird in Wachspapier eingewickelt und im Käsefach der Kühlschranktür oder in einer Käseglocke aufbewahrt. Parmesan ist besonders als Dauervorrat geeignet, doch bevor er zu trocken wird, am besten alles reiben und im Plastikbecher einfrieren, so steht er sofort zur Verfügung. Gekaufter, geriebener Parmesan ist meist zu fein gerieben, hat nur wenig Aroma und schimmelt leicht, wenn er in der angebrochenen Packung aufbewahrt wird.

**Kaffee:** wird in einer gut verschließbaren Kaffeedose aufbewahrt, löslicher Bohnenkaffee in Gläsern oder in Portionsbeuteln.

**Konserven:** Unbedingt sollte man Tomaten geschält, passiert in Dosen oder im Tetrapack zu Hause haben. Thunfisch, Maiskörner, Bohnen, ev. einige Obstkonserven.

**Kräuter:** am besten frisch vom Garten oder Markt, im angefeuchteten Küchenpapier in der Frischhaltebox im Kühlschrank aufbewahrt. Tiefkühlkräuter sind sehr praktisch, wenn auch relativ teuer. Getrocknete Kräuter in dunklen Gläsern mit Schraubverschluss aufbewahren. Am häufigsten gebraucht werden: Thymian, Majoran, Oregano und Basilikum.

**Getreideprodukte:** Mehl, Maizena, Nudeln, Reis, Brösel, Haferflocken, Müsli usw. werden immer gut verschlossen (Glas mit Schraubdeckel) aufbewahrt. Sie sind anfällig für Lebensmittelmotten!

**Öle:** Zum Kochen ein einfaches geschmacksneutrales Öl verwenden z. B. Raps- oder Olivenöl, für Salat kalt gepresstes Olivenöl „extra" oder „extra vergine" bevorzugen. Auch Kürbiskernöl ist sehr schmackhaft und soll kühl und dunkel gelagert werden. Im Kühlschrank bilden sich bei einigen Ölen Ausflockungen, die aber die Qualität nicht vermindern.

**Zucker, Salz, Gewürze:** sollen vor Feuchtigkeit geschützt (sonst Klumpenbildung) werden. Pfeffer (am besten frisch gemahlen), Muskatnuss, Paprikapulver, Kümmel und Zimt gehören zur Gewürz-Grundausstattung.

**Aromaten:** Suppenwürze, Bratensaft, Sojasauce, Senf, Ketchup, Tabasco.

**Fix-Einbrenn oder Saucenbinder:** sind sehr praktisch zum raschen Binden von Suppen und Saucen.

## Küchenorganisation

Gute Planung beim Kochen spart Zeit. Stress und Pannen können so leichter vermieden werden.

**Wie gehe ich am besten vor?**

**1.** Rezept(e) genau lesen. Zutaten und ev. Kochutensilien herrichten.
**2.** Wenn mehrere Speisen (z. B. ein Menü) zubereitet werden sollen, ist zu überlegen, mit welcher Speise begonnen werden muss. Wenn Speisen längere Garzeiten (Kühl- oder Rastzeiten) haben, zuerst mit deren Zubereitung beginnen.
**3.** Während längerer Wartezeiten benutzte Arbeitsgeräte gleich reinigen und ev. schon wegräumen, wenn sie nicht mehr gebraucht werden oder andere Zutaten vorbereiten. Den Arbeitsplatz immer sauber halten!
**4.** Notwendige Vorbereitungsarbeiten, wie Gemüse putzen, Kartoffeln schälen, Zwiebeln oder Gemüse zerkleinern etc. zu Beginn erledigen, die Abfälle gleich entsorgen und den Arbeitsplatz säubern.
**5.** Backrohr rechtzeitig vorheizen (nicht alle Backrohre heizen gleich schnell auf). Wasser zum Kochen von Knödeln oder Teigwaren rechtzeitig zustellen, damit unnötige Wartezeiten vermieden werden.

## Die wichtigsten Garmethoden

**Kochen oder sieden (ca. 100 °C)**
für Teigwaren, Knödel, Kartoffeln, Hülsenfrüchte usw. Man benötigt dafür einen eher größeren Topf (entsprechend der zu kochenden Menge) mit Deckel. Zum Sieden benötigt man meist viel Wasser, das Kochgut muss immer mit Wasser bedeckt sein. Das Wasser soll immer leicht wallen (sprudeln). Teigwaren und Knödel werden immer in bereits siedendes Wasser eingekocht.

**Überkochen oder blanchieren**
ist kurzes (ca. 3 – 5 Minuten) Kochen in sprudelndem Wasser: z. B. um Tomaten zu schälen. Kohlblätter und Spinat werden blanchiert, um unerwünschte Inhaltsstoffe zu entfernen und die Blätter geschmeidiger zu machen.

**Garziehen**
Speisen werden unter dem Siedepunkt (bei 80 – 95 °C) gegart. Geeignet für Fisch, zartes Fleisch, Würste (damit die Haut nicht platzt) oder zarte Speisen, die nicht zerfallen sollen.

**Dämpfen (bei ca. 100 °C)**
Dies ist eine sehr schonende Garmethode, bei wel-

cher der Eigengeschmack der Speisen gut erhalten bleibt, da das Kochgut nicht ausgelaugt wird. Der Garvorgang erfolgt durch die strömende Hitze (Dampf). Geeignet für Fisch, zartes Fleisch, Gemüse, Kartoffeln, Knödel. Man benötigt dazu einen Topf mit Deckel und Siebeinsatz oder Dämpfkörbchen. In den Kochtopf gibt man etwas Wasser (ca. 1 – 2 cm), der Einsatz oder das Körbchen mit dem Gargut wird in den Topf gesetzt, zugedeckt und zum Sieden gebracht. Das Wasser kann mit Kräutern und Gewürzen versetzt werden, dadurch werden die Speisen aromatischer. Das Kochgut kann vor oder nach dem Garen gesalzen werden.

**Dünsten (ca. 100 °C und darüber)**
ist Garen mit wenig Flüssigkeit oder im eigenen Saft, bei geringer Hitze. Gut geeignet für Gemüse, Fleisch und Fisch. Die Zutaten werden in einer Kasserolle (halbhoher Topf) mit wenig Fett (Butter, Margarine, Öl) bei geringer bis mittlerer Hitze angebraten (angeschwitzt). Dann gießt man wenig Suppe oder Wasser dazu. Die Menge richtet sich nach dem Wassergehalt der Zutaten, z. B. Spinat und Pilze geben beim Dünsten Wasser ab, man braucht dafür kaum zusätzliche Flüssigkeit. Die Kasserolle wird zugedeckt und die Hitze reduziert.

**Schmoren oder braundünsten**
für Fleischgerichte (Rindfleisch, Schweinefleisch, Wild, älteres Geflügel). Das Kochgut wird zuerst in heißem Fett scharf angebraten, bis es gebräunt ist. Dabei entstehen Röststoffe, die Farbe und Geschmack geben. Dann wird mit Wasser oder Suppe untergossen (bis das Fleisch gerade bedeckt ist), zugedeckt und bei niederer Temperatur gegart.

**Braten in der Pfanne**
für kleinere zarte Fleischstücke wie Schnitzel, Steaks, Medaillons und Geschnetzeltes. Das Fleisch wird rasch in wenig aber sehr gut erhitztem Öl angebraten und danach bei etwas reduzierter Hitze fertig gegart. Dabei ist zu achten, dass die Fleischmenge beim Anbraten nicht zu groß ist, da das Fett dann zu rasch abkühlt, das Fleisch nicht braun wird und zu dünsten beginnt. Bei größeren Fleischmengen partienweise anbraten.

## Mengen- und Maßangaben pro Person

**Suppen**
3/8 l Flüssigkeit (Wasser) ergeben 1/4 l Fleisch- oder Knochensuppe. Als Einlage: z. B. 2 gestrichene EL Reis oder Haferflocken, 1 gestrichener EL Grieß oder Mehl, 10 – 15 dag Kartoffeln oder Gemüse (geschält und zerkleinert)

**Saucen**
3/16 l Flüssigkeit ergeben 1/8 l fertige Sauce. Zur Bindung genügen etwa 1 KL Mehl, Maizena oder Fix-Einbrenn und etwas Schlagobers, Creme fraiche oder Sauerrahm.

**Hauptspeisen**
10 – 15 dag Fleisch (Schnitzel, Kotelett, Ragout)
6 – 8 dag für Gerichte mit Fleisch
(z. B. Eintopf mit Getreide oder Hülsenfrüchten)
8 – 10 dag Faschiertes
25 – 30 dag Fisch im Ganzen
10 – 15 dag Fischfilet
25 – 30 dag Kartoffeln
30 – 35 dag Gemüse
8 – 10 dag Teigwaren oder Reis

**Beilagen**
15 – 20 dag Kartoffeln
20 – 25 dag Gemüse
5 – 7 dag Teigwaren, Reis oder Hülsenfrüchte

## Abkürzungsverzeichnis

| | |
|---|---|
| bzw. | **beziehungsweise** |
| C | **Celsius** |
| ca. | **cirka** |
| dh. | **das heißt** |
| EL | **Esslöffel** |
| ev. | **eventuell** |
| KL | **Kaffeelöffel** |
| Min. | **Minuten** |
| Stk. | **Stück** |
| TL | **Teelöffel** |
| usw. | **und so weiter** |
| z. B. | **zum Beispiel** |

## Maße und Gewichte

| Hohlmaße | Milliliter (ml) | Wasser | Milch | Öl |
|---|---|---|---|---|
| 1 Liter (l) | 1000 | 100 dag | 103,2 dag | 92 dag |
| 3/4 Liter | 750 | 75 dag | 77,4 dag | 69 dag |
| 1/2 Liter | 500 | 50 dag | 51,6 dag | 46 dag |
| 1/4 Liter | 250 | 25 dag | 25,8 dag | 23 dag |
| 1/8 Liter | 125 | 12,5 dag | 12,9 dag | 11,5 dag |
| 1 Deziliter | 100 | 10 dag | 10,3 dag | 9,2 dag |
| 1 Zentiliter | 10 | 1 dag | 1,03 dag | 0,92 dag |

| Löffelmaße | 1 gestrichener Esslöffel (EL) | 1 gestrichener Kaffeelöffel (KL) |
|---|---|---|
| Butter oder Margarine | ca. 15 g | ca. 5 g |
| Öl | ca. 10 g | ca. 3 g |
| Wasser, Milch, Rum | ca. 10 g | ca. 3 g |
| Mehl | ca. 10 g | ca. 3 g |
| Semmelbrösel | ca. 10 g | ca. 3 g |
| Stärkemehl/Maizena | ca. 9 g | ca. 3 g |
| Nüsse gerieben | ca. 20 g | ca. 5 g |
| Grieß | ca. 15 g | ca. 5 g |
| Kakao | ca. 6 g | ca. 2 g |
| Kristallzucker | ca. 12 g | ca. 4 g |
| Staubzucker | ca. 10 g | ca. 3 g |
| Honig | ca. 20 g | ca. 6 g |
| Marmelade | ca. 25 g | ca. 8 g |
| Mayonnaise | ca. 25 g | ca. 8 g |

**Bechermaß: Joghurt- oder Sauerrahmbecher (gefüllt bis 1 cm unter den Rand)**

| | |
|---|---|
| Feinkristallzucker | ca. 22 dag |
| Staubzucker | ca. 15 dag |
| Mehl | ca. 16 dag |
| Haselnüsse | ca. 12 dag |
| Öl | ca. 23 dag |

**Schätzen bzw. Teilen**

1 Würfel Butter oder Margarine

| | |
|---|---|
| wiegt ohne Papier | ca. 24 dag |
| 1/2 | ca. 12 dag |
| 1/3 | ca. 8 dag |
| 1/4 | ca. 6 dag |
| 1/6 | ca. 4 dag |

**Margarine in runden Bechern kann nach dem „Tortenstück-Prinzip" (Segmente) geteilt werden, z. B.**

| | | |
|---|---|---|
| 1 Becher zu 50 dag | = | 1/2 kg |
| 1/2 Becher | = | 25 dag |
| 1/4 Becher | = | 12,5 dag |
| 1/8 Becher | = | 6 dag |
| 1/12 Becher | = | 4 dag |

**Obst**

| | |
|---|---|
| 1 mittelgroßer | wiegt ca. |
| Apfel | 13 – 15 dag |
| Orange | 15 – 16 dag |
| Banane | 13 – 15 dag |
| Kiwi | 10 dag |
| Karotte | 6 – 7 dag |
| Tomate | 9 – 10 dag |

| | |
|---|---|
| 1/4 l | = ca. 24 EL Wasser = ca. 1 Suppenteller/tasse |
| 1/8 l | = ca. 12 EL Wasser = etwa knapp 1 Tasse (Kaffeetasse) |
| 1/16 l | = 6 EL |
| 2 cl | = 1 Schnapsglas (= 2/100 l = 1,5 EL oder 4 – 5 KL) |

| | | |
|---|---|---|
| 1 l | = 10 dl | = 100 cl = 1000 ml |
| 1 dl | = 10 cl | = 100 ml |
| 1 cl | = 10 ml | |

# AUFSTRICHE

# Aufstriche auf Topfen-Basis

Besonders geeignet für Picknick, Gartenfeste, Parties oder einfach für ein gemütliches Beisammensein mit Freunden. Die Variationen sind so vielfältig, man kann seine eigene Kreativität einsetzen und muss sich nicht genau an die Rezeptur halten.
Als Unterlage eignen sich diverse Brot- und Gebäcksorten wie Bauernbrot, Vollkornbrot, Mischbrote, Sandwichwecken, Baguettes, Laugengebäck oder verschiedene Weckerln. Die erfrischende Säure von Topfen harmoniert gut mit frischen Kräutern, Gewürzen, Zwiebel, Knoblauch und ergibt gemeinsam mit etwas flaumig gerührter Butter, Sauerrahm oder Creme fraiche eine tolle, bekömmliche Basis für viele Aufstrich-Ideen.

# Grundmasse

***Zutaten***
*1/2 kg passierter Topfen*
*(Magerstufe, 10 % oder 20 % Fettgehalt)*
*ca. 5 dag weiche Butter – Wer „Joule sparen" will, kann die Butter weglassen.*
*ca. 10 dag Sauerrahm (knapp ein halber Becher) oder Creme fraiche*
*Salz, Pfeffer*

1. Butter flaumig rühren.
2. Den nicht zu nassen Topfen (ev. im sauberen Hangerl) gut ausdrücken, Sauerrahm oder Creme fraiche und Gewürze untermengen.

***Tipp:*** Die Grundmasse kann verdoppelt oder verdreifacht werden, je nachdem wie viele verschiedene Aufstriche gebraucht werden. Dazu die Grundmasse in mehrere Portionen teilen und dann zu verschiedensten Aufstrichsorten weiterverarbeiten.

# Thunfisch-Aufstrich

***Zubereitungszeit***
*ca. 15 Minuten*

***Zutaten***
*1/2 Grundmasse (siehe Seite 18)*
*1 Dose Thunfisch (natur oder in Öl)*
*1 – 2 KL Kapern und/oder Zwiebeln*
*1 TL Senf*
*etwas Zitronensaft*
*1 EL Ketchup*
*Salz, Pfeffer*

1. Den Thunfisch in einem Sieb gut abtropfen lassen und in einem Suppenteller mit der Gabel fein zerdrücken.
2. Kapern (Zwiebeln) fein hacken.
3. Thunfisch, Kapern und die restlichen Gewürze mit der Grundmasse verrühren.

Thunfisch-Aufstrich passt gut zu verschiedenen Weißbrotsorten.

***Tipp:*** Statt Thunfisch können auch Sardinen oder anderer Räucherfisch verwendet werden.

# Ei-Aufstrich

***Zubereitungszeit***
*ca. 15 Minuten*

***Zutaten***
*1/2 Grundmasse (siehe Seite 18)*
*2 – 3 Eier*
*1 – 2 EL Schnittlauch*
*2 Essiggurkerln*
*etwas Senf*
*Salz, Pfeffer*

1. Die Eier in kaltem Wasser zustellen, zugedeckt zum Kochen bringen, dann ca. 8 Minuten kochen lassen; in kaltem Wasser auskühlen lassen, schälen und fein hacken.
2. Schnittlauch waschen, in feine Röllchen schneiden, Gurkerln ebenfalls fein hacken.
3. Alle Zutaten mit der Grundmasse vermengen.

Der Ei-Aufstrich passt gut zu Weiß- und Schwarzbrot und verschiedenen Weckerln.

## Schinken-Kren-Aufstrich

***Zubereitungszeit***
*ca. 15 Minuten*

***Zutaten***
*1/2 Grundmasse (siehe Seite 18)*
*10 – 15 dag mageres Selchfleisch oder*
*Pressschinken fein gehackt*
*(ev. mit elektrischem Zerkleinerer)*
*1 – 2 EL frisch geriebenen Kren*
*(ersatzweise aus dem Glas oder der Tube)*
*etwas Senf*
*1 EL gehackte Petersilie oder Schnittlauch*
*Salz, Pfeffer*

Alle Zutaten mit der Grundmasse vermengen.

Schinken-Kren-Aufstrich passt gut zu Wachauer Weckerln oder Bauernbrot.

## Kürbiskern-Aufstrich

***Zubereitungszeit***
*ca. 15 Minuten*

***Zutaten***
*25 dag passierter Topfen*
*ca. 2 EL Creme fraiche*
*ca. 1 – 2 EL fein gehackte Zwiebeln*
*1 – 2 gehackte Knoblauchzehen*
*2 EL Kernöl, ca. 3 gehäufte EL Kürbiskerne*
*Salz, Pfeffer*

1. Kürbiskerne in einer Pfanne ohne Fett bei mittlerer Hitze ca. 5 Minuten leicht anrösten, dabei gelegentlich rühren, aus der Pfanne nehmen und ca. die Hälfte davon fein hacken.
2. Topfen mit Creme fraiche und Kernöl flaumig rühren, die gehackten Zwiebeln, den Knoblauch und die gehackten Kürbiskerne zugeben, salzen, pfeffern und die restlichen ganzen Kürbiskerne über den angerichteten Aufstrich streuen.

***Tipp:*** Manche Aufstriche eignen sich auch gut zum Füllen von Schinkenrollen oder kaltem Fleisch, zum **Dippen** mit Grissini oder in dicke Stifte geschnittenem Gemüse. Dafür sollten die Aufstriche etwas cremiger sein (mit Joghurt verdünnen)!

## Käse-Nuss-Aufstrich

***Zubereitungszeit***
*ca. 15 Minuten*

***Zutaten***
*1/2 Grundmasse (siehe Seite 18)*
*ca. 15 dag Weichkäse (Gorgonzola, weichen Camembert, Schmelzkäse), ev. etwas Parmesan*
*ca. 2 EL fein gehackte Nüsse, Salz, Pfeffer*

Den Weichkäse passieren oder mit einer Gabel fein zerdrücken, mit den Nüssen zur Grundmasse geben.

Käse-Nuss-Aufstrich passt gut zu Baguette oder Mohngebäck.

## Kräuter-Aufstrich

***Zubereitungszeit***
*ca. 15 Minuten*

***Zutaten***
*1/2 Grundmasse (siehe Seite 18)*
*2 – 3 EL gehackte Kräuter frisch oder tiefgekühlt (z. B. Schnittlauch, Petersilie, Dille)*
*ev. 1 – 2 fein gehackte Essiggurkerln*
*Senf, Knoblauch(pulver)*
*Salz, Pfeffer*

Die fein gehackten Kräuter und Gewürze mit der Grundmasse verrühren. Der Kräuteraufstrich passt zu allen Brotsorten.

***Tipp:*** Im Frühling schmeckt frischer Bärlauch besonders gut.

# SALATE

# Salate

Besonders geeignet als Vorspeise und Hauptmahlzeit, aber auch für Gartenfeste und Salatbuffets. Salate sind ein unverzichtbarer Bestandteil einer gesunden Ernährungsweise. Demzufolge sollte man mindestens vier Mal pro Woche eine ordentliche Portion Salat, zwei Mal als Haupt- und zwei Mal als Vorspeise, in den Speiseplan einbauen. Erntefrisches, ausgereiftes Gemüse hat den höchsten Gehalt an Vitaminen und Mineralstoffen.

## Achten Sie auf saisonale Schwerpunkte beim heimischen Gemüseangebot!

Im **Frühling** gibt es vor allem Radieschen, Blattsalate, Jungzwiebel, Kohlrabi, Frühkraut, Spinat, Rucola, Spargel.
Der **Sommer** bietet sämtliche Blattsalate, Paradeiser, Gurken, Paprika, Zucchini, Broccoli, Karfiol, Strankerln (Fisolen, Bohnenschoten), Erbsen, junge Karotten.
Der **Herbst** ist die Zeit für Karotten, Blaukraut, Weißkraut, Kohlsprossen, Broccoli, Kürbis.
Aber auch bis in den **Winter** werden bei uns Chinakohl, Endiviensalat, Vogerlsalat, Rote Rüben, Sellerie und natürlich Kohlgemüse angeboten.
Eine gute Vitamin C-Quelle sind milchsauer vergorene Gemüse, wie Sauerkraut oder saure Rüben.

***Tipp:*** Leider ist es nicht immer möglich erntefrisches Gemüse auf den Tisch zu bringen, daher lässt sich eine kurzfristige Vorratshaltung im Haushalt nicht vermeiden.

**Dabei gilt der Grundsatz: Salate und Gemüse immer kühl, luft- und lichtgeschützt aufbewahren!**

## Tipps für die Zubereitung von Blattsalaten

- Vermeiden Sie beim Salatwaschen zuviel fließendes Wasser, damit die wasserlöslichen Vitamine und Mineralstoffe nicht ausgespült werden. Vor allem nicht (zu lange) wässern (z. B. Endiviensalat, Radicchio), damit der Salat frisch und knackig bleibt.
- Große Salatblätter erst **nach dem Waschen** in mundgerechte Stücke zerkleinern.
- Nach dem Waschen sollte möglichst das gesamte Wasser aus den Blättern geschüttelt werden (Abtropfsieb, Salatschleuder, auf sauberes, trockenes Küchentuch aufbreiten), damit der Salat nicht zusammenfällt und die Marinaden und Dressings nicht verwässert werden.
- Verfeinern Sie die Salate mit frischen Kräutern, z. B. mit Schnittlauch, Petersilie, Kresse.
- Verwenden Sie für die Salatsauce nur **beste Zutaten**, dh. hochwertige, **kalt gepresste Öle** (nach erster Pressung) – Oliven-, Kern- oder Rapsöl – sie liefern die wichtigen mehrfach ungesättigten Fettsäuren; sowie feinen, **milden Essig,** wie z. B. Weinessig, Balsamico, Mostessig oder Apfelessig. Der Säuregehalt von Essig ist unterschiedlich hoch, er schwankt zwischen 5 – 7 % und ist auf jeder Essigflasche angegeben; dementsprechend muss er mit Wasser verdünnt werden (in etwa 1 : 1).
- Fette Dressings mit viel Mayonnaise sollten eher selten und sparsam verwendet werden.

**Salatregel: „Verwende Öl wie ein Verschwender, Essig wie ein Geiziger, Salz wie ein Weiser und mische wie ein Narr!“**

## Schweizer Rohkostsalat

***Zubereitungszeit***
*ca. 15 – 20 Minuten*

***Zutaten für 4 Personen***
*15 dag Emmentaler*
*1 Zwiebel, 2 Karotten*
*2 Bund Radieschen*
*1 Apfel*
*ca. 10 dag Sellerie (oder 2 Stangen Bleichsellerie)*
*1 Bund Schnittlauch*
***Für die Marinade***
*ca. 2 EL Weinessig*
*2 EL Wasser, 4 EL Öl*
*ca. 1 TL Salz*
*Pfeffer, Prise Zucker*

1. Käse, Zwiebel, Radieschen und Apfel in dünne Streifen schneiden.
2. Karotten und Sellerie waschen, schälen, raspeln, (Stangensellerie waschen, in feine Scheiben schneiden).
3. Die Zutaten für die Marinade verrühren, über den Salat gießen, gut durchmischen, einige Zeit ziehen lassen und mit Schnittlauch bestreuen.

## Matjessalat

Matjes ist ein junger Hering – meist in Pflanzenöl eingelegt und relativ teuer. Preisgünstiger sind Heringsfilets nach Matjesart (in Packungen zu ca. 30 dag).

***Zubereitungszeit***
*ca. 15 – 20 Minuten*

***Zutaten für 4 Personen***
*ca. 40 dag Matjesfilets oder Heringsfilets nach Matjesart*
*2 mittelgroße rotschalige Äpfel*
*15 – 20 dag Essig- oder Senfgurken*
*1 – 2 Zwiebeln*
***Für das Dressing***
*1 Becher Joghurt*
*1 Becher Sauerrahm*
*1 TL Senf*
*1 TL Zucker*
*Pfeffer*
*(Mit Salz ist Vorsicht geboten, da die Heringsfilets ohnedies relativ salzig sind!)*

1. Die Matjesfilets abtropfen lassen und in Würfel schneiden. Äpfel waschen und entkernen und wie die Zwiebeln und Gurken ebenfalls würfelig schneiden.
2. Dressing herstellen (oder fertiges Joghurtdressing verwenden), mit den Zutaten vermischen und etwas ziehen lassen.

Baguette oder Bauernbrot dazu servieren. Auch heiße Salzkartoffeln passen ausgezeichnet dazu!

# Mexikanischer Salat

***Zubereitungszeit***
*ca. 15 Minuten*

***Zutaten für 4 Personen***
*1 kleine Dose rote Bohnen*
*1 kleine Dose Maiskörner*
*1 große grüne Paprikaschote*
*1 Bund Jungzwiebeln oder 1 – 2 gelbe Zwiebeln*
*20 dag Knoblauchwurst oder 2 – 3 Knackwürste*
*(Vegetarier können die Wurst weglassen oder Sojawürstchen aus dem Reformhaus verwenden.)*
***Für die Marinade***
*2 – 3 EL Essig, 2 EL Wasser*
*4 – 5 EL Olivenöl*
*2 – 3 gehackte Knoblauchzehen*
*Salz, Pfeffer*
*(oder fertiges Knoblauchdressing)*

1. Bohnen und Maiskörner in ein Sieb schütten, abschwemmen und abtropfen lassen.
2. Paprikaschote waschen, putzen, würfelig schneiden; von den Jungzwiebeln die Wurzeln und ca. 1/3 der grünen Teile entfernen, waschen, in feine Ringe schneiden, mit den Bohnen und Paprika vermischen; die Wurst ebenfalls in Würfel schneiden.
3. Alles mit der Marinade (oder dem Dressing) vermischen und durchziehen lassen.

# Nudelsalat

***Zubereitungszeit***
*ca. 20 Minuten*

***Zutaten für 4 – 6 Personen***
*25 – 30 dag Makkaroni*
*(oder Spiralen, Hörnchen, Farfalle)*
*10 dag Salami, 10 dag Schnittkäse*
*10 dag Essiggurkerln*
*10 Stk. gefüllte Oliven*
*(ersatzweise 10 Stk. Cherry-Tomaten)*
*1 – 2 EL Kräuter (Petersilie oder Tiefkühlkräuter: z. B. 8 Kräuter oder italienische Kräuter)*
***Dressing***
*2 Beutel Jogonaise oder fettreduzierte Mayonnaise*
*1/2 Becher Sauerrahm, Gurkerlessig*
*1 TL Senf, Salz, Pfeffer*

1. 2 – 3 l Wasser zum Kochen bringen, Teigwaren einkochen, 2 – 3 KL Salz zugeben, umrühren und nicht zugedeckt bissfest kochen (Kochzeit ist meist auf der Packung angegeben), abseihen, kalt abschrecken und abtropfen lassen.
2. Salami, Käse und Gurkerln in Streifen schneiden, Oliven in Scheiben (Cherrytomaten vierteln), alles zusammen mit den gehackten Kräutern zum Dressing geben, gut durchmischen und einige Zeit (mindestens eine 1/2 Stunde) ziehen lassen, wenn nötig nachwürzen.

# Thunfischsalat (Nizza-Salat)

***Zubereitungszeit***
*ca. 20 Minuten*

***Zutaten für 4 Personen***
*1 Packung tiefgekühlte ganze grüne Bohnen (30 dag), (ersatzweise 1 Salatgurke oder zusätzlich zu den grünen Bohnen)*
*2 Dosen Thunfisch (natur oder in Öl)*
*2 – 3 Stk. Tomaten*
*1 mittlere Zwiebel*
*2 Eier hart gekocht*
***Für die Marinade***
*2 EL Weinessig, 2 EL Wasser*
*1 Zehe Knoblauch, 1/2 TL Senf*
*4 – 6 EL Olivenöl*
*Salz, Pfeffer*

1. Eier in kaltem Wasser zustellen, ab Beginn der Kochzeit ca. 8 Minuten kochen, in kaltem Wasser auskühlen lassen.
2. Grüne Bohnen im kochenden Salzwasser knackig garen (Topf nicht zudecken, da die Bohnen ihre grüne Farbe verlieren), kalt abschrecken und abtropfen lassen. Thunfisch abtropfen lassen und mit der Gabel in Stücke teilen.
3. Tomaten waschen, Stängelansätze entfernen und in Spalten schneiden, (Salatgurke waschen, Enden wegschneiden, längs halbieren, in Scheiben schneiden); die Zwiebel schälen und in dünne Ringe schneiden.
4. Zutaten für die Marinade vermischen. Wer Knoblauch nicht so gerne mag, kann nur die Salatschüssel mit der halbierten Knoblauchzehe ausreiben.

***Tipp:*** Als alternative Zutaten können Maiskörner oder Paprika verwendet werden. Wer Thunfisch nicht mag, kann Extra- oder Knackwurst dazuschneiden.

## Griechischer Salat

***Zubereitungszeit***
*ca. 20 Minuten*

***Zutaten für 4 Personen***
*1 mittlere Salatgurke*
*2 – 3 Paprikaschoten (rot, gelb, grün)*
*1 größere Zwiebel*
*30 – 40 dag Tomaten*
*20 – 30 dag Feta (Schafskäse)*
***Für die Marinade***
*6 – 8 EL Olivenöl*
*4 – 6 EL Essig*
*2 – 3 Zehen gehackten Knoblauch*
*1/2 – 1 Glas schwarze Oliven*
*Oregano, Salz, Pfeffer aus der Mühle*

1. Gurke waschen, die Enden abschneiden (Freilandgurke schälen und entkernen), längs halbieren und in ca. 3 – 4 mm dicke Scheiben schneiden. Paprika waschen, halbieren, entkernen und würfelig schneiden; Zwiebel in Ringe oder Würfel schneiden; die Tomaten waschen und in Spalten schneiden; den Schafskäse in ca. 1 – 2 cm große Würfel schneiden.
2. Die Zutaten für die Marinade versprudeln und mit dem Gemüse vermischen, gut durchziehen lassen, zum Schluss den Käse vorsichtig unterheben oder darüber streuen.

## Blattsalat mit Speck und Röstbrot

***Zubereitungszeit***
*ca. 10 Minuten*

***Zutaten für 4 Personen***
*1 Kopf Salat, z. B. Grazer Krauthäuptel oder Eissalat, ev. Eichblattsalat oder Lollo rosso*
*5 – 10 dag Vogerlsalat*
*(im Frühling auch Löwenzahnsalat)*
*1 – 2 Semmeln vom Vortag oder Weißbrot in dünne Scheiben geschnitten*
*2 Knoblauchzehen*
*ca. 5 – 10 dag Hamburgerspeck geschnitten*
***Für die Marinade***
*Weißwein- oder Obstessig*
*Öl (ev. Kürbiskernöl)*
*Salz, Pfeffer*

1. Salate putzen, waschen, in mundgerechte Stücke teilen.
2. Semmeln oder Weißbrot in 1/2 cm dicke Scheiben schneiden, ev. diagonal durchschneiden, sodass Dreiecke entstehen, in wenig Öl knusprig rösten.
3. Speck in 1/2 cm breite Streifen schneiden; einen Tafelteller mit Küchenkrepp zweifach belegen, Speck darüberstreuen, in der Mikrowelle bei 600 Watt ca. 3 Minuten erhitzen, bis der Speck knusprig ist und das Fett vom Papier aufgesaugt ist (Vorgang ev. wiederholen); wenn keine Mikrowelle vorhanden ist, muss der Speck in der Pfanne gebraten werden (der Speck kann auch würfelig geschnitten werden).
4. Den Salat marinieren und sofort servieren – den Speck darüberstreuen, die Brotscheiben um den Tellerrand legen.

## Variationen mit Blattsalat

- Statt Speck ev. pro Person ein **hart gekochtes Ei** in Vierteln darauflegen.
- 1 Packung **Schafskäse** in ca. 1,5 cm große Würfel schneiden, um jeden Würfel 1 dünne Scheibe Hamburgerspeck wickeln, die umwickelten Käsewürfel knusprig anbraten und auf den Salat legen.
- Vogerl- oder Löwenzahnsalat, aber auch Endiviensalat kann **mit warmen Erdäpfelscheiben** (ca. 1 Kartoffel pro Person) zubereitet werden und nach Wunsch ev. mit Eispalten (und/oder gerösteten Speckstreifen) serviert werden.

### Tipp für die Zubereitung von Marinaden bzw. Dressings

Am besten nimmt man ein Schraubglas (oder eine eigene Dressingflasche) und bereitet gleich eine größere Menge einer Basismarinade zu, die man im Kühlschrank einige Tage aufbewahren kann. Vor Gebrauch gut schütteln! Ergänzen und aufwerten kann man sie mit frischen Kräutern, fein gehackten Paprikawürfeln, Zwiebeln, gerösteten Samenkernen oder knusprigen Brotwürfeln.

- 1/8 l Essig , ca. 1/8 l Wasser, 1/2 TL Zucker, 1 TL Senf, ca. 2 KL Salz, Pfeffer gut versprudeln, 1/4 l Olivenöl langsam einlaufen lassen, dabei kräftig rühren.

## Selbstgemachtes Salatdressing auf Vorrat

***Zutaten***
*1/4 l Magermilch*
*1/4 l Rapsöl*
*1 – 2 gekochte Eidotter*
*1 TL Senf, 2 TL Salz, 1/2 TL Zucker*
*2 TL pflanzliche Suppenwürze*
*1 TL Sojasauce (oder Maggi)*
*1 TL getrocknete Salatkräuter*
*(ev. Thymian oder Oregano)*
*0,1 l Weißweinessig (6-%ig)*

Alle Zutaten in einen Rührtopf geben und mit dem Pürierstab aufmixen. In Flaschen abfüllen und im Kühlschrank aufbewahren. (Haltbarkeit ca. 1 Woche, ev. nur die halbe Menge zubereiten.) Man kann den angerichteten Salat noch mit frischen Kräutern bestreuen.

## Chinakohl

Chinakohl ist ein billiger und ausgiebiger Wintersalat, der jedoch wenig Eigengeschmack hat, aber sehr gut haltbar ist. Nur mit der üblichen Marinade schmeckt er meist fad. Hier einige Empfehlungen:

- Chinakohlblätter vom Kopf trennen, waschen, abtropfen und in Streifen schneiden; mit Mandarinen- oder Orangenstückchen und einigen in Streifen geschnittenen Radicchioblättern vermischen, marinieren und mit Schnittlauch bestreuen.
- Geschnittenen Chinakohl mit Karotten- und Apfelstreifen und 1 roten Zwiebel mischen, marinieren, ev. mit Schnittlauch oder Petersilie bestreuen.
- Chinakohl mit Apfelstreifen und mit einem Dressing aus Sauerrahm, Joghurt, Essig, (Honig), geriebenen Kren, Salz und Pfeffer zubereiten und mit Petersilie bestreuen.
- Chinakohl mit Jungzwiebelstreifen und Würferln von rotem Paprika und gerösteten Sonnenblumenkernen mischen, mit Essig, Öl, Senf, Salz, Pfeffer marinieren.

## Sauerkraut

Sauerkraut ist ein wichtiger Vitaminspender im Winter und kann auch gut kombiniert werden.

Sauerkraut (Sehr saures Kraut ev. kurz in kaltem Wasser waschen und ausdrücken, dies bedeutet aber einen Vitaminverlust!) ev. schneiden, mit Apfel- und Karottenstreifen mischen, Marinade aus Öl, sehr verdünntem Essig, etwas Honig, marinieren. Salzen ist meist nicht nötig, ev. mit gerösteten Sonnenblumenkernen bestreuen.

Oder: Sauerkraut mit Kernöl, Knoblauch und gerösteten Kürbiskernen anrichten.

# EINFACHE VORSPEISEN

# Gefüllte Tomaten

***Zubereitungszeit***
*ca. 30 Minuten*

***Zutaten für 4 Personen***
*4 mittelgroße feste Tomaten*
*ca. 1/2 Becher Hüttenkäse*
*(mit Schnittlauch oder Gemüse)*
*5 – 10 dag Saunaschinken, Putenschinken oder geräucherte Putenbrust*
*1 Essiggurkerl*
*1 EL Creme fraiche oder fettreduzierte Mayonnaise*
*Salz, Pfeffer*
***Zum Garnieren***
*4 schöne Salatblätter, Schnittlauch*

1. Tomaten an der Spitze abkappen, Fruchtfleisch mit einem Kaffeelöfferl herausnehmen, mit einem spitzen Messer die Stängelansätze herausschneiden, die Tomaten innen salzen und pfeffern.
2. Den Schinken und das Gurkerl fein hacken und mit den restlichen Zutaten vermischen, mit Creme fraiche oder Mayonnaise binden. Die Tomaten damit füllen, die Kappe wieder aufsetzen.
3. Gewaschene, trockene Salatblätter auf die Teller legen, mit etwas Marinade beträufeln, die Tomate in die Mitte setzen, mit Schnittlauch bestreuen. Einige gewaschene Rucolablätter passen gut dazu.

***Tipp:*** Ausgezeichnet im Sommer und Herbst, wenn die Tomaten gut reif sind!
Sie eignen sich auch als Imbiss, für Gartenfeste oder das Party-Buffet.

# Andere Füllungen

## Thunfisch-Fülle

1 kleine Dose abgetropften Thunfisch, etwas Kren aus dem Glas, etwas Ketchup, 1 kleine Zwiebel gehackt, 1 hart gekochtes Ei gehackt, Schnittlauch, Salz, Pfeffer vermengen und mit Creme fraiche oder Mayonnaise binden.

## Prager Fülle

10 dag gehackten Schinken, 1/2 Tasse gekochte Erbsen, 5 dag Edamer Käse gehackt, Schnittlauch, Salz, Pfeffer vermengen und mit etwas Mayonnaise oder Sauerrahm binden.

## Lauchfülle

Siehe unter Schinkenröllchen.

# Mozzarella-Tomaten-Türmchen

***Zubereitungszeit***
*ca. 20 Minuten*

***Zutaten für 4 Personen***
*4 schöne reife Tomaten*
*2 Kugeln Mozzarella (à ca. 12 dag)*
*1/2 Glas fertiges Basilikum-Pesto*
*(oder selbst zubereitet aus ca. 2 EL*
*italienischen Kräutern, Salz, Pfeffer und*
*etwa 3 – 4 EL Olivenöl, ev. 1/2 Würfel Kräuterlinge)*
*4 Blätter Prosciutto*
***Zum Garnieren***
*Basilikumblätter*
*Salatblätter oder Rucola (leicht mariniert)*

1. Tomaten waschen, Stängelansätze herausschneiden, in ca. 1/2 cm dicke Scheiben schneiden (aus jeder Tomate 3 Scheiben ohne Kappe).
2. Mozzarella ebenfalls in ca. 1/2 cm dicke Scheiben schneiden.
3. Auf 4 Tellern abwechselnd Tomaten und Mozzarella stapeln – jeweils 3 Scheiben, dazwischen immer mit Pesto bestreichen.
4. Mit Basilikum und Prosciuttoscheibe garnieren und mit leicht marinierten Salatblättern anrichten.

# Gervais-Apfel

***Zubereitungszeit***
*ca. 20 Minuten*

***Zutaten für 4 Personen***
*1 – 2 rotschalige Äpfel*
*1/2 Zitrone*
*15 – 20 dag Gervais oder*
*1/2 Packung passierter Topfen*
*1 EL Creme fraiche*
*etwas Kren aus dem Glas oder Tube*
*1 feinst gehacktes Gewürzgurkerl*
*etwas Zucker*
*einige blaue Trauben und Walnusskerne*
*Salz, Pfeffer*
***Zum Garnieren***
*etwas Vogerlsalat*

1. Topfen mit den Gewürzen vermengen, in einen Spritzsack mit großer Sterntülle füllen (ersatzweise ein Nylonsackerl mit abgeschnittener Spitze).
2. Die Äpfel waschen, abtrocknen, das Kerngehäuse ausstechen, in ca. 1,5 cm dicke Scheiben schneiden und mit Zitronensaft bestreichen. Die Apfelscheiben auf die Teller geben, den Gervais rosettenartig auf die Apfelscheiben spritzen, in die Mitte eine blaue Traube setzen, mit gehackten Walnüssen bestreuen.
3. Mit zart mariniertem (mit Balsamico, etwas Kernöl und Salz) Vogerlsalat anrichten und mit Vollkornbaguette servieren.

# Gorgonzola-Birne

***Zubereitungszeit***
*ca. 20 Minuten*

***Zutaten für 4 Personen***
*2 schöne reife Birnen (ersatzweise aus der Dose)*
*1/2 Zitrone*
*ca. 5 – 10 dag Gorgonzola oder Österzola*
*10 dag Topfen oder Creme fraiche*
*Pfeffer*
***Zum Garnieren***
*Trauben und Walnusskerne*
*etwas Radicchio oder andere Blattsalate*

1. Gorgonzola fein zerdrücken oder passieren (geht sehr gut einer Kartoffelwiege), mit Topfen oder Creme fraiche und Pfeffer vermischen, wenn vorhanden in einen Spritzsack (oder Nylonsackerl) füllen.
2. Die Birne waschen, abtrocknen, halbieren, das Kerngehäuse entfernen und die Schnittflächen mit Zitronensaft einreiben. Die Gorgonzolacreme aufspritzen, mit einer Traube belegen und mit gehackten Nüssen bestreuen.
3. Auf einem Radicchioblatt anrichten und mit Marinade beträufeltem Blattsalat ausgarnieren.

# Zucchiniröllchen mit Mozzarella und Rucola

***Zubereitungszeit***
*ca. 40 – 45 Minuten*

***Zutaten für 4 Personen***
*2 – 3 mittlere Zucchini*
*1 kleine Zwiebel*
*1 – 2 Knoblauchzehen*
*2 – 3 EL Olivenöl für die Marinade*
*ca. 2 EL Balsamico-Essig*
*1 Becher Mini-Mozzarella (oder 1 Ziegenkäserolle mit Pfeffer oder Schnittlauch)*
*1 Handvoll Rucolablätter*
*Salz, Pfeffer*
***Zum Garnieren***
*etwas Friséesalat, einige Cocktailtomaten*

1. Die Zucchini waschen, die Enden wegschneiden, mit der Brotschneidemaschine der Länge nach ca. 3 – 4 mm dicke Scheiben herunterschneiden; die flachen Scheiben auf ein Küchentuch legen und mit Salz bestreuen, ca. 15 Minuten ziehen lassen, das ausgetretene Wasser abtupfen.
2. Die Zwiebel fein hacken, den Knoblauch pressen, mit Ölivenöl, gemahlenem Pfeffer, Salz und Balsamico-Essig verrühren.
3. In einer Bratpfanne Öl erhitzen, die Zucchinischeiben hell anbraten, in eine flache Schüssel legen, mit der Marinade übergießen (alle Zucchinischeiben sollen mit der Marinade benetzt sein), einige Zeit darin ziehen lassen.
4. Mozzarella oder Ziegenkäserolle in fingerdicke Stücke schneiden, jede Zucchinischeibe mit einigen Rucolablättern (ohne lange Stiele) belegen, ein Stück Käse darauflegen und einrollen. Der Rucola soll seitlich etwas herausschauen.
5. Ca. 4 – 5 Rucolaröllchen pro Portion mit etwas Friséesalat und Cocktailtomaten auf Tellern anrichten.

***Tipp:*** Statt Zucchini kann man auch schmale, längliche Melanzanescheiben verwenden, zum Füllen eignet sich Schafskäse ausgezeichnet.

Diese Gemüsevorspeisen sollen nicht zu umfangreich ausfallen, sie sollen nicht nur eine Gaumenfreude, sondern auch ein Augenschmaus sein, denn „Der Mensch isst auch mit den Augen"!
Gerade im Sommer und Herbst bieten sich viele Möglichkeiten unsere Speisen mit Kräutern und Früchten aus Garten und Wald liebevoll zuzubereiten. **Kreativität kann man auch lernen!**

# Schinkenröllchen mit Krentopfen

***Zubereitungszeit***
*ca. 20 Minuten*

***Zutaten für 4 Personen***
*4 Scheiben Pressschinken oder anderen gekochten Schinken, nicht zu dünn geschnitten*
*20 dag passierter Topfen*
*1 EL Creme fraiche oder Sauerrahm*
*Kren*
*ev. 1 Prise Zucker*
*1 EL gehackter Schnittlauch*
*Salz, Pfeffer*

1. Aufstrich herstellen, Schinkenblätter auflegen, Krentopfen am unteren Ende des Schinkenblattes auftragen (am besten geht es mit einem Spritzsack), straff einrollen, die Schinkenrolle ev. in der Mitte durchschneiden: Pro Person ergibt das 2 kleinere Röllchen.
2. Schinkenröllchen anrichten und mit Schnittlauch, Petersilie, Rucola, Cocktailtomaten oder Eispalten garnieren.

***Tipp:*** Sehr gut schmeckt die Fülle, wenn man einen kleinen halben Apfel und ein süßsaures, feingehacktes oder geraspeltes Gewürzgurkerl dazugibt. Man kann dann mit sehr dünnen Apfelspalten oder -stiften und Gurkerlfächer garnieren.

# Lauch-Fülle

*1 kleine Stange Lauch oder ersatzweise 2 Frühlingszwiebeln*
*2 hart gekochte Eier*
*2 – 3 Essiggurkerln*
*Senf, etwas Zucker, Zitronensaft*
*1/2 Becher Sauerrahm*
*1 EL Creme fraiche, ev. noch etwas Joghurt*
*Salz, Pfeffer*

1. Die grünen Blätter entfernen, den übrigen Lauch gründlich waschen und in feine Ringe schneiden, Eier und Essiggurkerln fein würfelig schneiden, mit den Gewürzen und dem Rahm vermischen.
2. Die Schinkenblätter damit füllen.

***Tipp:*** Diesen Lauchsalat kann man auch als Fülle für Tomaten verwenden und zusätzlich etwas fein geschnittenen Schinken untermengen.

# Variante mit Spargel gefüllt

Besonders interessant in der Spargelzeit. Es geht aber auch mit Spargel aus dem Glas, der immer zu haben ist. Statt gekochtem Schinken kann man auch Rohschinken, Schinkenspeck oder Prosciutto verwenden.

## Gefülltes Ei

***Zubereitungszeit***
*ca. 35 – 40 Minuten*

***Zutaten für 4 – 8 Personen***
*4 – 5 große Eier*
*ca. 10 dag Gervais, Brunch natur*
*oder Creme fraiche*
*Senf*
*Salz, Pfeffer*

1. Die Eier in einem kleinen Topf mit kaltem Wasser zustellen, aufkochen lassen, dann bei schwacher Hitze zugedeckt ca. 8 – 10 Minuten sieden lassen, mit kaltem Wasser abschrecken und darin kurz liegen lassen bis sie abgekühlt sind.
2. Die Eier schälen, längs halbieren, die Eidotter herauslösen, dabei darauf achten, dass das Eiweiß nicht bricht.
3. Die Dotter mit einer Gabel fein zerdrücken, mit den restlichen Zutaten glatt rühren. Die Creme mit dem Spritzsack oder mit einem Kaffeelöffel in die Eihälften füllen.
4. Die gefüllte Eihälfte mit Kresse bestreuen, eine halbe Cherrytomate oder Streifen von rotem Paprika in die Mitte setzen und mit Sardellenfilet kreuzweise belegen. Mit Vogerlsalat (oder dünne Streifen vom Radicchio) und mit Kaviar garnieren.

## Räucherforelle mit Oberskren

***Zubereitungszeit***
*ca. 15 Minuten*

***Zutaten für 4 Personen***
*4 kleinere Räucherforellenfilets*
***Für den Oberskren***
*1 Becher Schlagobers*
*(ev. 1/2 Packerl Sahnesteif mitschlagen)*
*1 Prise Zucker*
*Kren aus dem Glas oder frisch gerieben*
*Salz, Pfeffer*

1. Obers schlagen, mit den Gewürzen mischen.
2. Oberskren in einen Spritzsack mit Sterntülle füllen, spiralartig auf die Filets spritzen, ev. mit frisch geriebenem Kren bestreuen, mit Zitronenscheibe und Krauspetersilie garnieren.

**Weitere Garnierungsmöglichkeiten:** Auf eine Orangenscheibe Obersrosette aufdressieren (notfalls mit einem kleinen Löffel gupfartig auftragen), mit etwas Preiselbeergelee garnieren, Tellergrund mit etwas gehackter Petersilie bestreuen.

# Tatar von der Räucherforelle

***Zubereitungszeit***
*ca. 20 – 25 Minuten*

***Zutaten für 4 Personen***
*1 – 2 Packungen Räucherforellenfilets (ca. 20 dag)*
*1 kleine Zwiebel oder eine Schalotte*
*1 – 2 Essiggurkerln*
*ca. 2 EL Sauerrahm, Creme fraiche oder*
*Rama Cremefine*
*1 EL gehacktes Dillkraut, Schnittlauch,*
*Petersilie oder Kren*
*Salz, Pfeffer*
***Zum Garnieren***
*einige Salatblätter*

1. Fischfilets, Zwiebel und Gurkerln fein hacken, mit dem Sauerrahm und den Würzzutaten vermischen, ca. 1/2 Stunde kaltstellen.
2. Inzwischen Salatgarnitur (Rucolablätter oder Vogerlsalat) vorbereiten, konzentrierte Marinade zum Beträufeln bereitstellen.
3. Mit 2 Esslöffeln Nockerln formen (pro Person ca. 2 Nockerln) und mit Salatblättern garnieren.

***Tipp:*** Auf dieselbe Art und Weise kann auch ein Räucherlachs-Tatar zubereitet werden. Als Beilage passt gut getoastetes Weißbrot.

# Thunfischtatar

***Zubereitungszeit***
*ca. 20 – 25 Minuten*

***Zutaten für 4 Personen***
*2 Dosen Thunfisch natur*
*1 – 2 EL Mayonnaise und 1 EL Joghurt*
*(oder nur 3 EL Sauerrahm), ev. etwas Olivenöl*
*ca.1 EL Hot-Ketchup, Zitronensaft*
*1 Knoblauchzehe gepresst*
*1 kleine Zwiebel oder Schalotte*
*ev. 1 KL gehackte Kapern oder*
*1 EL feingehackter Schnittlauch*
*Salz, Pfeffer*
***Zum Garnieren***
*Chicoréeblätter, Oliven oder Cocktailtomaten*

1. Den abgetropften Thunfisch mit der Gabel zerpflücken und mit den Würzzutaten mischen, kalt stellen.
2. Inzwischen Salatgarnitur und Marinade vorbereiten: Chicoréeblätter, ev. etwas roten Radicchio in Streifen geschnitten, einige Schnittlauchhalme.
3. Salat auf Tellern anrichten, 3 – 4 kleine Chicoréeblätter nebeneinander legen, den geschnittenen Salat auf den Tellergrund streuen, Tatar mit 2 nassen Esslöffeln zu Nockerln formen und auf den Salat legen, diesen mit Marinade beträufeln und mit Schnittlauchhalmen dekorieren.

***Tipp:*** Auch ein Eisportionierer kann gute Dienste leisten: Man formt damit Kugeln, das ist einfacher als das Nockerlnformen.

# Snacks, Häppchen oder Mundbissen

Sie erfreuen sich immer größerer Beliebtheit und werden gerne zum Aperitif, für ungezwungene kleine Einladungen oder auf Parties gereicht. Man isst sie einfach mit den Fingern, deshalb sagt man auch „Fingerfood" dazu!

Es gibt unzählige Möglichkeiten. Einige davon können aus den bereits beschriebenen Rezepten verwendet werden, z. B.:

- Feinen **Schinken- oder Thunfischaufstrich** mit einem Spritzsack auf Cracker oder gebackene Blätterteigstückchen dressieren.

- **Kipferln und kleine Tascherln** aus Blätterteig

- **Zucchiniröllchen mit Mozzarella**

- **Mozzarella-Tomaten-Spieße** – jeweils 1 Mini-Mozzarellakugel zwischen 2 halbierten Cocktailtomaten mit frischen Basilikumblättern auf Zahnstocher spießen (Mozzarellakugeln vor dem Aufspießen mit Salz und Pfeffer würzen).

- **Käse-Fruchtspieße** – Fruchtstücke (Trauben, Ananas, frische Feigen) abwechselnd mit Käsewürfel aufspießen.

- **Melonenspieße mit Rohschinken**

- **Grissini mit Rohschinkenstreifen** umwickelt

- **Gemüsequiche** (siehe unter Topfen-Öl-Teig), in Quadrate (oder Rechtecke) von ca. 4 cm schneiden.

- **Dörrpflaumen-Speckspieße**

***Zutaten***
*entsteinte saftige Dörrpflaumen*
*(auch Datteln eignen sich gut)*
*dünn geschnittener magerer Hamburgerspeck*

Je eine Dörrpflaume oder Dattel wird mit einer halben Speckscheibe umwickelt und in einer beschichteten Pfanne knusprig gebraten (oder in der Mikrowelle: Fleischteller mit Küchenkrepp belegen, die Dörrpflaumen darauflegen und 3 – 4 Minuten bei 600 Watt garen, Vorgang ev. wiederholen, bis der Speck knusprig ist).

- **Schafskäsespieße mit Zucchini u. Speck**

Schafskäse in ca. 1,5 cm große Würfel schneiden, kleinere Zucchini waschen, mit einer Brotschneidemaschine in dünne Scheiben schneiden, Käsewürfel mit einer halben Zucchinischeibe und mit einem sehr dünn geschnittenen Speckstreifen (Hamburgerspeck) umwickeln, knusprig braten und auf Zahnstocher spießen.

# Toasts und Baguettes

Ideal als Imbiss für Gäste.

## Toast Hawaii

***Zubereitungszeit***
*ca. 20 Minuten*

***Zutaten für 4 – 8 Personen***
*8 Scheiben Toastbrot*
*4 dag Butter*
*8 Blatt Schinken (Press- oder Toastschinken)*
*8 Blatt Käse (Edamer, Gouda oder Emmentaler)*
*8 kleine oder 4 größere Ananasscheiben*
*Ketchup (mild oder feurig)*

1. Toastscheiben vortoasten, mit Butter bestreichen.
2. Toastscheiben mit Schinken- und Ananasscheiben (große Scheiben ev. vierteln und pro Toastscheibe 2 Stück auflegen) belegen und mit Käsescheiben abdecken.
3. Toasts bei 180 – 200 °C ca. 10 Minuten überbacken bis der Käse gut geschmolzen ist, in die Mitte der Toasts etwas Ketchup geben.

## Käse-Kren-Toast

***Zubereitungszeit***
*ca. 30 Minuten*

***Zutaten für 4 Personen***
*4 dag Butter*
*8 Scheiben Toastbrot*
*10 – 15 dag Krakauer oder Rollschinken bzw. Selchfleisch*
*10 dag geriebenen Emmentaler*
*Salz, Pfeffer*
*1 Ei*
*1 – 2 EL Sauerrahm*
*ca. 2 KL Kren aus dem Glas oder der Tube*

1. Toastscheiben entweder im Toaster oder im vorgeheizten Backrohr auf dem Gitterrost bei ca. 180 °C ca. 5 Minuten vortoasten.
2. Schinken bzw. Wurst fein hacken, den Käse raspeln und in eine Schüssel geben.
3. Ei, Sauerrahm und Kren (Schnittlauch) untermischen, salzen und pfeffern, Masse auf die Toastscheiben streichen.
4. Toasts auf dem Blech (ev. mit Backtrennpapier belegt) bei 200 °C Oberhitze (oder Heißluft) auf der 2. oder 3. Einschubleiste ca. 10 – 12 Minuten goldgelb überbacken.

# Broccoli-Käse-Toast

***Zubereitungszeit***
*ca. 25 – 30 Minuten*

***Zutaten für 4 – 8 Personen***
*8 Scheiben Toastbrot*
*4 dag Butter*
*10 – 20 dag geräucherte oder gebratene Putenbrust oder Putenschinken*
*10 – 20 dag Camembert oder Butterkäse*
*1 Packung Tiefkühl-Broccoli*
*2 – 3 EL Mandelblättchen oder Mandelstifte*
*Salz, Pfeffer*
***Zum Garnieren***
*Broccoliröschen, Preiselbeeren*

1. Tiefkühl-Broccoli in siedendem Salzwasser nicht zugedeckt (da sonst die frische grüne Farbe verloren geht) ca. 5 Minuten kochen, abtropfen lassen.
2. Toastscheiben vortoasten, mit Butter bestreichen.
3. Toastscheiben mit Putenbrust belegen, Broccoli darauf verteilen, Käse in Scheiben schneiden und über den Broccoli legen, mit Mandelblättchen bestreuen.
4. Toasts bei ca. 200 °C 10 – 12 Minuten überbacken. Mit Broccoliröschen und Preiselbeeren garnieren.

# Jägertoast

***Zubereitungszeit***
*ca. 35 Minuten*

***Zutaten für 6 Personen***
*15 – 20 dag Kräutergervais*
*12 Scheiben Toastbrot*
*ca. 15 dag Schinken, 2 gekochte Eier*
*1 kleines Glas Pilze in Essig oder*
*2 – 3 süßsaure Gurkerln*
*12 Scheiben Edamer*
*5 dag Hamburgerspeck in Streifen geschnitten*
*Knoblauch, ca. 5 dag Butter*
*Salz, Pfeffer*
***Zum Garnieren***
*Blattsalate*

1. Eier kochen, mit kaltem Wasser abschrecken.
2. Toastscheiben auf dem Gitterrost bei ca. 180 °C ca. 5 Minuten vortoasten, mit Butter bestreichen.
3. Gervais flaumig rühren, Pilze (Gurkerln), Schinken und Eier hacken und dazugeben. Die Masse pikant abschmecken und ca. 1/2 cm dick auf die Toastscheiben streichen, auf jeden Toast eine Scheibe Edamer und Speckstreifen legen und bei 180 – 200 °C Oberhitze überbacken.
4. Toasts mit den restlichen Pilzen und Blattsalaten garnieren.

# Baguette mit Thunfisch

***Zubereitungszeit***
*ca. 35 Minuten*

***Zutaten für 4 Personen***
*2 kurze Baguettes*
*1 Dose Thunfisch (ca. 15 – 20 dag)*
*10 dag Tiefkühl-Erbsen, Lauch oder Zucchini*
*1 rote Paprikaschote*
*2 hart gekochte Eier*
*8 – 10 Scheiben Schmelzkäse oder*
*10 dag geriebener Käse*
*ca. 1/2 Becher Sauerrahm*
*Salz, Pfeffer*

1. Backrohr auf 200 °C vorheizen. Erbsen in wenig Salzwasser kochen, Eier hart kochen. Lauch in 1/2 cm breite Stücke schneiden, Zucchini in kleine Würfel schneiden, ev. kurz in etwas Butter dünsten oder blanchieren.
2. Thunfisch abtropfen lassen. Die Paprikaschote putzen, waschen und in kleine Würfel schneiden.
3. Den Thunfisch mit der Gabel zerpflücken, die Eier grob hacken, Erbsen und Paprikawürfel dazugeben.
4. Die Schmelzkäsescheiben in Würfel schneiden und mit dem Sauerrahm zur Thunfisch-Gemüsemischung geben. Die Masse auf die halbierten Baguettes aufteilen und ca. 10 – 15 Minuten überbacken.

# Baguette mit Tomaten und Mozzarella

***Zubereitungszeit***
*ca. 25 – 30 Minuten*

***Zutaten für 4 Personen***
*2 mittlere Baguettes*
*5 dag Butter*
*ca. 15 dag Mortadella oder Schinken*
*4 – 6 mittelgroße Tomaten*
*3 – 4 Stück Mozzarella*
*Oregano*
*Basilikumpesto*
*Salz, Pfeffer*

1. Backrohr auf 200 °C vorheizen. Baguettes längs halbieren, vortoasten und mit Butter bestreichen.
2. Tomaten waschen und in Scheiben schneiden, Mozzarella ebenfalls in Scheiben schneiden.
3. Baguettes mit Mortadella (Schinken) belegen, Mozzarella und Tomaten abwechselnd auf die Baguettes legen.
4. Mit Pesto beträufeln, mit Salz, Pfeffer und Oregano würzen und überbacken, bis der Käse eine leichte Bräunung zeigt.

# SUPPEN

# Gemüsesuppen – Cremesuppen

Besonders geeignet für die schnelle Küche, für Kinder, aber auch als Krankenkost.

Je nach verwendeter Gemüseart lassen sich nach ein und derselben Methode viele Variationen herstellen.
Es kann sowohl Tiefkühlgemüse als auch frisches (Saison-)Gemüse zum Einsatz kommen. Aufgewertet werden Gemüsesuppen mit **frischen Kräutern**, abgerundet bzw. verfeinert mit etwas **Obers, Sauerrahm** oder **Creme fraiche**.

## Das Binden von Suppen

Gemüsecremesuppen erhalten die cremige Konsistenz meist durch den weich gekochten pürierten Gemüseanteil, wobei die Gemüsemenge entscheidend ist.
Manche Gemüsesorten sind stärkereicher (Kürbis, Kartoffeln, Karotten, Karfiol, Zucchini), daher benötigt man nicht unbedingt eine zusätzliche Bindung.

Bei Gemüsearten, die sehr viel Wasser enthalten, wie z. B. Spinat, verschiedene Kräuter, Tomaten oder Gurken benötigt man eine zusätzliche Bindung.

## Möglichkeiten zur Bindung von Suppen

- 1 – 2 Stück rohe Kartoffeln in Scheiben schneiden und mitdünsten, bis sie ganz weich sind, dann aufmixen (z. B. für Spinat-, Bärlauch-, Gurken- oder Lauchsuppe). Stehen keine Kartoffeln zur Verfügung, kann man einige EL Kartoffelflocken von Fertigpüree verwenden.

- Fix-Einbrenn (von Maggi oder Knorr) ist einfach zu verwenden. Man rührt je nach gewünschter Konsistenz 1 – 2 KL oder EL in die kochende Suppe.

- Ca. 1 – 2 EL glattes Mehl oder Maizena in einem Messbecher oder in einer Tasse mit kaltem Wasser versprudeln bis keine Klümpchen mehr zu sehen sind. Dieses „Teigerl“ langsam in die kochende Suppe eingießen, dabei mit dem Schneebesen rühren und nochmals aufkochen lassen.

- 1 Eckerl Streichkäse in der kochenden Suppe schmelzen lassen. Dies ergibt eine leichte Bindung und eine geschmackliche Abrundung.

- 1 – 2 EL QimiQ (= Rahm-Gelatine-Produkt) einrühren.

## Zucchinicremesuppe

***Zubereitungszeit***
*ca. 20 – 25 Minuten*

***Zutaten für 4 – 5 Personen***
*1 – 2 EL Öl oder 1 EL Butter bzw. Margarine*
*1 mittelgroße Zwiebel*
*2 Knoblauchzehen*
*40 – 50 dag Zucchini*
*1 l Wasser oder klare Suppe*
*ev. etwas Weißwein oder einige Tropfen Zitronensaft*
*ca. 1/8 l Sauerrahm, Creme fraiche oder Schlagobers*
*1/2 Bund Petersilie (sehr gut schmeckt auch frisches Basilikum oder Schnittlauch)*
*Salz, Pfeffer*

1. Zwiebel und Knoblauch schälen und in Scheiben oder Würfel schneiden, Zucchini waschen, die Enden abschneiden und ebenfalls schneiden.
2. Öl (Butter oder Margarine) im Topf erhitzen, Zwiebel und Knoblauch ca. 1 – 2 Minuten anschwitzen, Zucchini zugeben, salzen, pfeffern und mit Wasser oder Suppe aufgießen. Alles ca. 15 Minuten weich kochen, dabei Hitze reduzieren.
3. Sauerrahm oder Creme fraiche und etwas Petersilie oder Basilikum zugeben, Suppe mit dem Pürierstab aufmixen, nochmals abschmecken.

***Tipp:*** Als Einlage eignen sich geröstete Weißbrotwürfel, in Butter gebratene Zucchinischeibchen und 1 – 2 EL gehackte Walnüsse oder 1 Häubchen Schlagobers und gehackte Petersilie.

## Kürbiscremesuppe

***Zubereitungszeit***
*ca. 20 – 25 Minuten*

***Zutaten für 4 Personen***
*1 EL Butter oder 2 EL Öl*
*1 Zwiebel*
*2 Knoblauchzehen*
*1/2 kg Kürbis (orangefarbiger Muskatkürbis, geschält), würfelig oder in Scheiben geschnitten*
*1 l Wasser oder Suppe*
*etwas Weißwein oder einige Tropfen hellen Essig*
*Muskatnuss, etwas Thymian*
*1 – 2 EL Sauer- oder Süßrahm, Creme fraiche oder Rama Cremefine*
*Salz, Pfeffer*
***Zum Garnieren***
*Obershäubchen*
*einige Tropfen Kernöl oder geröstete Kürbiskerne*

Zubereitung wie Zucchinicremesuppe.

***Tipp:*** Auf dieselbe Art und Weise kann man auch eine Karfiol-, Broccoli- oder Lauchcremesuppe zubereiten.

# Gurkensuppe

***Zubereitungszeit***
*ca. 20 – 25 Minuten*

***Zutaten für 4 Personen***
*2 mittlere Salatgurken*
*1 kleine Zwiebel*
*1 Knoblauchzehe*
*1 EL Butter oder 2 EL Olivenöl*
*2 Kartoffeln (dienen hier als Bindung) oder*
*2 EL glattes Mehl*
*3/4 l Würfelsuppe*
*1/2 Becher Sauerrahm oder Creme fraiche*
*etwas Zitronensaft*
*2 EL gehackte Dille oder Petersilie*
*Salz, Pfeffer*
***Zum Garnieren***
*Für besondere Anlässe als Einlage*
*10 dag gekochte Shrimps*

1. Gurken schälen, längs halbieren, mit einem KL die Kerne herauskratzen. Eine Gurkenhälfte in kleine Würfel schneiden und für die Einlage beiseite stellen.
2. Die restlichen Gurken und die geschälten Kartoffeln in dünne Scheiben schneiden.
3. Zwiebel und Knoblauch schälen, hacken und in heißem Fett anschwitzen lassen. Gurken und Kartoffeln zugeben, mit Suppe aufgießen, salzen und pfeffern. Die Suppe ca. 10 – 15 Minuten leicht köcheln lassen. (Werden keine Kartoffeln verwendet, dann 1 – 2 EL glattes Mehl mit dem Sauerrahm versprudeln und in die kochende Suppe rühren oder mit Fix-Einbrenn binden.)
4. Die Suppe mit dem Mixstab pürieren, nochmals abschmecken und mit Dille oder Petersilie und den überkochten Gurkenwürfeln vollenden.

***Tipp:*** Gurkensuppe kann auch kalt gegessen werden und ist daher vor allem im Sommer ideal. Sie ist sehr erfrischend und bekömmlich! Dazu muss sie im Kühlschrank zugedeckt ca. 6 – 8 Stunden gekühlt werden. Statt Sauerrahm oder Creme fraiche eignen sich für die kalte Suppe besonders 1 – 2 Becher Joghurt.

# Polentacremesuppe

***Zubereitungszeit***
*ca. 15 – 20 Minuten*

***Zutaten für 4 Personen***
*2 Jungzwiebeln oder Lauch (ca. 10 dag)*
*5 dag Maisgrieß*
*3 dag Butter*
*1/2 Glas Weißwein*
*3/4 l Würfelsuppe*
*gut 1/8 l Schlagobers oder Rama Cremefine flüssig*
*Muskatnuss, Salz, Pfeffer*
***Zum Garnieren***
*etwas Kürbiskernöl oder geröstete Kürbiskerne*

1. Zwiebeln waschen, die weißen Teile in dünne Scheiben schneiden. Die grünen Teile ebenfalls in dünne Streifen schneiden und beiseite legen.
2. In einem Topf den Maisgrieß kurz anrösten („linden"). Die Butter zugeben, die weißen Teile der geschnittenen Jungzwiebeln zugeben und anschwitzen, mit Wein ablöschen, mit Suppe aufgießen, zum Kochen bringen und ca. 15 Minuten köcheln lassen.
3. Die Suppe mit dem Mixstab pürieren. Das Schlagobers leicht schlagen und in die Suppe geben. Die grünen feinen Lauchringe zugeben und mit Salz und Pfeffer abschmecken.
4. Auf die angerichtete Suppe ein Obershäubchen setzen und mit den Kürbiskernen oder einigen Tropfen Kernöl garnieren.

# Tomatencremesuppe mit Basilikumschaum

***Zubereitungszeit***
*ca. 25 – 30 Minuten*

***Zutaten für 4 Personen***
*1 EL Butter oder 2 EL Öl*
*1 Zwiebel, 1 Knoblauchzehe*
*15 dag Wurzelwerk (Karotte, Sellerie, Lauch)*
*60 dag gut gereifte Tomaten*
*(oder 1 kl. Dose geschälte od. passierte Tomaten)*
*3/4 l Wasser oder Gemüsebouillon*
*1/8 l Schlagobers, 1 kleiner Bund Basilikumblätter*
*Salz, Pfeffer, (ev. 1 Spritzer Tabasco)*
***Zum Garnieren***
*geröstete Knoblauchcroutons*

1. Zwiebel und Knoblauch hacken. Das Wurzelwerk putzen und grob raspeln oder in dünne Scheiben schneiden. Die frischen reifen Tomaten ev. blanchieren.
2. Fett erhitzen. Zwiebel, Knoblauch und Wurzelwerk zugeben und etwas durchrösten. Die Tomaten zugeben, mit Wasser bzw. Suppe aufgießen und ca. 15 – 20 Minuten köcheln lassen. Die Suppe mit dem Mixstab fein pürieren und abschmecken.
3. Schlagobers leicht schaumig schlagen. Die gewaschenen, fein geschnittenen Basilikumblätter zugeben und auf die angerichtete Suppe geben. Mit gerösteten Knoblauchcroutons servieren.

# Erdäpfelsuppe (mit Schwammerln)

***Zubereitungszeit***
*ca. 35 – 40 Minuten*

***Zutaten für 4 Personen***
*1/2 kg Erdäpfel*
*1 Zwiebel oder 2 Frühlingszwiebeln*
*2 EL Öl*
*(4 – 5 dag Hamburgerspeck in kleine Würfel geschnitten)*
*1 Lorbeerblatt*
*etwas Majoran oder Liebstöckl*
*1 l Wasser, 1 Suppenwürfel*
*ca. 1/2 Becher Sauerrahm*
*Salz, Pfeffer*
*1 Handvoll geschnittene, in Butter gebratene Pilze (auch getrocknete Pilze eignen sich gut, sie müssen aber vorher in heißem Wasser ca. 20 Minuten eingeweicht werden)*
***Zum Garnieren***
*Petersilie*

1. Zwiebeln hacken (die grünen Teile der Frühlingszwiebeln in feine Ringe schneiden). Erdäpfel schälen und in kleine Würfel schneiden.
2. Gehackte Zwiebeln in Öl anschwitzen. (Verwendet man auch Speck, dann weniger Öl nehmen und den Speck mit den Zwiebeln anrösten). Die Erdäpfel dazugeben, mit Wasser aufgießen, Lorbeerblatt, Suppenwürfel und Majoran zugeben und die Suppe kochen lassen, bis die Erdäpfel weich sind. Die gebratenen (eingeweichten) Pilze zugeben.
3. Den Sauerrahm in einem Messbecher mit ca. 1 – 2 Schöpfer Suppe vermischen, aufmixen und die Suppe damit leicht binden.
4. Die Suppe abschmecken und mit grünen Zwiebelringen oder Petersilie garnieren.

# Bohneneintopf

***Zubereitungszeit***
*ca. 40 Minuten*

***Zutaten für 4 Personen***
*1 Zwiebel*
*2 Knoblauchzehen*
*2 Karotten*
*1/2 kg Kraut, Chinakohl oder Grünkohl*
*1 EL Tomatenmark oder 1/8 l passierte Tomaten aus der Packung*
*2 Zucchini (wenn nicht vorhanden, dann etwas mehr Karotten oder 2 Kartoffeln nehmen)*
*1 kleine Dose weiße Bohnen*
*1 Lorbeerblatt*
*Suppenwürfel, Thymian*
*1 Paar Debreziner (Selchfleisch)*
*Salz, Pfeffer*
***Zum Garnieren***
*Petersilie*

1. Karotten schälen und in Würfel schneiden. Das Kraut putzen, den Strunk entfernen, waschen und in Streifen schneiden. Zucchini ebenfalls in Würfel schneiden.
2. Zwiebel und Knoblauch hacken und in Öl anschwitzen. Das geschnittene Gemüse zugeben, kurz miträsten und mit gut 1 – 1,5 l Wasser aufgießen. Die Gewürze und den Suppenwürfel zugeben.
3. Das Gemüse fast weich kochen. Die abgetropften Bohnen und die in Scheiben geschnittenen Würstel (oder Selchfleisch) zugeben und kurz mitkochen. Ev. mit einigen Löffeln Fix-Einbrenn eindicken. Suppe mit Petersilie bestreuen und servieren.

***Tipp:*** Eintöpfe sind besonders im Herbst und Winter zu empfehlen. Sie sind kräftige, etwas dickere Suppen und eignen sich daher auch als Hauptgericht zu einem Stück Bauernbrot.

# Schnelle Käsecremesuppe

***Zubereitungszeit***
*ca. 15 Minuten*

***Zutaten für 2 Personen***
*1 EL Butter*
*1 EL Mehl*
*ca. 1/2 l Wasser mit etwas Milch gemischt*
*1 – 2 Eckerl Streichkäse*
*(Rahmkäse oder Gorgonova)*
*ev. 1 EL fein geriebener Parmesan*
*ca. 4 EL Schlagobers*
*Suppenwürze, Muskatnuss*
*Salz, Pfeffer*
*1 Semmel oder 2 Scheiben Weißbrot als Einlage*

1. Butter zerlassen und das Mehl in der heißen Butter aufschäumen lassen.
2. Mit ca. 1/2 l Wasser-Milchgemisch aufgießen, mit der Schneerute gut versprudeln und aufkochen lassen. Den Streichkäse, ev. Parmesan sowie Schlagobers zugeben.
3. Mit Salz, Pfeffer, ev. Suppenwürze und etwas Muskatnuss würzen.
4. Semmel oder Weißbrot in Würfel schneiden, in Butter knusprig rösten und als Einlage verwenden.

# Knoblauchrahmsuppe

***Zubereitungszeit***
*ca. 15 Minuten*

***Zutaten für 4 Personen***
*3 dag Butter (ca. 1 TL)*
*1 mittlere Zwiebel*
*2 – 3 Knoblauchzehen*
*3 EL feines Dinkelmehl oder glattes Mehl*
*1 l Wasser*
*Suppenwürze*
*Muskatnuss*
*1/8 l Schlagobers*
*Schnittlauch*
*Salz, Pfeffer*
*1 Semmel, 1 Scheibe Weißbrot oder Schwarzbrot als Einlage*

1. Knoblauch und Zwiebel hacken, in Butter anschwitzen, Dinkelmehl kurz mitrösten. Mit kaltem Wasser aufgießen, würzen und ca. 20 Minuten köcheln lassen.
2. Suppe mit dem Mixstab aufmixen, das Schlagobers zugeben und nochmals abschmecken.
3. Suppe mit Schnittlauch bestreuen und mit gerösteten Brotwürfeln servieren.

# Klare Suppen

Beliebt, appetitanregend und belebend vor Hauptgerichten.

Eine **kräftige Rindsuppe** mit einer guten Einlage vor dem Hauptgericht serviert, ist nach wie vor bei vielen Leuten beliebt. Die Herstellung erfordert allerdings viel Zeit.
Eine Fleischsuppe liefert appetitanregende Stoffe, die belebend wirken und die Verdauung der nachfolgenden Speisen fördern. Für Menschen, die an Nierenschäden oder rheumatischen Erkrankungen leiden, sind sie jedoch keinesfalls geeignet. In diesen Fällen ist ein **Gemüsesud** die bessere Wahl.

Am einfachsten ist natürlich die Verwendung von Instantprodukten in Form von Suppenwürfeln oder gekörnter Brühe, die nur im kochenden Wasser aufgelöst werden müssen. Im Angebot findet man klare Rindsuppen, Gemüsesuppen und Hühnersuppen.

Im **Reformhaus** erhält man spezielle Suppenkonzentrate z. B. mit Meersalz hergestellt, frei von tierischen Produkten, ohne Geschmacksverstärker und ohne Konservierungsmittel. Sie sind natürlich teurer als die üblichen Suppenkonzentrate.

# Klare Gemüsesuppe

Eignet sich sehr gut zum Aufgießen für Saucen.

***Zubereitungszeit***
*ca. 35 – 40 Minuten*

***Zutaten für 4 Personen***
*1 – 2 Bund Wurzelgemüse (ca. 30 dag)*
*1 kleine Zwiebel mit Schale*
*1 Kartoffel*
*1 Tomate – kann ruhig etwas weich sein*
*1 Lorbeerblatt, 5 Pfefferkörner, Muskatblüte*
*frische Kräuter (Petersilie, Liebstöckl, Basilikum, Sellerieblatt), Salz*

1. Zwiebel ungeschält vierteln, mit grob geschnittenem und sauber geputztem Wurzelgemüse in wenig Öl anrösten und mit kaltem Wasser aufgießen. Ein Lorbeerblatt, etwas Muskatblüte, einige Pfefferkörner und 1 kleine Tomate dazugeben.
2. Das Gemüse langsam zum Kochen bringen und ca. 1/2 Stunde köcheln lassen, Suppe abseihen, würzen (ev. salzen) und mit frisch gehackten Kräutern vollenden. Einlage: ev. Gemüse/Teigwaren.

***Tipp:*** Bei der Zubereitung von frischem Gemüse bleiben meist Stängel und Schalen übrig. Sauber gewaschen können sie ebenfalls mitgekocht werden.

# Rindsuppe

***Zubereitungszeit***
*ca. 90 – 120 Minuten*

***Zutaten für 4 – 5 Personen***
*ca. 70 dag Suppenfleisch mit Knochen*
*1 Bund Suppengemüse (Karotte, Sellerieknolle, Lauch, Petersilwurzel)*
*1 kleine Zwiebel*
*1 Lorbeerblatt*
*5 Pfefferkörner*
*Muskatblüte (Macis)*
*frische Kräuter aus dem Garten: Liebstöckl, Petersilie, Sellerieblätter, Basilikum, Thymian sowie ev. 1 Tomate machen die Suppe besonders aromatisch*
*Salz*
*Schnittlauch*

1. Fleisch und Knochen gut waschen, das Wurzelwerk putzen und waschen.
2. Ca. 1,5 l kaltes Wasser in einen nicht zu kleinen Topf geben, die Gewürze und das Fleisch (2 – 3-mal durchgeschnitten) zugeben und alles zum Kochen bringen.
3. Bei reduzierter Hitze langsam **ohne Deckel** köcheln lassen. Sollte sich an der Oberfläche ein grauer Schaum bilden, diesen mit einem Schöpfer entfernen. Das Wurzelwerk dazugeben und ca. 1,5 – 2 Stunden leicht köcheln lassen. Mit einem Kelomat verkürzt sich die Garzeit erheblich.
4. Die frischen Kräuter (Petersilie, Liebstöckl, Lauch, Sellerieblätter) erst eine halbe Stunde vor dem Ende der Kochzeit zugeben.
5. Die Suppe durch ein feines Sieb gießen, salzen und mit frischem Schnittlauch servieren.

Möchte man das **Fleisch für die Hauptspeise** verwenden (z. B. für Rindfleisch mit Semmelkren oder Schnittlauchsauce), so wählt man dafür ein geeignetes Fleischstück aus (den Fleischhauer fragen) und gibt das Fleisch erst in das **kochende Wasser**.

Auf die gleiche Art wird auch eine **Hühner- oder Kalbsknochensuppe** hergestellt, beide Suppen werden in der Kinder- und Krankenküche eingesetzt.

***Tipp:*** Die Suppe darf nicht zu stark kochen, sonst wird sie trüb!

# Suppeneinlagen

## Frittaten

***Zubereitungszeit***
*ca. 20 – 25 Minuten*

***Zutaten für 6 – 8 Personen***
*1 Ei*
*ca. 15 dag Mehl (ca. 1 Joghurtbecher)*
*ca. 1/4 l Milch (Milch kann teils durch Wasser oder Mineralwasser ersetzt werden)*
*Salz*

1. Alle Zutaten in einem kleinen Rührtopf mit dem Schneebesen oder Mixer zu einem glatten, dickflüssigen Teig rühren.
2. In einer beschichteten Pfanne mit wenig Öl dünne, helle Frittaten backen. Diese halbieren, längs einrollen und in dünne Streifen schneiden. (Die genauere Beschreibung für das Ausbacken: siehe Kapitel „Palatschinken").

***Tipp:*** Für Spinatfrittaten kann der Teig mit etwas passiertem Spinat grün gefärbt werden.

## Grießnockerln

***Zubereitungszeit***
*ca. 30 – 40 Minuten*

***Zutaten für ca. 10 Stück***
*4 dag weiche Butter*
*1 Ei, 8 dag Weizengrieß*
*Salz, Muskatnuss*

1. Die weiche Butter mit Ei, Salz und Muskat kurz verrühren und den Grieß untermengen.
2. Ca. 10 Minuten stehen lassen. Mit 2 KL oder 1 kleineren Suppenlöffel glatte Nockerln formen. Entweder gleich in das leicht siedende Salzwasser einkochen oder die geformten Nockerln auf einen mit Wasser benetzten Teller legen und alle zugleich einkochen.
3. Nockerln zugedeckt 20 – 25 Minuten leicht kochen lassen. Größere Nockerln brauchen etwas länger.

***Tipp:*** Sollten die Nockerln nach der Kochzeit nicht deutlich größer geworden sein und sich noch eher hart anfühlen, dann das meiste Kochwasser abschütten, durch kaltes Wasser ersetzen und nochmals langsam zum Kochen bringen.

Am einfachsten ist die Zubereitung mit **Nockerlgrieß.** Die Anleitung befindet sich auf der Packung.

# Speckgrießknöderln

***Zubereitungszeit***
*ca. 30 Minuten*

***Zutaten für ca. 10 Stück***
*8 dag Weizengrieß*
*5 dag Selchspeck (oder 4 dag Butter)*
*1/4 l Milch*
*1 Ei*
*Salz, Muskatnuss*

1. Den Speck kleinwürfelig schneiden und in einer Kasserolle oder in einem Topf hell anrösten. Mit der Milch aufgießen, salzen und aufkochen lassen.
2. Den Grieß einrühren und gut verkochen lassen.
3. Die Masse auskühlen lassen und das Ei einrühren.
4. Wasser zum Kochen bringen. Mit nassen Händen kleine Knöderln formen und ca. 10 Minuten in Salzwasser sanft kochen.

***Tipp:*** Die Knöderlmasse kann vielfältig abgeändert werden:

- **Kürbiskernknöderln:** In die Grießmasse 1 – 2 EL fein gehackte Kürbiskerne geben.
- **Buchweizenknöderln:** Statt Grieß grob gemahlenes Buchweizenmehl (Heidenmehl), geriebene Karotten und Petersilie einkochen.
- **Dinkelknöderln:** Statt normalem Grieß Dinkelgrieß verwenden.
- **Polentaknöderln:** Wie Speckgrießknöderln, jedoch Maisgrieß verwenden.

# Käse-Röstschnitten

***Zubereitungszeit***
*ca. 20 – 25 Minuten*

***Zutaten für ca. 10 Stück***
*2 Semmeln vom Vortag oder*
*3 – 4 Scheiben Weißbrot*
*1 Ei*
*3 dag Butter*
*4 – 5 dag Reibkäse oder Parmesan*
*Paprika*
*Salz*

1. Das Backrohr auf 180 °C vorheizen. Semmeln in 1/2 cm dicke Scheiben schneiden.
2. Die weiche Butter mit dem Ei, dem Käse und den Gewürzen verrühren und die Masse auf die Semmelscheiben streichen. Auf ein Blech legen und goldbraun überbacken. Die Semmelscheiben ev. halbieren.

# Biskuitschöberln

***Zubereitungszeit***
*ca. 25 – 30 Minuten*

***Zutaten für ca. 10 Stück***
*2 Eier*
*5 – 6 dag Mehl*
*1 Messerspitze Backpulver*
*Salz*

1. Eine Tortenform befetten und bemehlen. Das Backrohr auf 180 °C vorheizen.
2. Die Eier trennen: Das Eiklar mit Salz steif schlagen, die Dotter mit der Gabel versprudeln und mit dem Mehl zugleich behutsam unter den Eischnee mengen.
3. Die Masse in die Tortenform geben, glatt streichen und ca. 10 Minuten backen. Nach dem Auskühlen in ca. 2 cm breite Rauten (Rhomben) schneiden.

***Tipp:*** Weitere Abwandlungen:
- **Schinkenschöberln:** 5 dag fein gehackten Schinken oder Krakauer untermengen.
- **Kräuterschöberln:** 1 – 2 EL gemischte fein gehackte Kräuter untermengen.
- **Käseschöberln:** 1 – 2 EL geriebenen Käse (ev. Parmesan) untermengen.

# Eintropfsuppe

***Zubereitungszeit***
*ca. 15 Minuten*

***Zutaten für ca. 4 Personen***
*1 Ei*
*2 EL Mehl*
*Salz*

1. Ei, Salz und Mehl in einem Schnabelhäferl zu einem glatten Teig rühren und etwas rasten lassen.
2. Den Teig in dünnen Fäden in die leicht siedende Suppe einlaufen und nur einmal aufkochen lassen! Sollte der Teig etwas zu dick sein, mit ein paar Tropfen Wasser verdünnen.

***Tipp:*** Als weitere schnelle und einfache Suppeneinlagen eignen sich **gekochter Reis, Suppennudeln** oder **Backerbsen**!

# Dinkelsuppen (nach Hildegard von Bingen)

Für die Krankenkost geeignet.

## Dinkelcremesuppe

***Zubereitungszeit***
*ca. 15 Minuten*

***Zutaten für 4 Personen***
1 l Wasser
4 dag Butter
4 EL Dinkelmehl
Salz, Muskatnuss

1. 3/4 l Wasser zustellen, Dinkelmehl mit 1/4 l kaltem Wasser versprudeln und mit der Butter und den Gewürzen ins kochende Wasser einsprudeln.
2. Ca. 5 Minuten kochen lassen, dabei öfters umrühren. Vor dem Anrichten mit gehackter Petersilie und Basilikum bestreuen.

## Dinkelgrießsuppe

***Zubereitungszeit***
*ca. 15 Minuten*

***Zutaten für 4 Personen***
*1 fein gehackte Zwiebel*
*etwas Butter*
*4 EL Dinkelgrieß*
*1 l Wasser*
*Salz, Muskatnuss*
***Zum Verfeinern***
*Kräuter, etwas Schlagobers*

1. Zwiebel in Butter anschwitzen, 4 EL Dinkelgrieß zugeben und kurz mitrösten.
2. Mit 1 l Wasser aufgießen, aufkochen lassen und mit Salz und Muskatnuss würzen.
3. Mit Kräutern (und ev. etwas Schlagobers) verfeinern.

# FLEISCHGERICHTE

# Das Schnitzel

Bei jedermann beliebt!

# Das Fleisch

## Schnitzel vom Schwein

Es soll rosa bis hellrot und feinfasrig sein. Am besten geeignet ist das Fleisch vom „Kaiserteil", wird auch „Schale" genannt.
**Ein durchschnittliches Schnitzel wiegt ca. 15 dag,** es muss immer quer zur Faser geschnitten sein. Die Gardauer beträgt ca. 10 – 15 Minuten.

## Schnitzel vom Kalb

Es stammt von 5 – 6 Monate alten Kälbern. Hochwertiges Kalbfleisch hat eine zarte Faserung, die Farbe ist blassrosa. Es ist besonders fettarm und leicht verdaulich und spielt deshalb eine große Rolle in der Krankenernährung und Diätküche.
Kalbschnitzel werden aus dem Schlögel geschnitten. Es ist von allen Fleischarten das teuerste. Die Gardauer beträgt ca. 10 – 15 Minuten.

## Schnitzel vom Rind

Wichtigstes Merkmal für gutes Rindfleisch ist seine lebhafte rote Farbe. Das Fleisch ist marmoriert, dh. von feinen Fettäderchen durchzogen. Am besten eignet sich Fleisch von der Schale, Nuss, Tafelstück, weißes Scherzel oder Hüferscherzel. Rindfleisch hat von allen Fleischsorten die längste Gardauer, ca. 1 – 2 Stunden.

Beim Rindfleisch ist besonders darauf zu achten, dass das Fleisch von jungen Tieren stammt und gut abgelegen ist, ansonsten brauchen die Schnitzel länger bis sie weich sind.

Schnitzel von der „Beiried" geschnitten eignen sich auch zum Kurzbraten, sind jedoch nicht billig.

## Puten- oder Hühnerschnitzel

Geflügelfleisch hat einen hohen Eiweißgehalt, ist fettarm und leicht verdaulich. Das ideale Fleisch für eine gesunde Ernährung. Es eignet sich für die verschiedensten Zubereitungsarten, wobei die Garzeit ca. 8 Minuten beträgt. Putenschnitzel werden aus dem zarten, blassrosa Brustfleisch geschnitten. Hühnerschnitzel sind enthäutete Filets von der Hühnerbrust.

# Die Bratpfanne

Beim Kauf einer guten Bratpfanne sollte man nicht sparen. Empfehlenswert sind Pfannen aus **Edelstahl ohne Beschichtung** oder Pfannen mit **Titanbeschichtung**. Wenig geeignet dafür sind Teflonpfannen, sie haben keine lange Lebensdauer, können leicht überhitzen und es bildet sich vor allem kein Bratensaft. Sie eignen sich besser für Palatschinken, Spiegeleier, Erdäpfelgerichte oder für fettarmes Braten von zartem Fleisch.

Auch ein passender **Deckel** sollte vorhanden sein. Für ein gutes Arbeitsergebnis ist die Qualität der Pfanne ausschlaggebend. Ein dicker Pfannenboden überträgt die Hitze gleichmäßig, das Fleisch bleibt schön saftig und es entsteht ein Bratensaft.

Zum fettarmen Grillen gibt es Spezialpfannen **mit Rillen,** die dem Fleisch das typische Streifenmuster verleihen.

**Wichtige Regel:** Die Pfanne mit dem Fett muss grundsätzlich heiß sein, **bevor** das Fleisch eingelegt wird. Die Poren des Fleisches schließen sich dann sofort und es geht kein Saft verloren, dh. das Fleisch trocknet nicht aus. Das Fleisch haftet zunächst am Pfannenboden und wird **erst gewendet, wenn es sich leicht ablösen lässt.**

# Das Bratfett

Es muss hohe Temperaturen aushalten, ohne zu verbrennen. Nicht geeignet sind kalt gepresste Öle. Diese verwendet man für Salate! Gut geeignet und preisgünstig ist z. B. **Erdnussöl** oder **Rapsöl**, **Butterschmalz** oder eine **Mischung aus Butter und Olivenöl**. Es gibt im Handel auch sogenannte „Bratfette" wie z. B. Thea-Brat oder Becel.

# Die Zubereitung

- Das Einschneiden des Randes verhindert das „Aufwölben" des Schnitzels beim Braten. Schnitzel 3–4-mal am Rand ca. 1 cm tief einschneiden (bei Puten- und Hühnerschnitzel meist nicht nötig).
- Schnitzel immer mit der glatten Seite des Fleischklopfers bearbeiten. Schnitzel vor dem Klopfen am besten mit Frischhaltefolie abdecken, dann vorsichtig klopfen.
***Tipp:*** Wenn kein Fleischklopfer vorhanden ist, kann man auch mit dem Boden einer etwas schwereren Pfanne das Schnitzel plattieren.
- Das Bratfett in die bereits heiße Pfanne gießen, das gewürzte Schnitzel in das heiße Fett legen. Beim Einlegen des Schnitzels soll das Fett leicht prasseln. Das Fett darf nicht überhitzt werden! Durch das kräftige Anbraten schließen sich die Fleischporen sofort, der Fleischsaft läuft nicht aus, das Schnitzel bleibt saftig.
- Das Schnitzel bei mittlerer Hitze ca. 2–3 Minuten braten, bis sich das Schnitzel von selbst löst, dann umdrehen und auf der 2. Seite ebenfalls 2–3 Minuten braten. Beide Seiten sollen eine helle Bräunung aufweisen.
- Schnitzel herausnehmen und in einem tiefen Teller zugedeckt warmhalten.
- Die Saft- und Saucenherstellung wird beim jeweiligen Rezept beschrieben.

# Naturschnitzel

***Zubereitungszeit***
*ca. 20 Minuten*

***Zutaten pro Portion***
*1 Schweinsschnitzel (ca. 15 – 18 dag) –*
*am besten vom Kaiserteil und Schlussbraten*
*oder von Fricandeau und Nuss*
*ca. 3 dag Bratfett – das sind etwa 2 EL Öl oder*
*1 EL Öl und 1 Stückchen Butter gemischt*
*1/2 TL Mehl zum Stauben*
*1/16 l Suppe = ca. 1/2 Tasse (oder Wasser*
*mit etwas Suppenwürfel nachgewürzt)*
*Salz, Pfeffer*

1. Alle Zutaten und Arbeitsbehelfe bereitstellen. Die Herdplatte auf Stufe 2 (ev. 3) einschalten und die Pfanne ohne Fett erwärmen bis der Pfannenboden heiß ist.
2. Das Schnitzel am Rand ca. 3 – 4-mal ca. 1/2 cm tief einschneiden und beidseitig salzen und pfeffern. Das Einschneiden des Fleisches verhindert ein Zusammenziehen des Bindegewebes und das Schnitzel bleibt flach. Beim Puten- oder Hühnerschnitzel ist dies meist nicht notwendig, es genügt leichtes Klopfen zwischen Frischhaltefolie.
3. Schnitzel in heißem Fett beidseitig je 2 – 3 Minuten anbraten, aus der Pfanne geben und in einer Schüssel oder in einem tiefen Teller warm halten.
4. Das restliche Öl aus der Pfanne entfernen, einen TL Butter zugeben, etwas Mehl darüber streuen, kurz anrösten und mit etwas kalter Flüssigkeit (Suppe oder Wasser) aufgießen. Dabei mit dem Küchenfreund die Bratrückstände lösen und aufkochen lassen, den Saft nachwürzen und durch ein feines Sieb gießen. Schnitzel mit dem Saft anrichten.

Möchte man das Schnitzel eher **weicher**, dann gießt man die doppelte Menge an Flüssigkeit auf und **dünstet** das Schnitzel im Saft bei schwacher Hitze (Stufe 1 oder 1/2 in der zugedeckten Pfanne) ca. 20 – 30 Minuten. Zwischendurch einmal nachschauen, ob noch genügend Flüssigkeit vorhanden ist.

***Tipp:*** Aus dem Naturschnitzel kann man durch Zugabe von etwas Creme fraiche oder Schlagobers ein **Rahmschnitzel** zubereiten, auch 1 EL **frische Kräuter** hinzugefügt, schmeckt ganz fein!
Für ein schnelles **Champignonschnitzel** eine Handvoll blättrig geschnittene frische Champignons oder Dosenchampignons dazugeben und mit etwas Rahm und Petersilie verfeinern!

**Beilagenempfehlung**
Nudeln, Spätzle, Reis, Kartoffeln, Gemüse

# Pfeffer-Rahm-Schnitzel

***Zubereitungszeit***
*ca. 30 – 35 Minuten*

***Zutaten für 4 Personen***
*4 Schweinsschnitzel zu je ca. 15 dag – am besten vom Kaiserteil, 4 Putenschnitzel oder Hühnerfilets*
*ca. 2 EL Butter oder Öl*
*(oder Öl-Butter-Mischung 1 : 1)*
*1 Zwiebel*
*ca. 2 – 3 EL Weinbrand (oder Cognac)*
*1/2 Becher Schlagobers oder*
*1 Becher Creme fraiche*
*2 – 3 EL grüne Pfefferkörner (aus dem Glas)*
*Salz, Pfeffer*

1. Alle Zutaten und Arbeitsbehelfe bereitstellen.
2. Schnitzel zwischen Frischhaltefolie leicht klopfen. Hühnerfilet ev. seitlich etwas einschneiden damit es etwas flacher wird und gleichmäßig durchbratet. Das Einschneiden des Fleischrandes ist bei diesen Fleischsorten meist nicht nötig.
3. Zwiebel schälen und fein hacken. Pfanne auf Stufe 2 oder 3 erhitzen. Schnitzel würzen.
4. Fett in der bereits erwärmten Pfanne erhitzen. Butter darf nicht braun werden! Schnitzel darin von beiden Seiten je ca. 3 – 4 Minuten anbraten, herausnehmen und warm halten (auf einem Porzellanteller, in einer Jenaschüssel mit Deckel, im Backrohr oder ev. über Dampf).
5. Zwiebel in derselben Pfanne glasig dünsten, mit Cognac ablöschen, mit Schlagobers aufgießen und unter Rühren aufkochen lassen. Ca. 1/4 l Suppe und die grünen Pfefferkörner zugeben. Die Sauce einkochen lassen bis sie leicht sämig ist. Schnitzel hineingeben und **kurz in der Sauce ziehen lassen** (ca. 3 – 5 Minuten, am besten bei abgeschalteter Herdplatte).

Es gibt auch fertige Pfeffer-Rahmsaucen von Knorr oder Maggi – die Anleitung steht auf der Packung!

**Beilagenempfehlung**
Reis, Spätzle, Bandnudeln

## Paprikaschnitzel

***Zubereitungszeit***
*ca. 45 Minuten*

***Zutaten für 4 Personen***
*4 Schweinsschnitzel (oder Puten- oder Hühnerschnitzel) à ca. 15 dag*
*ca. 2 EL Öl oder anderes Bratfett*
*ca. 5 dag magerer Hamburgerspeck in Scheiben*
*je 1 rote und grüne oder gelbe Paprikaschote*
*1 Zwiebel*
*2 Knoblauchzehen*
*ev. ca. 10 dag Champignons*
*1 – 2 Essiggurkerln süß-sauer*
*1 EL Hot-Ketchup*
*1 KL Paprikapulver edelsüß*
*ca. 1/4 l Suppe*
*Salz, Pfeffer*
***Zum Garnieren***
*etwas Sauerrahm*

1. Speck in Streifen schneiden, Paprikaschoten waschen, vierteln, putzen und ebenfalls in Streifen schneiden. Zwiebel und Knoblauch schälen und fein hacken. Champignons säubern und blättrig schneiden, Gurkerln in feine Streifen schneiden.
2. Schnitzel (wie beim Pfeffer-Rahm-Schnitzel) vorbereiten, beidseitig anbraten, aus der Pfanne nehmen und warm halten.
3. In der Pfanne Speck, Zwiebeln und Knoblauch kurz anrösten, Paprikastreifen und Champignons zugeben, kurz mitrösten. Paprikapulver hinzufügen. Ketchup und Suppe zugeben, salzen, pfeffern und zugedeckt ca. 10 Minuten dünsten. Gurkenstreifen untermischen. Falls nötig noch etwas Suppe zugeben und nochmals abschmecken.
4. Schnitzel einlegen und 4 – 5 Minuten durchziehen lassen. Wer die Schweinsschnitzel lieber weicher hat, kann sie in der Sauce ca. 20 – 30 Minuten weich dünsten. Anrichten und mit Sauerrahm garnieren.

**Beilagenempfehlung**
Reis, Nockerln, Spätzle

## Schnitzel aus dem Backrohr

### Lassen sich gut für Gäste vorbereiten!

Dabei kommen die gebratenen Schnitzel in eine flache Glas- oder Keramikschüssel (= Auflaufform), werden mit feinem Gemüse, Schinken, Käse oder Früchten belegt, ev. mit einer Rahm- oder Bechamelsauce übergossen und bei guter Hitze im Rohr überbacken. So kann man viele Schnitzelvariationen selbst erfinden, sie lassen sich sehr gut für Gäste vorbereiten.

# Toscana-Schnitzel

***Zubereitungszeit***
*ca. 35 Minuten*

***Zutaten für 4 Personen***
*4 Puten- oder Hühnerschnitzel*
*(auch Schnitzel oder Kotelett vom Schwein)*
*Butter und/oder Öl zum Braten*
*ca. 1/4 l Suppe oder Wein*
*4 dünne Scheiben Rohschinken*
*2 – 4 gut gereifte Tomaten*
*2 – 3 EL schwarze (ersatzweise grüne)*
*Oliven ohne Stein*
*ca. 2 Kugeln Mozzarella*
*ca. 8 Basilikumblätter*
*Oregano zum Bestreuen*
*Salz, Pfeffer*

1. Backrohr auf 200 °C vorheizen.
2. Tomaten waschen, in 1/2 cm dicke Scheiben schneiden und mit Salz und Pfeffer würzen. Oliven und Mozzarella ebenfalls in Scheiben schneiden.
3. Schnitzel würzen, anbraten und in die Auflaufform legen. Den Bratensatz mit etwas Wein oder Suppe ablöschen, aufkochen lassen und über die Schnitzel gießen.
4. Schnitzel mit Schinkenblatt belegen. Tomatenscheiben abwechselnd mit den Mozzarellascheiben auf die Schnitzel legen. Mit Oliven und Basilikumblättern abschließen, ev. noch mit Oregano bestreuen und 12 – 15 Minuten überbacken.

**Beilagenempfehlung**
Weißbrot, Polenta, Spaghetti

# Käse-Zwiebel-Schnitzel

***Zubereitungszeit***
*ca. 35 Minuten*

***Zutaten für 4 Personen***
*4 Schnitzel oder Koteletts*
*1 Packung Zwiebelsuppe von Maggi oder Knorr*
*1 Packung Schlagobers, fettärmere Alternativen:*
*Rama Cremefine oder Kaffeeobers*
*10 – 15 dag geriebenen Emmentaler*
*Pfeffer, Muskatnuss*

1. Backrohr auf 180 – 200 °C vorheizen.
2. Fleisch ev. leicht klopfen und in eine befettete Auflaufform legen. Zwiebelsuppe und Obers vermischen und über das Fleisch gießen, mit dem geriebenen Käse bestreuen und mit etwas frisch gemahlenem Pfeffer und Muskatnuss würzen.
3. Im Backrohr ca. 20 – 25 Minuten backen.

**Beilagenempfehlung**
Petersilkartoffeln, grünes Gemüse

*Toscana-Schnitzel*

*Käse-Zwiebel-Schnitzel*

# Das gebackene Schnitzel

## Die „Lieblingsspeise" der Österreicher.

Das „Wiener Schnitzel" zählt auch heute noch zu den Lieblingsspeisen der Österreicher. Es schmeckt ja auch sehr gut, wenn es richtig zubereitet ist. Das „echte" Wiener Schnitzel wird aus **Kalbfleisch** zubereitet, meist wird aber **Schweinefleisch** oder auch **Putenfleisch** verwendet.

### Was ist bei dieser Garmethode zu beachten?

Die **Pfanne** sollte nicht zu niedrig sein (keine Grill- oder Palatschinkenpfanne), damit das Fett nicht überschäumt.

**Wieviel Öl braucht man?** Das hängt von der Pfannengröße und der Schnitzelmenge ab – aber ca. 1 – 2 Finger dick sind ausreichend.

Als **Backfett** eignet sich am besten ein geschmacksneutrales Pflanzenöl. Keinesfalls dürfen Butter, Margarine oder kaltgepresste Öle verwendet werden.
Die **Temperatur** soll ca. 160 – 170 °C betragen. Man probiert am besten, ob das Fett heiß genug ist, indem man ein „Zipferl" des Schnitzels ins heiße Fett taucht. Es ist heiß genug, wenn dabei kleine Bläschen aufsteigen und ein leichtes Brutzeln zu hören ist.
Ist das **Fett zu kühl,** saugen die Schnitzel zu viel Fett auf und die Schnitzel werden schwer verdaulich.
Ist das **Fett zu heiß**, wird die Hülle (Panier) zu dunkel, was ebenfalls ungesund ist und auch nicht gut schmeckt.

**Überhitztes Fett ist gesundheitsschädlich und kann sich leicht entzünden! In diesem Fall die Flamme am besten mit einem großen Topfdeckel ersticken.**

Die **Backzeit** lässt sich nicht exakt feststellen: Die Schnitzel sollen eine hellbraune Farbe haben.
Nach dem Herausnehmen aus dem Fett lässt man sie auf einem Küchenpapier abtropfen oder tupft damit das überschüssige Fett ab.
Die Schnitzel sollen möglichst rasch serviert werden, ansonsten müssten sie im vorgewärmten Rohr warm gehalten werden.

# Mandelschnitzel

***Zubereitungszeit***
*ca. 20 Minuten*

***Zutaten für 4 Personen***
*4 Putenschnitzel zu ca. 10 – 12 dag oder*
*8 kleine Schnitzel à 5 – 10 dag*
*ca. 1/4 – 3/8 l Öl zum Backen (einfaches Pflanzenöl)*
*ca. 2 EL Mehl*
*1 – 2 Eier*
*1 Packerl Mandelblättchen (ca. 15 dag)*
*4 Scheiben Ananas (ev. etwas Currypulver)*
*oder 4 Pfirsichhälften (mit etwas Preiselbeer)*
*Salz, Pfeffer*

1. Die Schnitzel zwischen einer Frischhaltefolie leicht klopfen. Die Pfanne mit dem Öl erhitzen.
2. Eier mit einer Gabel im Suppenteller versprudeln. Mehl und Mandelblättchen jeweils in einen Suppenteller geben.
3. Die Schnitzel auf beiden Seiten würzen, zuerst beidseitig in Mehl, dann im Ei und danach in den Mandelblättchen wenden, sofort ins heiße Fett legen und goldbraun backen. Anhaftendes Backfett mit Küchenpapier abtupfen.
4. Nebenbei die Ananasscheiben (Pfirsichhälften) in etwas Butter leicht anbraten und auf oder neben die angerichteten Schnitzel legen.

**Beilagenempfehlung**
Reis, Broccoli, grüner Spargel, Erbsen

# Andere raffinierte Varianten

## Parmesanschnitzel

1 – 2 Eier versprudeln, ca. 3 EL geriebenen Parmesan untermischen. Die Schnitzel wenig würzen, in Mehl wenden dann in die Ei-Parmesanmischung tauchen, sofort ins heiße Fett legen und goldbraun backen.
Dies ist eigentlich eine italienische Spezialität, heißt Piccata Milanese und wird mit Spaghetti und Tomatensauce serviert. Natürlich kann man auch Petersilkartoffeln oder gedünsteten Reis dazu reichen.

## Sesam-, Kokos-, Cornflakes- oder Kürbiskernschnitzel

Gewürztes Schnitzel in Mehl, Ei und Sesam, Kokosflocken, Cornflakes oder gehackte Kürbiskerne tauchen und backen. Beim Sesam und den Kürbiskernen ev. etwas grobe Semmelbrösel dazumischen.

*Mandelschnitzel*

# Fleischrouladen oder Fleischtascherln

Unzählige Varianten für einfallsreiche Köche.

Rouladen oder Tascherln können aus den gleichen Fleischsorten hergestellt werden wie Schnitzel. Wichtig ist lediglich, dass das Fleisch großflächig **dünn geschnitten und geklopft** ist (ca. 4 – 5 mm), da es sich sonst mit der Fülle nur schwer einrollen lässt! Wenn möglich, am besten schon beim Fleischhauer so bestellen. Ideal für Tascherln sind auch doppelt geschnittene Schweinskoteletts.

**Die Zubereitung ist gleich wie beim Schnitzel, nur die Garzeit ist länger!**

1. Die Zutaten für die Füllung vorbereiten z. B. schneiden oder hacken.
2. Die Schnitzel auflegen, würzen und ev. dünn mit Senf bestreichen.
3. Die Fülle auf den Schnitzeln verteilen, dabei achten, dass nichts über den Fleischrand hinausragt, einrollen und **fixieren**.
4. Rouladen in heißem Fett rundherum braun anbraten und danach in eine Kasserolle zum Dünsten geben. Überschüssiges Fett aus der Pfanne abgießen, den Bratrückstand mit etwas Suppe oder Wasser (ca. 1 Tasse) ablöschen, einkochen lassen und durch ein Sieb über die Rouladen gießen. Wenn man vor dem Aufgießen des Bratrückstandes etwas gehackte Zwiebel und geriebenes Wurzelwerk mitröstet, ergibt das eine gehaltvollere Sauce.
5. Die Rouladen zugedeckt bei geringer Hitze (Stufe 1/2 oder 1) weich dünsten.

### Möglichkeiten der Fixierung

- Am einfachsten mit Rouladennadeln aus Stahl – sie sind meist lang genug und lassen sich vor dem Anrichten gut entfernen. Achtung: Sie sind heiß! Man bekommt sie in Haushaltsabteilungen der Supermärkte.
- Zahnstocher sind eher eine Notlösung – wenn, dann sollten sie länger sein und rund geschliffen. Die einfachen dünnen sind nicht spitz genug und brechen leicht, sodass Bruchstücke im Fleisch sein könnten, die sich schwer entfernen lassen!
- Rouladenklammern gibt es in Spezial-Haushaltsgeschäften.
- Spagat zum Binden – erfordert etwas Geschicklichkeit und Geduld.
- Es kann auch ein Schweinsnetz beim Fleischhauer bestellt werden.

## Garzeiten

- Schweinsrouladen: ca. 3/4 – 1 Stunde
- Rindsrouladen: ca. 1 – 1 1/2 Stunde
- Puten- oder Hühnerrouladen: ca. 15 – 20 Minuten
- Kalbsrouladen: ca. 20 – 25 Minuten

Zwischendurch ev. etwas Suppe, Wasser oder Schlagobers nachgießen. Der Saft kann mit 1 – 2 TL Fixeinbrenn etwas eingedickt werden. Vor dem Anrichten noch einmal abschmecken.

## Möglichkeiten für die Füllung

- Rohschinken und Salbei
- Blattspinat mit Schafskäse: 1 kleine Zwiebel hacken, in 1 EL Öl andünsten, ca. 10 – 15 dag Blattspinat aufgetaut und gehackt hinzugeben, mit 1 Knoblauchzehe, Salz, Pfeffer und Muskatnuss würzen, auskühlen lassen und ca. 10 – 15 dag gewürfelten Schafskäse untermengen
- je 1 Blatt gekochter Schinken und Emmentaler oder Gouda, ev. 1 – 2 gekochte Spargelstangen oder fingerdicke Zucchinistangerln
- in Streifen geschnittenes Wurzelgemüse, Zwiebel und Essiggurkerl, Hamburgerspeck
- Mozzarellastreifen, Basilikumblätter, getrocknete in Öl eingelegte Tomaten

Hier sind der Phantasie nahezu keine Grenzen gesetzt, erfinden Sie selbst einige Füllungen!

Für **Tascherln** wird das Fleisch nicht gerollt, sondern einfach zusammengeklappt und mit Rouladennadeln oder Zahnstochern fixiert. Von Vorteil dabei ist, dass die Garzeit gegenüber den Rouladen kürzer ist, da das Fleisch flacher ist.

*Schweinskotelett gefüllt*

*Putenschnitzel gefüllt*

## Das Schweinsfilet – Schweinslungenbraten oder „Fischerl"

Das beste und teuerste Fleischstück vom Schwein – besonders geeignet zum Kurzbraten oder Grillen.

## Schweinsmedaillons in der Nusskruste

***Zubereitungszeit***
*ca. 20 Minuten*

***Zutaten für 4 Personen***
*ca. 1/2 kg Schweinslungenbraten*
*(Medaillons: ca. 1 – 1,5 cm dicke Filetscheiben)*
*Öl zum Backen*
*Mehl*
*1 – 2 Eier*
*10 dag Haselnüsse (ev. mit Kürbiskernen gemischt)*
*Salz, Pfeffer*

1. Nüsse fein hacken (ev. mit 1 – 2 Löffel Weißbrotbrösel mischen), die Eier in einer flachen Schale oder im Suppenteller versprudeln.
2. Schweinslungenbraten zuputzen, dh. von Fett und Haut befreien (im Supermarkt bekommt man häufig schon zugeputztes Schweinsfilet), in ca. 1,5 cm dicke Scheiben schneiden, die Medaillons mit der Hand flach drücken und mit Salz und Pfeffer würzen.
3. Pfanne mit Öl erhitzen (mind. 1/2 cm hoch), die Medaillons zuerst in Mehl, dann in versprudeltem Ei und in den gehackten Nüssen wenden.
4. Die Medaillons knusprig backen. Dabei darauf achten, dass das Fett nicht zu heiß ist und die Nusspanade nicht verbrennt!
5. Die gebackenen Medaillons auf Küchenkrepp abtropfen lassen und mit Beilagen anrichten.

**Beilagenempfehlung**
Blattspinat, Rahmkohl, Speckbohnen, Kren-Obers-Sauce

# Schweinsmedaillons überbacken (gratiniert)

Lässt sich gut vorbereiten!

***Zubereitungszeit***
*ca. 30 Minuten*

***Zutaten für 2 Personen***
*ca. 30 – 35 dag Schweinsfilet*
*(Medaillons: ca. 6 Stk. à 5 dag)*
*Öl zum Anbraten*
*ca. 6 dag Gorgonzola oder Mozzarella*
*(ev. gemischt)*
*6 dag Tomaten geschält und gewürfelt*
*etwas Paprikapulver*
*Salz, Pfeffer*

1. Die Medaillons mit der Hand flach drücken und mit Salz und Pfeffer würzen. Das Backrohr auf 220 °C vorheizen.
2. Die Pfanne etwas erhitzen, wenig Öl zugeben und die Medaillons darin rasch anbraten, nach ca. 2 Minuten wenden und fertig braten.
3. Die Medaillons in eine flache, feuerfeste Form aus Glas oder Keramik legen, mit Tomatenwürfel und Gorgonzolastücken (oder Mozzarellawürfel) belegen und mit etwas Paprikapulver bestreuen.
4. Die Medaillons auf der mittleren Schiene des Backrohres ca. 5 Minuten gratinieren und anrichten.

***Tipp:*** Richtig gebratene Medaillons sollten **im Kern noch rosa** sein (aber nicht roh!), dann sind sie besonders saftig! Den richtigen Zeitpunkt erkennt man mit der **Finger-Druck-Methode**: Drückt man mit dem Zeigefinger leicht in die Mitte des Fleisches, so soll es noch etwas elastisch sein!

**Beilagenempfehlung**
Gemüse, Blattspinat, Teigwaren,
gebratene Kartoffeln

# Weitere köstliche Krusten für Medaillons

## Knoblauch-Kräuter-Kruste

Knoblauch- oder Kräuterbutter (gekauft oder selbst gemacht) etwas flaumig rühren und mit geriebenen Weißbrotbröseln zu einer Paste verrühren und auf die Medaillons auftragen.

Auch verschiedene **Pestos mit** geriebenem oder gehacktem **Mozzarella** oder anderem leicht schmelzbaren Käse und Weißbrotbröseln vermischt eignen sich gut zum Überbacken.

# Gebratene Schweinsmedaillons mit Gorgonzolasauce

***Zubereitungszeit***
*ca. 20 Minuten*

***Zutaten für 2 Personen***
*6 Medaillons à ca. 4 – 5 dag*
*Öl zum Braten*
*1/2 Zwiebel*
*5 – 8 dag Gorgonzola*
*ca. 1/8 l Kaffeeobers oder Rama Cremefine*
*Salz, Pfeffer*

1. Die Medaillons mit der Hand flach drücken, würzen, rasch braten und auf einen Teller legen.
2. Im Bratrückstand 1 – 2 EL fein gehackte Zwiebeln anschwitzen. Gorgonzolastücke und Kaffeeobers oder Rama Cremefine zugeben und zu einer cremigen Sauce köcheln lassen. Die Medaillons hineinlegen und darin wieder erhitzen, aber nicht kochen lassen!

**Beilagenempfehlung**
Grüne und/oder gelbe Bandnudeln,
ev. einige Broccoli-Röschen oder Baby-Karotten

**Saucenvarianten**
Pfefferrahmsauce oder Pilzrahmsauce

# Schweinsfilet im Strudelteig

Lässt sich gut vorbereiten!

***Zubereitungszeit***
*ca. 40 Minuten*

***Zutaten für 2 Personen***
*ca. 30 – 40 dag Schweinsfilet (Mittelstück: die Spitze kann man für Geschnetzeltes verwenden)*
*einige große Spinat- oder Lauchblätter, Bärlauchblätter oder Kohlblätter*
*2 Strudelblätter (1/2 Packung)*
*etwas Butter*
*2 Blatt Pressschinken*
*Ei zum Bestreichen*
*ev. etwas Thymian, Knoblauch*
*Salz, Pfeffer*
*1 TL Butter*
*ev. 1 Schöpfer Suppe*
*1 EL Creme fraiche für die Sauce*
*1 – 2 EL feingehackte Kräuter*

1. Das Schweinsfilet von Haut und Fett befreien. Die Gemüseblätter ca. 30 Sekunden in kochendem Salzwasser blanchieren und danach sofort in Eiswasser abschrecken, gut abtropfen lassen (auf ein Tuch oder Küchenrolle legen).
2. Das Backrohr auf 200 °C vorheizen.
3. Das Schweinsfilet mit den Gewürzen einreiben und in heißem Fett rundherum ca. 8 Minuten braun anbraten. Fett entfernen, 1 TL Butter zugeben, mit Suppe ablöschen, aufkochen lassen, mit Creme fraiche und Kräutern vollenden, abseihen und zum Filet servieren.
4. Ein Strudelblatt auf ein leicht feuchtes Geschirrtuch legen und mit zerlassener Butter bestreichen. Das 2. Strudelblatt darauflegen und mit Butter bestreichen. Die trockenen Spinat-, Lauch- oder Kohlblätter auf der unteren Hälfte des Strudelteiges auflegen und die Schinkenscheiben darüberlegen. Das Schweinsfilet darauflegen und die restliche Strudelteigfläche mit zerlassener Butter bestreichen.
5. Den Strudelteig auf der linken und rechten Seite über das Filet schlagen und das ganze straff einrollen, mit Ei bepinseln und im Backrohr auf der mittleren Schiene ca. 15 Minuten backen.

***Tipp:*** Statt Strudelteig kann man auch Blätterteig verwenden!

**Beilagenempfehlung**
Petersilienkartoffeln, Gemüse, Salat

# Ragouts und Geschnetzeltes (Pfannengerichte)

Vom klassischen Gulasch bis zum Putengeschnetzelten.

**Ragouts** sind in größere Würfel oder Scheiben geschnittene Fleischstücke mit Sauce. Meist wird dafür Schweinefleisch oder Rindfleisch von mittlerer Qualität verwendet, dh. preisgünstige Fleischteile, die eine **etwas längere Garzeit** haben. Diese Fleischgerichte eignen sich besonders für **größere Mengen**, sie lassen sich auch **gut einfrieren**.

**Geschnetzeltes** sind sogenannte Pfannengerichte für deren Zubereitung nur Fleisch verwendet werden soll, welches **zart und schnell gar** ist.

- **Vom Rind:** Lungenbraten, Beiried
- **Vom Schwein:** Kaiserteil oder Schale, Lungenbraten
- Bestens geeignet sind **Puten- und Hühnerbrustfilet**

***Tipp:*** Sehr beliebt ist derzeit die Zubereitung im Wok!

Zu den bekanntesten Vertretern der Ragouts zählt das **Gulasch** (Gulyas). Es gibt viele Varianten von Gulasch. Eines haben alle gemeinsam – den **Gulaschansatz**. Mit dieser Basis können viele verschiedene Gulasch-Arten hergestellt werden.

# Schweinsgulasch

***Zubereitungszeit***
*ca. 90 Minuten*

***Zutaten für 4 Personen***
*80 dag Schweinefleisch (Schulter ohne Schwarte, Schopfbraten, Stelzenfleisch grob gewürfelt)*
*10 dag Öl*
*ca. 3/4 l Wasser oder Suppe*
*30 dag Zwiebeln*
*2 EL Paprikapulver*
*1 EL Tomatenmark*
*1 Lorbeerblatt, Kümmel, Majoran*
*2 Knoblauchzehen*
*1 EL Mehl zum Binden*
*Salz, Pfeffer*

Zubereitung wie Rindsgulasch. Die Garzeit ist jedoch mit 1 Stunde viel kürzer.

***Tipp:*** Es lohnt sich eine größere Menge Gulasch zuzubereiten, es lässt sich sehr gut aufwärmen. Man sagt, dass das Gulasch durch das Aufwärmen noch besser schmeckt! Natürlich kann man es gut einfrieren.

# Rindsgulasch – Das „klassische Gulasch"

***Zubereitungszeit***
*ca. 2 – 2 1/2 Stunden*

***Zutaten für 5 – 6 Personen***
*1 kg Gulaschfleisch (z. B. Wadschinken, Schulter, Hals – in den Supermärkten bekommt man bereits vorgeschnittenes Gulaschfleisch)*
*ca. 10 – 12 dag Öl oder Schweineschmalz*
*75 dag Zwiebeln*
*ca. 1 l klare Suppe (oder Wasser)*
*2 EL Tomatenmark*
*ca. 3 EL Paprikapulver edelsüß*
*1 Lorbeerblatt, 1 TL Kümmel, 1 TL Majoran*
*2 Knoblauchzehen*
*1 – 2 EL glattes Mehl*
*1/2 Tasse kaltes Wasser, Salz, Pfeffer*

1. Zwiebeln schälen, der Länge nach halbieren, in feine Scheiben schneiden (ev. mit einem Hobel).
2. Fett in einer Kasserolle oder in einem Topf erhitzen, die Zwiebeln darin goldgelb rösten, dabei öfters umrühren. Tomatenmark zugeben, gut verrühren und den Topf von der heißen Platte ziehen.
3. Paprikapulver einstreuen, kurz verrühren, mit Suppe aufgießen und ca. 20 – 30 Minuten köcheln lassen. Das ist der Gulaschansatz oder die Basis!
4. Das Fleisch in 3 – 4 cm große Würfel schneiden, zum Gulaschansatz geben, die Gewürze und den gehackten Knoblauch hinzufügen und ca. 2 Stunden langsam dünsten lassen, bis das Fleisch weich ist und der Gulaschsaft eine sämige Konsistenz hat. Im Dampfdrucktopf reduziert sich die Garzeit auf eine 1/2 Stunde.
5. 1 – 2 EL glattes Mehl mit etwa einer 1/2 Tasse kaltem Wasser glatt rühren und in den Saft einrühren. Anschließend nochmals abschmecken.

***Tipp:*** Wer es gern schärfer mag, kann eine halbe getrocknete Chilischote hineinbröseln oder ein paar Tropfen Tabasco dazugeben.

**Beilagenempfehlung**
Frische Semmel, Salzkartoffeln, Nockerln, Spätzle, Polenta

***Schritt-für-Schritt***

# Szegediner Gulasch

***Zubereitungszeit***
*ca. 100 Minuten*

***Zutaten für 4 Personen***
*60 dag Schweinefleisch (Schulter, Schopf, oder mageres Bauchfleisch mit Schwarte)*
*ca. 1/16 l Öl*
*20 dag Zwiebeln fein geschnitten*
*2 Knoblauchzehen*
*2 EL Paprikapulver edelsüß*
*1 – 2 EL Tomatenmark, 1/2 KL Kümmel*
*1/2 – 3/4 kg Sauerkraut*
*ca. 3/4 l Suppe oder Wasser*
*ca. 2 EL Sauerrahm*
*1 EL glattes Mehl mit etwas kaltem Wasser glatt gerührt*
*Pfeffer, etwas Salz*

1. Gulaschansatz herstellen (siehe Rindsgulasch).
2. Das Fleisch in Würfel schneiden, zum Gulaschansatz geben und Gewürze zugeben. Das Fleisch ca. 1/2 Stunde dünsten lassen. Das Sauerkraut zugeben und nochmals mindestens 1/2 Stunde dünsten lassen, bei Bedarf noch Suppe zugießen.
3. Wenn das Fleisch und das Kraut weich ist, das Sauerrahm-Mehl-Gemisch einrühren, ev. nochmals abschmecken.

***Tipp:*** Wenn das Sauerkraut zu sauer ist, kann man es kurz in kaltem Wasser waschen, oder man verwendet je zur Hälfte Sauerkraut und in Streifen geschnittenes Weißkraut.

**Beilagenempfehlung**
Salzkartoffeln, Semmelknödel

# Schweinsragout mit Gemüse

***Zubereitungszeit***
*ca. 60 Minuten*

***Zutaten für 4 Personen***
*1/2 kg Schweinefleisch (Schulter, Schopf)*
*3 – 4 EL Öl*
*20 dag Zwiebeln*
*2 Knoblauchzehen*
*Majoran*
*ca. 3/4 l Suppe oder Wasser*
*1 Kohlrabi*
*15 dag Karotten*
*10 dag Erbsen (oder Tiefkühl-Mischgemüse)*
*30 – 40 dag Kartoffeln*
*Petersilie (ev. 1 EL gehackte Kapern)*
*ev. etwas Fix-Einbrenn*
*ev. etwas Schlagobers oder Sauerrahm*
*Salz, Pfeffer*

1. Zwiebeln und Knoblauch hacken und in Öl anschwitzen lassen.
2. Das Fleisch in ca. 2 cm große Würfel schneiden, zu den Zwiebeln geben und gut anrösten bis es Farbe bekommen hat.
3. Gewürze zugeben, mit Suppe aufgießen und zugedeckt bei schwacher Hitze dünsten lassen, bis das Fleisch weich ist.
4. Das Gemüse und die Kartoffeln schälen, in Würfel schneiden und in Salzwasser knackig kochen. Abseihen und unter das fertig gewürzte Ragout mengen. Gehackte Petersilie (und Kapern) untermengen.
5. Ist das Ragout zu flüssig, kann man es mit Fix-Einbrenn binden und ev. mit etwas Butter oder Schlagobers (Creme fraiche, Sauerrahm) verfeinern.

***Tipp:*** Die Kartoffeln können auch separat als Beilage dazu serviert werden. Die Auswahl des Gemüses bleibt der Köchin/dem Koch überlassen – es eignen sich auch Karfiol, Broccoli, Zucchini oder Champignons. Man achte beim Kochen des Gemüses darauf, dass die empfindlicheren Sorten zuletzt eingekocht werden.

# Rindsragout

***Zubereitungszeit***
*ca. 100 – 120 Minuten*

***Zutaten für 4 Personen***
*3/4 kg Rindfleisch zum Dünsten (Hinteres Ausgelöstes, Mageres Meisl, Hals, Dicke Schulter)*
*3 – 4 EL Öl*
*1 große Zwiebel*
*5 dag Selchspeck*
*2 Knoblauchzehen*
*1/2 Glas Rotwein*
*1 Tasse Wasser zum Aufgießen*
*1 rote Paprikaschote*
*20 dag Champignons frisch (oder aus der Dose)*
*10 – 15 dag Essiggurkerln (süß-sauer)*
*1/2 EL Senf, 1/2 TL Thymian*
*ca. 2 EL Sauerrahm und 1 EL glattes Mehl*
*1/2 Tasse Wasser*
*Salz, Pfeffer*

1. Die Zwiebel fein hacken, den Selchspeck in kleine Würfel schneiden und das Fleisch in ca. 2 cm große Würfel schneiden.
2. Öl in einer Kasserolle erhitzen (Stufe 3), das Fleisch darin rasch anbraten, Speck und Zwiebeln zugeben und durchrösten. Mit Rotwein ablöschen, Gewürze, Senf und Knoblauch zugeben und mit Wasser oder Suppe aufgießen.
3. Herdplatte auf Stufe 1 zurückschalten, Kasserolle zudecken und das Fleisch ca. 45 Min dünsten lassen. Im Schnellkochtopf dauert es ca. 20 Minuten.
4. Inzwischen die Paprikaschote putzen, in 1 cm große Würfel schneiden, Champignons halbieren, mit Küchenpapier reinigen und in 1/2 cm dicke Scheiben schneiden. Essiggurkerln längs halbieren und in Scheiben schneiden. Wenn das Fleisch fast weich ist, das geschnittene Gemüse zugeben und noch ca. 10 Minuten fertig dünsten. Sauerrahm, Mehl und Wasser mit einer Schneerute vermischen und in das Ragout rühren.

***Tipp:*** Sollte die **Sauce zu dünn** sein, kann man rasch Abhilfe schaffen, indem man ca. 1 – 2 KL Fix-Einbrenn einrührt. Ist sie hingegen **zu dick**, gibt man soviel heißes Wasser oder Suppe dazu, bis sie leicht sämig ist.

**Beilagenempfehlung**
Kartoffeln, Spätzle, Nockerln

## *Schritt-für-Schritt*

# Geschnetzeltes Schweinefleisch

Chinesische bzw. asiatische Variante.

***Zubereitungszeit***
*ca. 30 – 40 Minuten*

***Zutaten für 2 – 3 Personen***
*30 dag Schweinsschnitzel (2 Stk.)*
*ca. 2 EL Öl*
*30 dag Gemüse in zündholzstarke Streifen geschnitten (z. B. Karotten, Paprikaschoten, Lauch, Weißkraut oder Chinakohl, Austernpilze oder Shitake-Pilze, Sojasprossen, ev. Bambussprossen) – ev. Tiefkühl-Asia-Gemüsemischung*
*1 EL Sojasauce*
*2 EL Sherry oder Portwein*
*1 walnussgroße Ingwerwurzel*
*(oder 1/2 KL Ingwerpulver)*
*ca. 1/4 l Hühner- oder Gemüsebouillon*
*je ca. 1 EL Balsamicoessig und Honig*
*(ev. 1 Msp. Cayennepfeffer)*
*etwas Salz, Pfeffer*

1. Die Ingwerwurzel schälen, reiben und mit Sojasauce, Sherry und Pfeffer vermischen. Das Fleisch in ca. 1/2 bis 1 cm breite Streifen schneiden und mit der Marinade vermischen.
2. Zugedeckt ca. 15 Minuten ziehen lassen. Inzwischen das Gemüse in Streifen schneiden.
3. Pfanne und Öl erhitzen, das Fleisch aus der Marinade nehmen und in 2 Partien rasch braten, dabei öfters umrühren. Das Fleisch aus der Pfanne nehmen und warm stellen.
4. Die Gemüsesorten der Festigkeit nach in Partien ebenfalls rasch bissfest braten. Nie alles auf einmal, da es sonst zu lange braucht und eher dünstet! Das gebratene Gemüse mit dem gebratenen Fleisch und der Marinade in einer Kasserolle vermischen.
5. Suppe, Maizena, Honig und Essig gut verrühren und in die Kasserolle zum Geschnetzelten gießen, zum Kochen bringen und 2 – 3 Minuten köcheln lassen bis die Sauce etwas eindickt.

***Tipp:*** Dieses Gericht kann auch im Wok zubereitet werden.

**Beilagenempfehlung**
Basmati- oder Jasminreis (ohne Salz zubereitet)

# Putengeschnetzeltes mit Ananas

***Zubereitungszeit***
*ca. 30 Minuten*

***Zutaten für 4 Personen***
*ca. 50 – 60 dag Putenschnitzel*
*3 – 4 EL Öl*
*4 Frühlingszwiebeln oder*
*1 kleine Stange Lauch*
*1 kleine Dose Ananasstücke*
*ca. 3 TL Currypulver*
*1 – 2 TL Maizena*
*1/4 l Hühnersuppe (Würfel)*
*etwas Sojasauce*
*1/8 l Kaffeeobers, Rama Cremefine flüssig oder Schlagobers*
*Salz, Pfeffer*

1. Das Fleisch in Streifen schneiden. Die Frühlingszwiebeln von den Wurzeln befreien und in 1/2 cm breite Ringe schneiden und vierteln, die dunkleren beiseite legen.
2. Pfanne und Öl erhitzen, das Fleisch auf 2 oder 3 Partien rasch anbraten, salzen, pfeffern und in eine Schüssel geben. Jungzwiebeln und Ananasstücke ebenfalls kräftig anbraten
3. Currypulver darüber streuen, mit Suppe aufgießen und etwas einkochen lassen.
4. Kaffeeobers mit Sojasauce und Maizena verrühren und zugeben. Das Fleisch kurz in der Sauce ziehen lassen.

***Tipp:*** Siehe auch das Rezept „Puten-Pilz-Pfanne" im Kapitel Geflügelgerichte.

**Beilagenempfehlung**
Reis

***Schritt-für-Schritt***

# Faschiertes

Faschiertes kann man **aus einer Fleischart** herstellen. Faschiertes aus Rindfleisch ist sehr mager und hat eine dunkelrote Farbe. Faschiertes aus Schweinefleisch ist meist etwas fetter und hellrot.

In den meisten Fällen ist „das Faschierte" ein **Gemisch aus Rind- und Schweinefleisch.**

***Tipp:*** Faschiertes Fleisch verdirbt sehr leicht, daher am besten noch am selben Tag zubereiten!

# Faschierte Laibchen

***Zubereitungszeit***
*ca. 40 Minuten*

***Zutaten für 4 Personen***
*40 dag gemischtes Faschiertes*
*1 Semmel (oder altbackenes Weißbrot)*
*1 Zwiebel gehackt, Öl, 1 – 2 Eier*
*2 – 4 EL Semmelbrösel (je nach Festigkeit der Fleischmasse)*
*1 – 2 Knoblauchzehen fein gehackt*
*gehackte Petersilie, Majoran*
*1 TL Butter, 1 Tasse Suppe*
*Salz, Pfeffer*

1. Semmel ca. 10 – 15 Minuten in lauwarmem Wasser einweichen und gut ausdrücken. Zwiebeln in heißem Fett goldgelb anschwitzen und auskühlen lassen.
2. Faschiertes in eine Schüssel geben. Semmel, Zwiebeln, Eier und Gewürze sowie die Semmelbrösel mit dem Knethaken des Handmixers gut vermengen.
3. Die Bratpfanne mit etwas Öl erhitzen. Die Fleischmasse in Tortenstücke einteilen, aus jedem „Tortenstück" mit nassen Händen ein glattes Laibchen formen, in Brösel wenden und im Fett bei milder Hitze auf beiden Seiten braten. Sie müssen **unbedingt durchgebraten** sein. Man überprüft dies mit einem Fingerdruck auf die dickste Stelle der Laibchen. Wenn sich der Druck elastisch anfühlt, sind die Laibchen innen noch nicht durch! Die Laibchen auf einen Teller geben.
4. Das überschüssige Bratfett aus der Pfanne leeren, Butter in der Pfanne zerlassen und mit Suppe aufgießen. Die Laibchen in die Pfanne zurückgeben und zugedeckt ca. 15 Minuten ziehen lassen. Die Laibchen mit dem Saft anrichten.

***Tipp:*** Sollen die Laibchen **eher knusprig** werden, so muss man mindestens fingerdick Öl in die Pfanne geben und die Laibchen darin langsam ausbacken. Wer die Fleischlaibchen gern **pikanter** hat, würzt die Fleischmasse zusätzlich mit Thymian, Senf, Paprikapulver und etwas Hot-Ketchup.

**Beilagenempfehlung**
Kartoffelpüree, Petersilkartoffeln, Gemüse, Kartoffelsalat

## Griechische Art

Die Fleischmasse mit einigen gehackten grünen Oliven vermischen. Eine Portion Fleischmasse sehr flach auseinanderdrücken, ein Stückchen Schafskäse in die Mitte setzen, die Fleischmasse über den Käse klappen und oval formen. Mit Tzatziki servieren.

# Faschierter Braten

***Zubereitungszeit***
*ca. 60 Minuten*

***Zutaten für 4 Personen***
*Grundmasse Faschierte Laibchen*

Aus dem Fleischteig auf einem mit Brösel bestreuten Brett ein Striezel formen.

- Den Braten entweder in eine längliche, tiefe feuerfeste Form, die mit Fett ausgestrichen wird, hineinheben, ein paar Butterflöckchen auf den Braten setzen, 1 Tasse heißes Wasser oder Suppe neben den Braten gießen und ca. 40 Minuten bei ca. 180 °C im Rohr braten. Zwischendurch 1 – 2-mal mit dem Bratensaft übergießen. Den Bratensaft abseihen, ev. mit Suppe verlängern und abschmecken.
- Eine Kastenform mit Öl ausstreichen, mit Brösel ausstreuen, die Hälfte der Masse hineindrücken und in die Mitte 2 hart gekochte, längs halbierte Eier mit der Schnittfläche nach unten hineinlegen. Die restliche Fleischmasse darüber geben und gut andrücken (sonst fallen die Eier beim Aufschneiden heraus). Im vorgeheizten Rohr ca. 40 Minuten bei ca. 180 °C backen. Mit Buttergemüse und Petersilkartoffeln oder Kartoffelpüree servieren.

# Festliche Fleischpastete

***Zubereitungszeit***
*ca. 60 Minuten*

***Zutaten für 4 Personen***
*Grundmasse Faschierte Laibchen*
*1 – 2 Packungen Blätterteig*
*eingelegte oder halbierte Champignons*
*(ev. Oliven)*
*1 Ei*

Grundmasse zusätzlich mit eingelegten kleinen oder halbierten Champignons oder gefüllten Oliven vermischen, ein Striezel formen und in den Blätterteig einwickeln. Mit der Nahtstelle nach unten auf das Blech legen, mit Ei bestreichen und backen.

**Beilagenempfehlung**
Gedünstetes Gemüse oder Salate, Petersilkartoffeln, Kräutersauce

# Gefüllte Paprika

***Zubereitungszeit***
*ca. 70 Minuten*

***Zutaten für 4 Personen***
*Fleischteig wie bei den*
*Faschierten Laibchen*
*8 – 10 Paprikaschoten*
*2 Tassen gedünsteter Reis*
***Für die Tomatensauce***
*1 gehackte Zwiebel*
*1 – 2 EL Olivenöl*
*1 – 2 Packungen passierte Tomaten*
*ev. etwas Thymian oder Basilikum*

1. Paprikaschoten waschen und die Kappe wegschneiden (ca. 1 – 1,5 cm) und aufheben. Die Kerne mit einem Löffel herausnehmen.
2. Einen Fleischteig herstellen, mit dem gedünstetem Reis vermischen (ev. Rest vom Vortag oder ca. 1/2 Tasse Reis mit 1 Tasse Wasser dünsten). Die Paprikaschoten mit der Fleisch-Reis-Masse gut füllen, die Kappen aufsetzen und ev. mit Zahnstochern feststecken.
3. Für die Tomatensauce die gehackte Zwiebel in Olivenöl anschwitzen, 1 – 2 Packungen passierte Tomaten dazugießen, mit Salz, Pfeffer und ev. etwas Thymian oder Basilikum abschmecken.
4. Paprikaschoten in eine weite Kasserolle oder in eine eckige Bratenpfanne hineinstellen, mit Tomatensauce übergießen und zugedeckt ca. 30 Minuten dünsten oder die Bratenpfanne bei 180 °C ins heiße Backrohr stellen.

***Tipp:*** Die Fleischteigmasse zubereiten wie bei den Faschierten Laibchen – das Weißbrot kann aber reduziert oder auch weggelassen werden.

**Beilagenempfehlung**
Salzkartoffeln

# Auflauf mit Faschiertem

***Zubereitungszeit***
*ca. 70 Minuten*

***Zutaten für 5 – 6 Personen***
*Fleischteig wie bei den Faschierten Laibchen*
*1 Packung Tiefkühl-Blattspinat oder 1/2 kg Zucchini*
*4 Tomaten*
*1 Zwiebel*
*2 Packungen Mozzarella*
*Butter oder Margarine*
*frisches Basilikum oder Oregano*
*Knoblauch*
*Salz, Pfeffer*

1. Fleischteig zubereiten.
2. Spinat auftauen (ev. in der Mikrowelle) oder Zucchini waschen, Enden wegschneiden, in 1/2 cm dicke Scheiben schneiden. Zwiebel hacken und in 2 EL Öl anschwitzen. Den aufgetauten Spinat (oder die Zucchinischeiben) zu den Zwiebeln geben, mit Salz, Pfeffer und Knoblauch würzen und ca. 5 Minuten dünsten lassen. Das Backrohr auf 180 °C vorheizen.
3. Eine Auflaufform mit Butter oder Margarine ausstreichen, die Hälfte der Fleischmasse in der Form verteilen, den gedünsteten Spinat (oder die Zucchinischeiben) darauf verteilen und mit dem restlichen Faschierten bedecken.
4. Mozzarella und Tomaten in Scheiben schneiden und abwechselnd auf das Faschierte legen, mit Salz, Pfeffer und Oregano bestreuen, ev. Basilikumblätter dazwischen legen.
5. Den Auflauf mit Butterflöckchen belegen und auf der unteren Schiene des Backrohres ca. 40 Minuten backen.

**Beilagenempfehlung**
Weißbrot, Petersil- oder Bratkartoffeln

# Chili con carne – feuriges mexikanisches Fleischgericht

***Zubereitungszeit***
*ca. 40 Minuten*

***Zutaten für 4 Personen***
*40 dag gemischtes Faschiertes*
*4 EL Öl zum Braten*
*1 große Zwiebel gehackt*
*3 Knoblauchzehen gehackt*
*1 Packung Tomatensauce*
*(in Stückchen oder passiert)*
*etwas Suppe oder Wasser*
*2 EL Paprikapulver*
*etwas Chilipulver oder Tabasco (beides ist sehr scharf, daher vorsichtig verwenden)*
*1 – 2 Paprikaschoten gewürfelt*
*1 kleine Dose rote Bohnen (ca. 20 dag)*
*1 kleine Dose Maiskörner (ca. 20 dag)*
*Oregano, Salz, Pfeffer*

1. Öl erhitzen und das Faschierte gut anbraten, bis die Masse krümelig wird.
2. Die gehackten Zwiebeln und den Knoblauch mitbraten, Paprikapulver und Chilipulver oder Tabasco zugeben.
3. Die passierte Tomaten und die Paprikawürfel dazugeben und mit Salz, Pfeffer und Oregano würzen. Soviel Wasser oder Suppe dazugießen, bis das Fleisch bedeckt ist und ca. 15 Minuten köcheln lassen.
4. Die gut abgetropften Maiskörner und Bohnen dazugeben.

***Tipp:*** Dieses Gericht kann man auch **mit Fleischwürfeln** zubereiten: 1/2 kg Rind-, Schweinefleisch oder Putenbrust in ca. 1 – 1,5 cm große Würfel schneiden, mit Zwiebeln in heißem Fett anbraten, paprizieren, mit 1 Tasse Wasser oder Suppe aufgießen, würzen und dünsten bis das Fleisch weich ist. Maiskörner und Bohnen dazugeben.
**Chili con carne lässt sich gut einfrieren!**

**Beilagenempfehlung**
Weißbrot, Reis, Polenta, Kartoffeln

## *Schritt-für-Schritt*

# Geflügelgerichte

## Hühnerstreifen im Kräuter-Speck-Mantel auf Kartoffel-Vogerlsalat

Als kleine Hauptmahlzeit.

***Zubereitungszeit***
*ca. 40 – 45 Minuten*

***Zutaten für 4 Personen***
*40 – 50 dag Hühnerfilet (ersatzweise Putenbrust)*
*ca. 2 EL gehackte Kräuter frisch aus dem Garten oder tiefgekühlt (italienische Kräutermischung oder 8-Kräutermischung)*
*ca. 10 dag Hamburgerspeck oder Frühstücksspeck dünn geschnitten*
*1/2 kg kleine fest kochende Kartoffeln*
*10 dag Vogerlsalat (ev. Rucola)*
*Salz, Pfeffer*
***Für die Marinade***
*2 EL Essig*
*2 EL Wasser*
*1 TL Senf, Salz, etwas Zucker, Pfeffer*
*4 EL Olivenöl*
*1 gehackte Jungzwiebel*
*etwas Gurkerlessig*
***Zum Garnieren***
*Cocktailtomaten*
*einige Radieschenscheiben*

1. Kartoffeln kochen, schälen, auskühlen lassen und in 1/2 cm dicke Scheiben schneiden, den Vogerlsalat (ev. mit Rucola gemischt) putzen und waschen.
2. **Marinade:** Alle Zutaten vermischen und abschmecken.
3. Hühnerfilets in fingerdicke Streifen schneiden und mit den gehackten Kräutern mischen. Jeden Filetstreifen mit einem langen Speckstreifen umwickeln und in einer Pfanne mit wenig Öl rundherum braten.
4. Den Salat marinieren, ca. 4 Hühnerstreifen pro Person gefällig auflegen, ev. mit Cocktailtomaten oder einigen Radieschenscheiben garnieren. Sofort servieren.

# Fruchtiger Hühnersalat

Als Vorspeise oder Imbiss.

***Zubereitungszeit***
*ca. 30 Minuten*

***Zutaten für 4 Personen***
*40 dag Hühnerbrustfilet*
*Öl zum Braten*
*etwas Suppe oder Wasser*
*1 rotbackiger Apfel*
*10 – 15 dag Trauben*
*1/2 Bund Jungzwiebeln*
*8 dag Vogerlsalat, etwas Frisée-Salat*
*1 kleiner Chicorée, (ev. etwas Radicchio)*
*ev. gehackte Nüsse*
*Salz, Pfeffer*
***Für die Marinade***
*3 EL Hühnersuppe*
*2 EL Zitronensaft*
*Olivenöl*
*Salz, Pfeffer*

1. Öl erhitzen, Filet würzen und braten, auskühlen lassen. Den Bratrückstand mit etwas Wasser oder Suppe loskochen, abseihen und ev. für die Marinade verwenden.
2. Trauben und Äpfel waschen, große Trauben ev. halbieren und entkernen. Äpfel vierteln, entkernen und blättrig schneiden. Jungzwiebeln in feine Scheiben schneiden, die grünen Teile in dünne Ringe schneiden.
3. Fleisch in schräge Scheiben schneiden. Die Teller mit Salatblättern auslegen. Trauben, Apfelscheiben und Jungzwiebeln darauf anrichten. Mit der Marinade übergießen, kurz rasten lassen. Das Hühnerfleisch darauf fächerförmig auflegen und ev. mit einigen gehackten Nüssen bestreuen.

***Tipp:*** Anstelle der Marinade kann man auch ein leichtes Dressing mit Mayonnaise und Joghurt verwenden.

**Beilagenempfehlung**
Getoastetes Weißbrot, Baguette

# Pollo tonnato – Kaltes Hühnerfilet auf Thunfischsauce

Ideal für kalte Buffets.

***Zubereitungszeit***
*ca. 40 Minuten*

***Zutaten für 4 Personen***
*4 Hühnerfilets*
*Olivenöl zum Anbraten*
*1 Dose Thunfisch in Olivenöl*
*1 TL Sardellenpaste oder 2 Sardellenfilets*
*1 – 2 EL Kapern*
*1 – 2 Beutel Mayonnaise (25 % Fett)*
*ca. 1/2 Becher Sauerrahm oder Joghurt*
*(Dijon)Senf, (ev. Worchestersauce)*
*Zitronensaft*
*ev. einige EL Suppe oder Bratensaft*
*etwas getrockneter Salbei*
*Salz, Pfeffer*
***Zum Garnieren***
*Kapernbeeren mit Stiel (ev. ohne Stiel)*
*Cocktailtomaten, ev. Zitronenscheiben,*
*etwas Rucola oder schwarze Oliven*

1. Hühnerfilets salzen, pfeffern und mit zerriebenem, getrocknetem Salbei (oder einigen frisch geschnittenen Salbeiblättern) einreiben. Öl in einer Bratpfanne erhitzen, die Filets rundherum anbraten, die Herdplatte ausschalten und zugedeckt ca. 10 Minuten ziehen lassen. Das Fleisch muss durchgegart sein!
2. Die Filets aus der Pfanne nehmen und auskühlen lassen. Den Bratrückstand mit einigen EL Wasser loskochen und abseihen, er wird für die Sauce verwendet.
3. Thunfisch aus dem Öl nehmen, gut abtropfen lassen, mit Kapern, Sardellenpaste und Mayonnaise pürieren. Mit Joghurt (Sauerrahm) verrühren und mit Senf, Zitronensaft, Worchestersauce, Salz und Pfeffer abschmecken. Etwas Bratensaft hinzugeben. Die Sauce soll jedoch nicht flüssig sein, sondern leicht cremig.
4. Das Fleisch in ca. 3 mm dicke Scheiben schneiden. Auf eine Platte etwas Sauce auftragen und das Fleisch dachziegelartig auflegen. Mit der Sauce nappieren (d.h. teilweise überziehen) und Kapernbeeren darüberstreuen. Cocktailtomaten kreuzweise einschneiden und etwas auseinander ziehen, sodass eine dekorative Blüte entsteht. Tomatenblüten auf der Platte verteilen, mit Zitronenscheiben und einigen Rucolablättern belegen.

**Beilagenempfehlung**
Baguette

# Huhn in Rotwein

Ein Festtagsessen, das etwas Zeit braucht, aber gut vorbereitet werden kann.

***Zubereitungszeit***
*ca. 1 Stunde*

***Zutaten für 4 Personen***
*1 Huhn (ca. 1,5 kg) in kleine Teile zerlegt oder 4 Hühnerfilets*
*2 EL Öl und 2 EL Butter zum Braten*
*10 dag Hamburgerspeck oder Frühstücksspeck*
*1/4 kg Schalotten oder kleine Zwiebeln*
*5 Knoblauchzehen*
*25 dag Champignons*
*1 Glas Cognac*
*ca. 1/2 l Rotwein (Burgunder)*
*1 – 2 EL Tomatenmark*
*1 Tasse Wasser*
*1 KL Thymian oder 2 – 3 Thymianzweige*
*1 Lorbeerblatt, 1 TL Salz*

1. Hühnerteile waschen, trocken tupfen und würzen. Speck in 1 cm breite Streifen schneiden, Zwiebeln in gröbere Würfel oder Spalten schneiden, Knoblauch hacken, Champignons putzen und halbieren.
2. Speckstreifen in etwas Butter-Öl-Mischung anbraten und herausgeben. Die Hühnerteile und die geschnittenen Zwiebeln in diesem Fett goldbraun anbraten, mit Cognac ablöschen, den Rotwein zugießen.
3. Tomatenmark mit Wasser verdünnen und zum Fleisch geben. Thymian und Lorbeerblatt zugeben, alles zugedeckt ca. 30 – 40 Minuten schmoren lassen. Verwendet man Hühnerfilets, dann verkürzt sich die Garzeit auf ca. 10 Minuten.
4. Inzwischen die Champignons in etwas Fett anbraten, gegen Ende der Garzeit die Pilze und den Speck zum Fleisch geben und ca. 10 Minuten dünsten lassen.
5. Wenn die Sauce zu flüssig ist, abseihen, bis zur gewünschten Konsistenz einkochen (Fleisch inzwischen warm halten), dann über die angerichteten Hühnerteile gießen.

# Steirisches Apfelhenderl

Ein Festtagsessen, das etwas Zeit braucht, aber gut vorbereitet werden kann.

***Zubereitungszeit***
*ca. 1 Stunde*

***Zutaten für 4 Personen***
*ca. 1 – 1,2 kg Hühnerteile (Unterkeulen und Bruststücke) oder 4 Hühnerbrustfilets*
*3 EL Öl-Butter-Mischung*
*2 – 3 größere Jungzwiebeln*
*4 EL Cognac oder Weinbrand*
*(wenn nicht vorhanden, einfach weglassen)*
*1/4 l Hühnersuppe (Würfelsuppe)*
*25 dag Champignons*
*1 EL Butter*
*1 Becher Creme fraiche (oder Cremefine)*
*2 Äpfel (Gloster oder eine andere säuerliche Sorte)*
*4 EL gehackte Petersilie*
*Salz, Pfeffer*

1. Hühnerstücke salzen und pfeffern, in heißem Fett rundum goldbraun anbraten und mit Weinbrand (ev. anzünden und abbrennen lassen) und Suppe übergießen. Bei mäßiger Hitze ca. 25 – 30 Minuten schmoren (dünsten) lassen.
2. Champignons säubern, halbieren oder vierteln, Äpfel schälen, entkernen, und in ca. 2 – 3 cm große Würfel schneiden. Die Zwiebeln ebenfalls in 1 cm breite Stücke schneiden.
3. 1 EL Butter erhitzen, die Champignons anbraten, solange dünsten, bis sie trocken sind, die Zwiebel- und Apfelwürfel zugeben und ca. 3 – 5 Minuten unter ständigem Wenden mitbraten.
4. Das Fleisch aus dem Saft nehmen, Creme fraiche einrühren und ca. 2 Minuten einkochen lassen, bis die Sauce leicht sämig ist. Fleisch, Äpfel und Champignons wieder in die Sauce geben. Nochmals abschmecken und mit gehackter Petersilie bestreuen.

**Beilagenempfehlung**
Gedünsteter Reis, Spätzle

# Putenroulade im Strudelmantel

***Zubereitungszeit***
*ca. 45 Minuten*

***Zutaten für 4 Personen***
*4 Putenschnitzel*
*12 dag Schinken aufgeschnitten*
*(ev. Rohschinken oder magerer Schinkenspeck)*
*1 Kugel Mozzarella*
*12 dag Emmentaler dünn geschnitten*
*1 Bund Basilikum*
*1 Packung Strudelblätter*
*etwas Butter zum Bestreichen*
*Salz, Pfeffer*

1. Das Backrohr auf ca. 180 °C vorheizen. Die Schnitzel zwischen Frischhaltefolie dünn klopfen, salzen (wenn Rohschinken verwendet wird etwas sparsamer) und pfeffern.
2. Je 2 Schnitzel nebeneinander etwas überlappend auflegen, mit Emmentalerscheiben, Schinkenscheiben und Basilikumblättern belegen. Mozzarella in dicke Stifte schneiden und der Länge nach auf das belegte Schnitzel legen. Die Schnitzel straff einrollen.
3. Strudelblätter aus der Packung nehmen, je 2 Blätter mit zerlassener Butter bepinseln. Schnitzelrolle darin einwickeln. Dabei die seitlichen Ränder zuerst einschlagen, dann aufrollen. Auf das Backblech setzen und nochmals mit zerlassener Butter bestreichen.
4. Die Rollen ca. 20 – 30 Minuten backen.

**Beilagenempfehlung**
**Überbackene Kartoffeln:** Ca. 6 – 8 mittelgroße gekochte geschälte Kartoffeln in 1/2 cm dicke Scheiben schneiden, mit Salz und Muskatnuss würzen. Wenn auf dem Blech noch genügend Platz ist, die Kartoffeln dachziegelartig (portionsweise) auflegen (ansonsten die Erdäpfel in eine befettete Auflaufform schichten), mit zerlassener Butter beträufeln, mit frisch geriebenem Parmesan bestreuen und gleichzeitig mit den Rollen backen.
**Cremespaghetti:** 40 dag gekochte Spaghetti mit 1/8 l eingekochtem Schlagobers und Parmesan vermischen.

# Putenröllchen mit Kräuterfülle und Gurkengemüse

***Zubereitungszeit***
*ca. 50 Minuten*

***Zutaten für 4 Personen***
*4 Putenschnitzel zu je 15 dag*
*2 EL Olivenöl*
*10 dag Gorgonzola dolcelatte oder Mozzarella (ev. beides gemischt)*
*3 EL Obers, Creme fraiche oder Rama Cremefine*
*3 dag Pistazien oder Kürbiskerne gehackt*
*4 EL gehackte Kräuter (z. B. Basilikum, Schnittlauch, Petersilie, Dill)*
*1 Salatgurke (oder 2 mittelgroße Zucchini)*
*ca. 20 dag Kaffeeobers oder Rama Cremefine flüssig*
*2 – 3 EL gehackten Dill (ersatzweise Petersilie)*
*Knoblauch*
*Salz, Pfeffer*

1. Putenschnitzel zwischen Frischhaltefolie leicht klopfen, salzen und pfeffern. Das Backrohr auf 180 – 200 °C vorheizen.
2. Gorgonzola, Pistazien, Obers und Kräuter vermischen, ev. nachwürzen, auf die Schnitzel streichen und einrollen. Jede Roulade in 3 – 4 Teile schneiden.
3. Gurke (Zucchini) schälen, längs halbieren und die Kerne mit einem KL herausschaben. Die Gurkenhälften nochmals längs halbieren, in ca. 3 – 4 cm lange Stücke schneiden, mit Salz, Pfeffer und Knoblauch würzen.
4. Die Rouladen- und Gurkenstücke in eine beölte Auflaufform legen, mit dem Rahm übergießen und mit Dill oder Petersilie bestreuen. Ca. 30 – 35 Minuten garen.

**Beilagenempfehlung**
Reis, Kartoffelpüree, Baguette

## *Schritt-für-Schritt*

# Puten-Pilz-Pfanne

***Zubereitungszeit***
*ca. 40 Minuten*

***Zutaten für 4 Personen***
*1/2 kg Putenbrust*
*Öl*
*5 dag Putenschinken oder magerer Speck*
*15 dag Eierschwammerln*
*(Champignons oder Austernpilze)*
*25 dag Champignons*
*2 dag getrocknete Steinpilze*
*20 dag Zucchini*
*2 weiße (oder gelbe) Zwiebeln*
*15 dag Creme fraiche*
*Zitronensaft*
*Salz, Pfeffer*

1. Steinpilze in Wasser einweichen. Champignons vierteln und mit Zitronensaft beträufeln. Zucchini in größere Würfel und Schinken oder Speck in feine Streifen schneiden. Das Fleisch in ca. fingerdicke Streifen schneiden. Zwiebeln hacken.
2. Das Fleisch in heißem Öl kurz anbraten, salzen, pfeffern und aus der Pfanne nehmen. Die gehackten Zwiebeln im Bratrückstand anschwitzen. Schinken, Zucchini, Schwammerln, Champignons und die gut ausgedrückten Steinpilze zugeben und gut durchrösten.
3. Das Einweichwasser von den Steinpilzen zugeben und die Sauce einkochen lassen. Creme fraiche einrühren und nochmals abschmecken.
4. Das Fleisch wieder zugeben und nochmals 5 Minuten ziehen lassen.

**Beilagenempfehlung**
Reis, Teigwaren, Spätzle

***Tipp:*** Weitere Hauptgerichte mit Geflügelfleisch finden Sie im Kapitel Schnitzel und Ragouts.

# Hendlpackerl auf Kräutersauce

Ist originell und lässt sich gut vorbereiten!

***Zubereitungszeit***
*ca. 40 Minuten*

***Zutaten für 4 Personen***
*4 Hühnerfilets*
*Knoblauch, Paprika*
*1 Packung Strudelteig*
*4 dag Butter zum Bestreichen*
*Salz, Pfeffer*
***Für die Einlage***
*1 Stk. Mozzarella oder 12 dag Butterkäse oder Gouda*
*4 – 6 Champignons oder 10 dag Zucchini*
*5 dag dünn geschnittener Schinkenspeck oder Hamburgerspeck*
*frische Basilikum-, Spinat- oder Bärlauchblätter*
*1 Fleischtomate halbiert und in Scheiben geschnitten*
***Für die Kräutersauce***
*ca. 3/8 l klare Suppe*
*ca. 2 EL Fix-Einbrenn*
*1/8 l Schlagobers oder Creme fraiche*
*2 EL gemischte frische oder Tiefkühl-Kräuter*
*Salz, Pfeffer*

1. Das Gemüse ca. 3 mm dick blättrig schneiden.
2. Die Hühnerfilets salzen und pfeffern, in heißem Öl rundherum kurz anbraten und auskühlen lassen. Dann ca. 3 – 4-mal schräge tiefe Einschnitte machen, aber nicht durchtrennen. Ev. auch die Einschnitte noch ein wenig salzen. Die blättrig geschnittenen Zutaten in die Einschnitte legen und alles mit Öl bestreichen.
3. Die Strudelblätter auseinandernehmen, in 4 Teile schneiden, mit zerlassener Butter bepinseln und die gefüllten Hühnerbrüste darin einpacken. Nochmals mit Butter bepinseln und bei 180 – 200 °C ca.15 – 20 Minuten backen.
4. Inzwischen für die Sauce die Suppe aufkochen, die Fix-Einbrenn einrühren, Obers, Kräuter und Gewürze zugeben, ca. 5 Minuten köcheln lassen und mit dem Mixstab aufschäumen.

**Beilagenempfehlung**
Feines Buttergemüse, Salatteller, Petersilkartoffeln, Teigwaren

## *Schritt-für-Schritt*

# Warme und kalte Saucen

Bei der Herstellung von Fleischgerichten entsteht die begleitende Sauce bei der Zubereitung selbst. Bei manchen Fleischgerichten, bei deren Garmethode oder Zubereitung keine Sauce entsteht, (z. B. bei gekochtem oder gebackenem Fleisch oder Fisch) ist oft eine eigene, d. h. selbständige Sauce herzustellen. Manche Speisen verlangen eine warme Sauce, zu anderen passt wiederum besser eine kalte Sauce.

# Die Zubereitung von warmen Saucen

## Einfach und unkompliziert

Dafür wird eine **Grundsauce** aus **Butter, Mehl und Flüssigkeit** (Wasser, Milch oder Suppe) hergestellt. Diese wird mit Obers verfeinert und auf die gewünschte Geschmacksrichtung abgestimmt.
**Beispiele:** Durch die Zugabe von Kren entsteht eine Kren-Obers-Sauce, durch die Zugabe von Schnittlauch eine Schnittlauch-Rahm-Sauce oder durch die Zugabe von Bärlauch eine Bärlauchsauce usw.

# Saucen auf Kartoffelbasis

1 geschnittene Zwiebel in Butter oder Öl einige Minuten anschwitzen, 1 rohe geschälte Kartoffel hineinraspeln, mit Wasser oder Suppe aufgießen und etwas Thymian oder Majoran beigeben. Alles weich dünsten. Rahm, Salz und Pfeffer hinzufügen, mit dem Mixstab cremig aufgeschlagen und die frischen gehackten Kräuter dazugeben.

# Helle Einmach

***Zutaten für ca. 2 Portionen***
*1 EL Butter schmelzen*
*ev. 1 – 2 EL gehackte Zwiebeln*
*1 EL glattes Mehl*
*ca. 1/4 l kalte Flüssigkeit (Wasser, Milch oder Suppe)*
*Schlagobers, Creme fraiche oder Rama Cremefine*
*Kräuter, ev. etwas Suppenwürze, Salz, Pfeffer*

1. Butter schmelzen, ev. gehackte Zwiebeln kurz mitdünsten, Mehl einrühren, kurz aufschäumen lassen und ca. 1/4 l **kalte Flüssigkeit** mit der Schneerute unter Rühren zugeben. Zum Kochen bringen, dabei öfters umrühren, sodass das Mehl sich nicht am Boden anlegt und die Sauce nicht klumpig wird.
2. Bei schwacher Hitze sanft köcheln lassen, 1 – 2 EL Schlagobers, Creme fraiche oder Rama Cremefine und die gewünschten Kräuter einrühren, mit Salz, Pfeffer und ev. etwas Suppenwürze abschmecken.

***Tipp:*** Noch schneller geht es mit der **Fix-Einbrenn:** In eine heiße klare Gemüse- oder Rindsuppe einige Teelöffel Fix-Einbrenn einstreuen, mit der Schneerute versprudeln und aufkochen lassen, Rahm und Kräuter zugeben, abschmecken.

# Die Zubereitung von kalten Saucen

Früher wurden häufig üppige Mayonnaisen gerührt. Das ist heute nicht mehr gefragt!
Kalte Saucen wie sie zu Fondues und Gegrilltem verwendet werden, sind am Bekömmlichsten auf der Basis von **Joghurt, Sauerrahm, Creme fraiche, passiertem Topfen oder QimiQ und ev. Fertig-Mayonnaise.** Die Mischung kann individuell erfolgen, je nach dem ob man eine „schlankere" oder eine etwas gehaltvollere Sauce wünscht.

**Geeignete Gewürze:** Salz, Pfeffer, Senf, Zitronensaft, Sojasauce, Worchestersauce, Ketchup, Chilisauce, Curry, Zucker.
**Weitere geeignete Würzbeigaben:** feinst gehackte Zwiebeln, Kräuter, Essiggurkerln, Kapern, hart gekochte Eier, Pfefferoni, Sardellen(paste), Knoblauch oder Kren.

## Knoblauchsauce
Ungefähr zu gleichen Teilen Joghurt, Sauerrahm und fettreduzierte Mayonnaise verrühren, mit Salz, Pfeffer und einigen gepressten Knoblauchzehen würzen.

## Cocktailsauce
1 Beutel fettreduzierte Mayonnaise, etwas Joghurt und Sauerrahm oder Obers, Ketchup, etwas Senf, Zucker, etwas Kren aus dem Glas, ev. Zitronen- oder Orangensaft, ev. etwas Weinbrand und einige Tropfen Tabasco miteinander verrühren.

## Sauce Tartare
Mayonnaise, Joghurt, Sauerrahm verrühren. Schnittlauch, Petersilie, Essiggurkerln, Kapern, Knoblauch, Zwiebel (alles fein gehackt) dazugeben und mit Salz und Pfeffer sowie 1 Prise Zucker würzen.

## Krensauce
Mayonnaise, Sauerrahm, Senf, Salz, Pfeffer, geriebenen Apfel und Kren miteinander verrühren.

## Eiersauce
Mayonnaise, Joghurt, Salz, Pfeffer, Senf, gehackte Eier, Schnittlauch oder Petersilie miteinander verrühren.

## Currysauce
Mayonnaise, Currypulver, etwas Knoblauch, Weinbrand, Creme fraiche, Salz und Pfeffer miteinander verrühren.

***Tipp:*** Der Fantasie sind keine Grenzen gesetzt: Jeder kann seine Lieblingssaucen erfinden!

# Schnelles mit Wurst, Leberkäse, Eiern und Käse

## Gebratene Augsburger

Früher nannte man sie „Beamtenforelle“.

***Zubereitungszeit***
*ca. 10 Minuten*

***Zutaten für 1 Person***
*1 Stück Knackwurst (ev. von der Pute)*
*1 EL Öl*

1. Von der Knackwurst die Haut abziehen, der Länge nach halbieren; die gewölbte Seite der Knackwursthälften mit einem Messer kreuzweise einritzen.
2. In einer kleinen Pfanne (ev. in einem Eierspeisreindl) das Öl heiß werden lassen, die Knackwurst mit der eingeritzten Seite zuerst in die Pfanne legen und langsam anbraten, umdrehen, auf der 2. Seite fertigbraten.

***Tipp:*** Auch Leberkäse lässt sich für eine schnelle Mahlzeit gut verwenden!

**Beilagenempfehlung**
- fertiges oder selbstzubereitetes Kartoffelpüree (es gibt Portionsbeutel)
- Kartoffelsalat, ev. Kartoffelgulasch
- Cremespinat (ev. Tiefkühl-Fertigprodukt)
- Letscho: 1/2 Zwiebel in Scheiben schneiden, 1 EL Öl in der Pfanne erhitzen. Die Zwiebelscheiben, 1/2 Paprikaschote in Streifen geschnitten, 1 – 2 Tomaten in Spalten geschnitten, Salz, Pfeffer, ev. 1 EL Ketchup, 1 gehackte oder gepresste Knoblauchzehe zugeben und ca. 10 Minuten dünsten lassen, mit Petersilie bestreuen.

# Bunte Würstlspieße

Ideal für Kinderfeste, lässt sich gut vorbereiten und ist preisgünstig.

***Zubereitungszeit***
*ca. 30 – 35 Minuten*

***Zutaten***
*pro Person ein Paar Würstchen (Frankfurter, Bratwürstel, Debreziner, Bernerwürstel)*
*1 weiße oder rote Zwiebel*
*1 – 2 Paprikaschoten (gelb, grün oder rot)*
*1 Glas Maiskolben sauer eingelegt*
*Zucchini oder Champignons*
*Öl*
*Thymian, Pfeffer*

1. Jedes Würstchen dritteln oder vierteln, alle Stücke sollen gleich lang sein.
2. Zwiebel schälen, Paprika waschen, halbieren und entkernen. Die Maiskölbchen abtropfen lassen. Das Gemüse in gleich große Stücke schneiden.
3. Wurst- und Gemüsestücke abwechselnd in beliebiger Reihenfolge auf die Spieße stecken.
4. 2 – 3 EL Öl mit Thymian und grob gemahlenem Pfeffer vermischen, die Spieße damit bestreichen und in einer größeren Pfanne oder am Grill beidseitig braten. Braten im Backrohr: Spieße auf ein Blech legen, im vorgeheizten Rohr bei 200 – 220 °C oder Grillstellung braten, umdrehen und fertig braten.

**Beilagenempfehlung**
Pommes aus dem Backrohr, gebratene Kartoffeln, Kartoffelsalat, Gebäck

**Sauerrahm-Knoblauchsauce:** 1 – 2 Becher Sauerrahm mit Salz, Pfeffer und zerdrücktem Knoblauch vermischen.

## Käse-Gemüsespieße

Vegetarische schnelle Küche.

***Zubereitungszeit***
*ca. 20 Minuten*

***Zutaten für 2 Personen***
*1 Packung Halloumi*
*(Käse aus Zypern)*
*1/2 Zwiebel*
*1 Paprikaschote*
*1 Zucchini*
*3 – 4 EL Olivenöl*
*Thymian, Knoblauch, Rosmarin*
*Salz, Pfeffer*

1. Den Käse in ca. 2 cm große Würfel schneiden und abwechselnd mit Zwiebelstücken, Paprika, Zucchini auf Spieße stecken.
2. 3 – 4 EL Olivenöl mit Thymian, Knoblauch, Rosmarin und gemahlenem Pfeffer vermischen und die Spieße damit bepinseln, salzen und grillen.

**Beilagenempfehlung**
Kleine, gekochte Kartoffeln mit einer dünnen Speckscheibe umwickeln und grillen, fertiges Kräuter- oder Knoblauchbaguette, Weißbrotscheiben

## Scharfe Würstl-Pfanne

***Zubereitungszeit***
*ca. 20 Minuten*

***Zutaten für 2 – 3 Personen***
*2 EL Öl*
*1 mittlere Zwiebel*
*je 1 rote und 1 grüne Paprikaschote*
*1 TL Tomatenmark*
*1 TL Paprikapulver edelsüß*
*2 Paar Debreziner Würstl*
*1/4 l Würfelsuppe*
*1 – 2 EL Creme fraiche*
*etwas Hot-Ketchup oder einige Tropfen Tabasco*
*Salz, Pfeffer*

1. Zwiebel hacken, Paprikaschoten waschen, entkernen und in Streifen schneiden.
2. Zwiebel und Paprikastreifen in heißem Öl unter ständigem Wenden ca. 3 – 4 Minuten kräftig anrösten.
3. Paprikapulver und Tomatenmark zugeben, sofort mit Suppe aufgießen, Creme fraiche einrühren, würzen und kurz dünsten. Die Würstchen in ca. 1 cm dicke Stücke schneiden, dazu geben und kurz darin ziehen lassen.

**Beilagenempfehlung**
Weißbrot, Salzkartoffeln

# Spiegelei(er) mit gebratenen Tomaten und Speck

***Zubereitungszeit***
*ca. 10 – 12 Minuten*

***Zutaten für 1 Person***
*1 große Fleischtomate oder 2 kleinere feste Tomaten in dickere Scheiben geschnitten*
*ca. 2 – 3 dag Hamburgerspeck in dünne Scheiben geschnitten*
*1 – 2 Eier*
*1 EL Olivenöl*
*viel gehackten Schnittlauch (oder Basilikum in Streifen geschnitten)*
*Salz, Pfeffer*

1. Eine große Pfanne erhitzen, die Speckscheiben darin anbraten, auf die Seite schieben oder herausgeben und auf Küchenpapier legen.
2. Olivenöl in die Pfanne geben, die Tomatenscheiben darin anbraten, mit Salz und Pfeffer aus der Mühle würzen, die Tomaten an den Rand oder auf eine Seite der Pfanne schieben, die Eier daneben anbraten, salzen, Hitze reduzieren und die Eier fertig braten.
3. Die Tomaten auf den Teller legen, die Eier darauflegen, die gebratenen Speckstreifen darauf verteilen, mit Schnittlauch bestreuen und mit einer Scheibe Schwarzbrot servieren.

# Eieromelette (Schinken-, Champignon- oder Käseomelett)

***Zubereitungszeit***
*ca. 12 Minuten*

***Zutaten für 1 Person***
*3 Eier*
*2 dag Butter*
*Je nach Wunsch ca. 5 – 8 dag gehackten Schinken, Emmentaler oder Champignons (Dose)*
*Petersilie*
*ev. 1 Schuss Mineralwasser*
*Salz*

1. Butter in einer flachen (beschichteten) Pfanne erhitzen, die Eier mit dem Salz (und Mineralwasser) gut versprudeln und in die Pfanne gießen. Dabei mit der Gabel rühren, bis die Eimasse anstockt.
2. Jetzt den gehackten Schinken oder die Pilze bzw. den Käse aufstreuen, ev. kurz zudecken (damit das Ei auch von oben etwas stockt), Omelette von beiden Seiten zur Mitte hin einschlagen oder einfach zusammenklappen und auf den Teller gleiten lassen.

# Gebackener Käse

***Zubereitungszeit***
*ca. 15 – 20 Minuten*

***Zutaten für 1 Person***
*ca. 12 – 15 dag Käse (Emmentaler, Camembert oder Halloumi)*
*Mehl*
*1 Ei*
*ca. 5 dag Semmelbrösel*
*Backfett*
*Salz, Pfeffer*

1. 1 Scheibe Emmentaler (2 Eckerl nicht zu weichen Camembert halbiert) in Mehl, Ei und Brösel panieren und rasch backen. Beim Camembert ist zu beachten, dass der Käse beim Backen nicht „ausläuft“: Um dies zu verhindern, kann man die panierten Camembertstücke ca. 15 – 20 Minuten in den Tiefkühler geben oder 2-mal in Ei und Brösel panieren. Das Backfett soll eine Temperatur von ca. 170 °C haben.

**Beilagenempfehlung**
Marinierte Blattsalate, Joghurt-Kräutersauce, ev. Preiselbeerkompott, getoastetes Weißbrot, Baguette

# Warmer Käse auf Weißbrot

Schneller Imbiss zu einem guten Gläschen Wein!

***Zubereitungszeit***
*ca. 15 – 20 Minuten*

***Zutaten für 4 Personen***
*1 Baguette*
*25 dag halbfester Schnittkäse (Gouda, Bergkäse, Butterkäse oder Jerome)*
*Walnüsse*
*1 Apfel*
*1 – 2 Birnen*
*Weintrauben*

1. Baguette in schräge ca. 1,5 cm dicke Scheiben schneiden und im Backrohr bei 150 °C leicht toasten. Das Obst waschen und in Spalten schneiden.
2. Vom Käse die Rinde entfernen und diesen in passende Scheiben schneiden, die Brote damit belegen und bei starker Oberhitze (200 – 220 °C) 1 – 2 Minuten überbacken.
3. Das Obst gefällig auf einem Teller anrichten und zu den Käsebrötchen servieren.

# FISCH

# Fisch

## Gesund, leicht und mal etwas anderes.

Ernährungsfachleute empfehlen **mindestens 1–2-mal wöchentlich** Fisch zu verzehren.
Wir wissen, dass Fisch sehr gesund ist, weil er hinsichtlich der Fette, des Eiweißes sowie der Mineralien und Vitamine einen besonders hohen Stellenwert unter den tierischen Nahrungsmitteln einnimmt.
Ein großer Vorteil ist auch, dass die Zubereitungszeit im Vergleich zum Fleisch wesentlich kürzer ist.

### Tipps für den Einkauf

**Ganzer frischer Fisch:** Die Kiemen sollen noch blutig sein, das Fleisch elastisch (nach Fingerdruck darf keine Delle sichtbar sein), die Augen klar, die Schuppen müssen fest sitzen und der Geruch darf nicht unangenehm tranig sein.
**Tiefgefrorener Fisch:** Muss gut verpackt (dickes Zeitungspapier oder Folientasche) schnellstens nach Hause gebracht und entsprechend gelagert werden (siehe Hinweis auf der Verpackung). Die gängigsten Tiefkühl-Fische sind: Scholle, Kabeljau, Dorsch (ist der junge Kabeljau), Seelachs, Seehecht (oder Hoki) und Lachs.

**Bereits an- oder aufgetauten Fisch nicht nochmals einfrieren, sondern sofort verbrauchen!**

# Fischburger (Fischlaibchen)

## Schmecken nicht nur Kids.

***Zubereitungszeit***
*ca. 30 Minuten*

***Zutaten für 4 Personen***
*1 Packung Seelachsfilet (oder Seehecht)*
*2 alte Semmeln (oder ca. 6 – 8 dag Knödelbrot)*
*ca. 1/8 l Milch, 5 dag Selchspeck*
*1 Zwiebel, 1 Ei*
*Muskatnuss, 1 EL gehackte Petersilie*
*Brösel zum Formen und Öl zum Braten*
*Salz, Pfeffer*

1. Den Fisch bei Zimmertemperatur auftauen lassen, Semmelwürfel in Milch einweichen.
2. Speck und Zwiebel in kleine Würfel schneiden, goldgelb braten und in eine Schüssel geben. Den Fisch in kleine Stücke schneiden, faschieren oder mit dem Mixstab kurz pürieren. Mit dem Ei, den eingeweichten Semmelwürfeln, Gewürzen und Petersilie in die Schüssel mit den Speck-Zwiebeln geben und würzen. Sollte die Masse zu weich sein, mit Brösel festigen.
3. Pfanne mit Öl erhitzen. Aus der Masse 8 flache Laibchen formen, in Brösel wenden und in heißem Öl beidseitig knusprig braten.

# Kabeljau-Filet mit Wurzelgemüse und Kren-Obers-Sauce

***Zubereitungszeit***
*ca. 30 – 40 Minuten*

***Zutaten für 4 Personen***
*4 Kabeljaufilets à ca. 20 dag oder Zanderfilets (frisch oder bereits fast aufgetaut)*
*ca. 15 – 20 dag Wurzelwerk (Karotte, Sellerie, gelbe Rübe, ev. Lauch)*
*1 kleine Zwiebel halbiert*
*ca. 1/2 l Wasser*
*1 Lorbeerblatt*
*ca. 6 Pfefferkörner*
*1 Nelke*
*1 – 2 EL Essig oder 0,1 l Weißwein*
*ca. 1 EL Kren aus dem Glas oder frischer Kren*
*1/2 Becher Creme fraiche oder Rama Cremefine*
*1 – 2 KL Fix-Einbrenn*
*Salz, Pfeffer*

1. Wurzelgemüse schälen, in feine Streifen schneiden und in wenig Salzwasser ca. 5 Minuten kernig dünsten.
2. Aus Wasser, Zwiebel, Essig und Gewürzen einen Sud herstellen, ca. 5 Minuten kochen lassen. Die Filets in eine weite Kasserolle legen, mit dem Sud übergießen und darin ca. 10 Minuten ziehen, aber nicht kochen, lassen (bis der Fisch sich leicht zusammengezogen hat)! Herausnehmen und warm stellen.
3. Den Sud abseihen und auf ca. 3/8 l einkochen lassen. Kren, Creme fraiche und Fix-Einbrenn einrühren und nochmals abschmecken.
4. Den Fisch anrichten, mit Sauce übergießen, mit dem Wurzelgemüse bestreuen und ev. noch mit frisch geriebenem Kren oder gehackter Petersilie bestreuen.

**Beilagenempfehlung**
Salzkartoffeln

***Schritt-für-Schritt***

# Pikantes Fischfilet (Gemüsefisch)

***Zubereitungszeit***
*ca. 35 – 40 Minuten*

***Zutaten für 4 Personen***
*Pro Person 2 kleine Stücke*
*Dorsch- oder Seelachsfilet*
*Zitronensaft*
*1 – 2 EL Öl*
*3 – 4 Scheiben Hamburgerspeck*
*2 – 3 Jungzwiebeln oder 1/2 Lauchstange*
*2 Karotten*
*1 – 2 Tomaten oder 1 kleine*
*Packung passierte Tomaten*
*1 EL gehackte Kapern oder Oliven*
*1 Tasse Gemüsebrühe*
*1 – 2 EL Creme fraiche oder Rama Cremefine*
*Salz, Pfeffer*

1. Filets aus der Packung nehmen und antauen, mit Salz, Pfeffer und Zitronensaft würzen.
2. Speck, Jungzwiebeln (den grünen Teil in dünne Ringe schneiden und über den fertigen Fisch streuen) oder Lauch in Ringe schneiden, Tomaten schälen und würfeln, Karotten in kleine Würfel schneiden.
3. Speckwürfel und Jungzwiebeln in Öl anbraten, Karotten und Tomaten zugeben, mit etwas Suppe aufgießen und alles ca. 10 Minuten köcheln lassen. Kapern und Creme fraiche zugeben und würzen. Die Sauce soll eine dickliche Konsistenz haben, da der Fisch noch Wasser abgibt.
4. Die Filets in die Sauce legen und ca. 10 Minuten zugedeckt bei geringer Hitze ziehen lassen. Mit einem Zahnstocher oder Holzspieß probieren ob der Fisch durch ist (Garprobe). Mit frisch gehackten Kräutern bestreuen.

Bei dieser Zubereitungsart benötigt man eine große, eher flache Kasserolle oder Bratpfanne mit Deckel, damit die Fischstücke darin Platz haben und nicht übereinander liegen.
**Eine andere Methode:** Fischstücke in eine Auflaufform schichten, mit der Gemüsesauce übergießen und im Backrohr bei ca. 180 – 200 °C ca. 30 Minuten garen.

***Tipp:*** Diese Gemüsegrundlage lässt sich beliebig variieren! Sie eignet sich gut als Resteverwertung von Gemüse, z. B. Paprikaschoten, Pilze, Zucchini, Oliven, getrocknete Tomaten, Melanzane usw. Alles in kleine Würfel schneiden und weiterverarbeiten. Die Sauce kann auch mit etwas Wein verfeinert werden.

**Beilagenempfehlung**
Salzkartoffeln, gedünsteter Reis, Spaghetti

# Schollenfilet im Kräutermantel

***Zubereitungszeit***
*ca. 25 – 30 Minuten*

***Zutaten für 4 Personen***
*4 größere oder 8 kleinere Schollenfilets*
*Zitronensaft, ca. 2 – 3 EL Mehl*
*2 Eier, 2 EL Kräutermischung*
*ca. 4 EL grobe Weißbrotbrösel*
*4 EL geriebene weiße Mandeln (oder Parmesan)*
*ca. 1/8 l Öl zum Backen*
*Salz, Pfeffer*

1. Schollenfilets auftauen lassen, mit Salz, Pfeffer und Zitronensaft würzen.
2. Eier versprudeln, Brösel mit Mandeln und gehackten Kräutern mischen.
3. Öl in einer Bratpfanne erhitzen. Die Filets zuerst in Mehl und Ei tauchen, dann in den Kräuterbröseln wenden und knusprig herausbacken. Auf Küchenpapier abtropfen lassen.

**Beilagenempfehlung**
Gedünster Reis, Petersilkartoffeln, Broccoli

# Schollenröllchen auf Blattspinat

***Zubereitungszeit***
*ca. 35 – 40 Minuten*

***Zutaten für 4 Personen***
*50 dag Schollenfilets (frisch oder tiefgefroren)*
*ca. 3 EL Tomatenmark, 1 EL Creme fraiche*
*4 EL gemahlene Mandeln (oder geriebener Käse)*
*1 Zitrone, ca. 20 dag Blattspinat*
*1 Zwiebel, 1 – 2 EL Öl, 1/8 l Suppe*
*1/8 l Obers oder Rama Cremefine flüssig*
*Muskatnuss, etwas Knoblauch*
*4 dag Mandelblättchen, Salz, Pfeffer*

1. Die Schollenfilets auftauen und trocken tupfen. Tomatenmark, geriebene Mandeln, Zitronensaft, Salz und Pfeffer verrühren, auf die Filets streichen und diese dann aufrollen (ev. mit Zahnstocher feststecken, die vor dem Servieren entfernt werden).
2. Die Zwiebel hacken, in Öl anschwitzen, den Blattspinat zugeben, würzen, mit Suppe und Obers aufgießen und kurz dünsten lassen.
3. Die Schollenröllchen auf den Spinat setzen, die Kasserolle zudecken und ca. 10 Minuten dämpfen. Mandelblättchen in einer Pfanne ohne Fett hell rösten, über die Schollenröllchen streuen und servieren.

**Beilagenempfehlung**
Petersilienkartoffeln

# Rotbarschfilet mit Champignons und Tomaten

***Zubereitungszeit***
*ca. 30 – 35 Minuten*

***Zutaten für 4 Personen***
*60 dag Rotbarschfilet oder Viktoriabarsch (ersatzweise Tiefkühlfilet)*
*Zitronensaft*
*2 Zwiebeln*
*15 dag Champignons*
*3 dag Butter*
*1 kleine Dose Tomaten in Stücken*
*1/8 l Schlagobers*
*Salz, Pfeffer*

1. Die Filets in Streifen (fingerbreit) schneiden und mit Zitronensaft beträufeln.
2. Zwiebeln hacken, gesäuberte Champignons in nicht zu dünne Scheiben schneiden. Zwiebeln und Pilze in Butter anbraten und ca. 10 Minuten dünsten, Tomaten dazugeben und noch ca. 5 Minuten offen köcheln lassen. Schlagobers zugeben, salzen und pfeffern.
3. Die Fischstreifen hineingeben und ca. 4 – 5 Minuten gar ziehen lassen.

***Tipp:*** Wichtig ist, dass der Fisch bei niedriger Hitze und kurz gegart wird: So bleibt er zart!

**Beilagenempfehlung**
Reis, Salzkartoffeln, weiße oder grüne Bandnudeln

**Alle diese Rezepte haben den Vorteil, dass es fast zu keiner Geruchsentwicklung kommt wie bei gebratenem oder gebackenem Fisch.**

# EINFACHE KARTOFFELGERICHTE

# Kartoffeln

### Fest kochende/speckige Sorten

Für Kartoffelsalat, Salzkartoffeln, Röst- und Bratkartoffeln. Fest kochende Kartoffeln haben eher eine länglich-ovale Form.

### Mehlige Sorten

Für Kartoffelpüree, Kartoffelteig. Mehlige Kartoffeln haben eher eine runde Form.

Durch lange Lagerung können die Kartoffeln zum Keimen anfangen. Diese Keime müssen entfernt werden, ebenso grüne Stellen – sie enthalten das giftige Solanin.

Besitzt man einen kleinen **Dämpf-Einsatz** kann man kleinere Mengen nährstoffschonend garen = dämpfen.

# Gekochte Kartoffeln

Pro Person rechnet man
ca. 2 mittelgroße Kartoffeln.

- Kartoffeln gut waschen, ev. bürsten, vor allem dann, wenn man sie mit der Schale essen will (ev. Bio-Kartoffeln – die Schale ist ballaststoffreich).
- Die Kartoffeln in einen Topf mit Deckel geben, knapp mit Wasser bedecken und zugedeckt ca. **30 Minuten** kochen (Probe mit einem spitzen Messer oder einem Spieß). Ist ein **Kelomat** vorhanden, so sind Kartoffeln in ca. 8 – 10 Minuten gar. Dadurch bleiben die Nährstoffe besser erhalten.
- Kartoffeln abseihen, ev. kurz ins kalte Wasser legen oder abschrecken, damit sie sich leichter schälen lassen.

***Tipp:*** Beliebt und eine einfache, preiswerte und vollwertige Mahlzeit sind **gekochte Erdäpfel mit Butter oder Kräutertopfen.**

## Salzkartoffeln

Pro Person rechnet man
ca. 2 mittelgroße Kartoffeln.

- Kartoffeln gut waschen, mit einem Sparschäler schälen, kleinere Kartoffeln halbieren, etwas größere vierteln (2-mal längs teilen).
- Die Kartoffeln in einen Topf mit Deckel geben, mit heißem Wasser bedecken, ca. 1 TL Salz dazugeben (wenn man möchte auch etwas Kümmel).
- Kartoffeln ca. **20 – 25 Minuten** zugedeckt kochen (Probe mit Spieß), abseihen.

***Tipp:*** Geschälte, rohe Kartoffeln sofort in kaltes Wasser legen, damit sie nicht braun werden!

## Röstkartoffeln (mit Spinat und Spiegelei)

***Zubereitungszeit***
*ca. 20 – 25 Minuten*
*(ohne Kartoffeln kochen)*

***Zutaten für 1 Person***
*2 größere Kartoffeln mit der Schale gekocht und gut ausgekühlt*
*1 mittlere Zwiebel (ca. 5 dag)*
*1 EL Öl*
*Salz, Pfeffer*

**1.** Gekochte Kartoffeln schälen und in Scheiben schneiden.
**2.** Zwiebel hacken oder in dünne Scheiben schneiden.
**3.** Öl in der Bratpfanne erhitzen, Zwiebeln hell rösten, die Kartoffelscheiben zugeben, salzen und weiterrösten bis die Kartoffeln eine leichte Kruste zeigen.

**Spinat:** 10 – 15 dag tiefgekühlten passierten Spinat (ev. Zwutschgerl) in einer halben Tasse Milch erhitzen, aufkochen lassen und mit ca. 1 EL Fix-Einbrenn verrühren. Mit Salz, Pfeffer, Muskatnuss und etwas Knoblauch (ev. Pulver) abschmecken.
**Spiegelei:** In einer kleinen beschichteten Pfanne einige Tropfen Öl erhitzen, 1 – 2 Eier vorsichtig aufschlagen und in die Pfanne gleiten lassen, bei mittlerer Hitze ca. 5 Minuten braten, salzen, pfeffern und auf dem Spinat anrichten.

# Tiroler Gröstl

Ideal zur Resteverwertung.

***Zubereitungszeit***
*ca. 15 – 20 Minuten*

Kartoffeln rösten (siehe Röstkartoffeln). Etwas Hamburgerspeck in Würfel oder Streifen schneiden, gekochtes oder gebratenes Rindfleisch oder auch Braten- oder Selchfleischreste mit den Kartoffeln mitbraten, mit Salz, Pfeffer, (ev. Majoran und gemahlenem Kümmel) würzen und mit gehackter Petersilie bestreuen.

**Beilagenempfehlung**
Grüner Salat

*Kartoffelpuffer*

# Kartoffelpuffer

***Zubereitungszeit***
*ca. 20 Minuten*

***Zutaten für 1 Person***
*2 große Kartoffeln*
*1 gehackte Zwiebel (wenn man mag)*
*Muskatnuss (etwas Majoran oder Thymian)*
*1 Ei*
*1 – 2 EL Mehl*
*ca. 2 – 3 EL Öl zum Braten*
*Salz*

**1.** Kartoffeln schälen, mit dem Reibeisen grob reiben und mit den Händen gut ausdrücken. Mehl, Ei und Gewürze zugeben.
**2.** Öl in einer größeren Pfanne erhitzen, einen Suppenlöffel voll von dieser Masse in das heiße Fett geben, zu flachen Fladen drücken und diese beidseitig knusprig braten.

## Variante

Dünne Streifen Hamburgerspeck und 1 EL Kräuter zur Kartoffelmasse geben oder 1 EL Sonnenblumenkerne und etwas Sesam, 1 geraspelte Karotte.

***Tipp:*** Wenn gekochtes Gemüse vom Vortag übriggeblieben ist, kann man dieses auf den Puffern verteilen und mit geriebenem Emmentaler oder Bergkäse bestreuen. Im Backrohr bei 220 °C Oberhitze (oder ca. 200 °C Heißluft) auf der mittleren Schiene überbacken.

**Beilagenempfehlung**
Marinierte Blattsalate, Kräuter-Rahmsauce

# Kartoffel-Zucchini-Laibchen

***Zubereitungszeit***
*ca. 30 Minuten*

***Zutaten für 2 Personen***
*2 größere gekochte Kartoffeln vom Vortag*
*1 mittlere Zucchini*
*1 EL gehackte Petersilie oder Basilikum*
*1 Knoblauchzehe*
*1 Ei*
*1 – 2 EL Mehl*
*ev. etwas Brösel*
*Salz, Pfeffer*

**1.** Kartoffeln vom Vortag schälen und grob raspeln, Zucchini waschen, Enden entfernen, ebenfalls raspeln, etwas salzen und ca. 5 Minuten ziehen lassen. Mit den Händen gut ausdrücken und zu den Kartoffeln geben. Petersilie oder Basilikum, Knoblauch, Salz, Pfeffer, Ei und Mehl zugeben.
**2.** Aus der Masse Laibchen formen, in Mehl oder Brösel wenden und in wenig heißem Fett knusprig herausbraten.

***Tipp:*** Diese Laibchen passen auch gut als Beilage zu einem Ragout.

**Beilagenempfehlung**
Kräuter-Rahmsauce, Salat

# Kartoffelpüree

***Zubereitungszeit***
*ca. 35 – 40 Minuten*

***Zutaten für 4 Personen***
*ca. 60 – 80 dag Kartoffeln*
*3 – 4 dag Butter*
*ca. 1 Tasse Milch*
*ev. etwas Schlagobers*
*Muskatnuss, Salz*

1. Die Kartoffeln schälen, halbieren oder vierteln und in Salzwasser weich kochen, abseihen und abtropfen lassen.
2. Im selben Topf die Butter und die Milch mit der geriebenen Muskatnuss aufkochen. Die Kartoffeln mit einer Kartoffelpresse in die heiße Milch-Butter-Mischung pressen und mit der Schneerute glatt rühren. Nach Bedarf noch etwas heiße Milch zufügen. Ev. mit etwas Schlagobers verfeinern.

Wenn keine Kartoffelpresse vorhanden ist, kann man die Kartoffeln mit einem **Kartoffelstampfer** oder mit einem Schöpfer zerquetschen und mit dem **Schneebesen** oder **Mixer** glatt rühren.
**Achtung**: Kartoffelpüree **nicht mit dem Pürierstab zerkleinern**, es wird ein zäher Brei.

***Tipp:*** Kartoffelpüree im heißen **Wasserbad** warmhalten: Einen größeren Topf halbvoll mit heißem Wasser füllen, den Topf mit dem Püree (zugedeckt) in diesen Topf hineinsetzen.

Die Zubereitung dieses Pürees ist relativ zeitaufwendig, ist aber sicher besser und gesünder als die im Lebensmittelhandel angebotenen **Halbfertigprodukte.**
Die Zubereitung mit den Kartoffelflocken ist relativ einfach, man halte sich an die Kochanleitung auf der Packung.

***Tipp:*** Reste vom Kartoffelpüree (im Kühlschrank zugedeckt aufbewahrt) können am nächsten Tag zu einer **Kartoffel-Kräutersuppe** weiterverarbeitet werden.

# Kartoffel-Kräutersuppe

Den Püreerest mit heißer Rindsuppe oder Würfelsuppe übergießen (ca. 1 – 1 1/2 Tassen Suppe auf 1 Tasse Püree) und aufkochen lassen, 1 Knoblauchzehe, 1 EL gemischte Kräuter, ev. etwas Rahm (süß oder sauer) oder 1 Eckerl Streichkäse zugeben, mit dem Mixstab aufschäumen und mit frischem Schnittlauch oder Petersilie bestreuen.

# Heurige Petersilienkartoffeln

***Zubereitungszeit***
*ca. 30 – 35 Minuten*

***Zutaten pro Personen***
***als Beilage***
*ca. 15 – 20 dag kleine Kartoffeln*
*1 KL Butter*
*Petersilie*
*Salz*

**1.** Kartoffeln gründlich waschen, kochen oder dämpfen (Dämpfeinsatz oder Kelomat).
**2.** Schälen, ev. halbieren, in zerlassener Butter mit gehackter Petersilie schwenken und salzen.

# Bratkartoffeln

▮ **Aus gekochten Kartoffeln:** Die geschälten Kartoffeln in Spalten schneiden, in einer beschichteten Pfanne mit wenig heißem Fett unter öfterem Wenden knusprig braten (Zubereitungszeit ca. 15 Minuten).

▮ **Aus rohen Kartoffeln:** Geschälte Kartoffeln in Spalten oder 1/2 cm dicke Scheiben schneiden, in einer Bratpfanne mit wenig heißem Öl braten, salzen, zugedeckt fertig braten, bis sie weich sind. Zwischendurch nachschauen, ev. mit Backschaufel wenden. Ev. einige EL Wasser hinzufügen, durch Zugabe von einigen Rosmarinnadeln bekommt man aromatische Rosmarinkartoffeln (Zubereitungszeit ca. 30 Minuten).

## Für größere Mengen Bratkartoffeln

▮ **Im Backrohr:** Ca. 1 cm dicke Scheiben von rohen Kartoffeln (ev. mit Schale) auf ein mit Öl bepinseltes Backblech legen, mit Öl beträufeln und mit Salz und Kümmel bestreuen. Im vorgeheizten Backrohr bei ca. 180 °C backen, bis sie braun und knusprig sind (Zubereitungszeit ca. 40 – 45 Minuten).

# Gefüllte Kartoffeln

Eine preiswerte Hauptmahlzeit, die sich gut vorbereiten lässt.

***Zubereitungszeit***
*ca. 60 Minuten*

***Zutaten für 4 Personen***
*4 große oder 8 mittelgroße Kartoffeln*
*(+ 2 als Reserve)*
***Für die Fülle***
*1/2 Bund Jung- oder Frühlingszwiebeln oder*
*ca. 15 dag Lauch*
*1/2 Paprikaschote rot*
*10 – 15 dag Schinken*
*2 – 3 EL Creme fraiche oder Süß- oder Sauerrahm*
*ev. Knoblauch*
*1 EL Petersilie*
*3 – 4 EL geriebener Emmentaler oder Parmesan*
*Salz, Pfeffer*

**1.** Die Kartoffeln kochen, schälen, längs halbieren und mit einem Kaffeelöffel bis auf 1 cm aushöhlen.
**2.** Die grünen Teile von den Jungzwiebeln wegschneiden, die übrigen klein hacken. Die Paprikaschote und den Schinken würfeln.
**3.** Jungzwiebeln, Paprika und Schinken mit den zerdrückten Kartoffeln, den Gewürzen und der Creme fraiche vermischen.
**4.** Eine Auflaufform (aus Keramik oder feuerfestem Glas) oder ein Backblech beölen. Die ausgehöhlten Kartoffeln in die Form (Blech) setzen (ev. die untere Seite der Kartoffeln etwas abflachen, damit sie gerade stehen).
**5.** Die Fülle in die ausgehöhlten Kartoffeln aufteilen, mit ca. 4 EL Reibkäse bestreuen und die Kartoffeln ca. 20 Minuten überbacken.

## Varianten für die Fülle

- Für Vegetarier statt Schinken 10 – 15 dag gewürfelte Champignons mitbraten.
- Für Fischliebhaber statt Schinken ca. 12 dag zerpflückten Thunfisch oder gehackten Räucherlachs untermengen.
- Die zerdrückten Kartoffeln nur mit gemischten Kräutern, Creme fraiche und ev. etwas Knoblauch vermischen, ca. 4 EL Käsewürfel (Gouda oder anderen würzigen Schnittkäse) daruntermengen, einfüllen, mit Sonnenblumen- oder Kürbiskernen bestreuen und backen.

**Beilagenempfehlung**
Salat

# Kartoffel-Schinken-Auflauf

Lässt sich gut vorbereiten
und ist sättigend und preiswert.

***Zubereitungszeit***
*ca. 60 Minuten*

***Zutaten für 4 – 5 Personen***
*ca. 80 dag mehlige Kartoffeln*
*1/4 kg Kohl (geputzt)*
*1/2 Packung Tiefkühl-Blattspinat oder Lauch*
*15 dag Emmentaler geraspelt oder gewürfelt*
*15 dag Pressschinken geschnitten*
*1 kleiner Becher Creme fraiche, Rama Cremefine oder 1/2 Becher Sauerrahm*
*2 – 3 Eier*
*2 EL Kräutermischung*
*ca. 3 – 4 Knoblauchzehen*
*Öl oder Butter*
*Salz, Pfeffer, Muskatnuss*

**1.** Kartoffeln waschen und ca. 25 – 30 Minuten in Salzwasser kochen.
**2.** Vom Kohl den Strunk entfernen, in Streifen schneiden, in Salzwasser kurz überkochen, abseihen, abschrecken und in einem Sieb abtropfen lassen (Tiefkühl-Spinat auftauen, mit Salz, Pfeffer und Muskat würzen, grob hacken; Lauch säubern, in Ringe schneiden, kurz überkochen).
**3.** Das Backrohr auf 200 °C vorheizen. Eine Auflaufform mit Butter ausstreichen. Den Schinken in Streifen schneiden, die Kartoffeln schälen, noch warm blättrig schneiden oder grob raspeln.
**4.** Die Eier mit der Creme fraiche versprudeln, mit dem Gemüse und den Kräutern in die Kartoffelmasse mengen, mit Salz, Pfeffer und zerdrücktem Knoblauch würzen.
**5.** Die Masse in die Form füllen, gleichmäßig verstreichen, mit dem Schinken und dem Käse bestreuen. Den Auflauf auf der mittleren Schiene des Backrohres ca. 30 Minuten backen.

***Tipp:*** Man kann den Schinken und den Käse auch in die Kartoffelmasse mengen, die Oberfläche dann mit 1 – 2 EL Brösel bestreuen und ein paar Butterflöckchen darüber verteilen.

**Beilagenempfehlung**
Marinierte Blattsalate, Tomatensalat

# Kartoffelgulasch (-gulyas)

Besonders beliebt bei Kindern.

***Zubereitungszeit***
*ca. 45 – 50 Minuten*

***Zutaten für 4 Personen***
*1 kg mehlige Kartoffeln*
*25 – 30 dag Zwiebeln*
*2 – 3 Knoblauchzehen*
*20 dag Wurst (Frankfurter, Knacker oder Braunschweiger)*
*3 EL Öl, 2 EL Paprikapulver edelsüß*
*1 – 2 Lorbeerblätter, 1 Schuss Essig*
*1 – 1 1/2 l Wasser/Suppe (aus Würfeln)*
*1 TL Majoran, etwas Kümmel*
*Salz, Pfeffer*

**1.** Zwiebeln schälen, halbieren und in dünne Scheiben schneiden, Knoblauch hacken, Kartoffeln schälen und in große Würfel schneiden.
**2.** Inzwischen die Zwiebeln in heißem Öl goldgelb rösten, Paprikapulver darüberstreuen und sofort mit einem kleinen Schuss Essig ablöschen, mit Suppe aufgießen und die Kartoffeln zugeben. Knoblauch und Lorbeerblatt hinzufügen, mit Salz, Pfeffer, Majoran und Kümmel würzen, zugedeckt ca. 30 Minuten köcheln lassen.
**3.** Gegen Ende der Garzeit die in Scheiben geschnittene Wurst zugeben und mitkochen. Lorbeerblätter entfernen.

**Beilagenempfehlung**
Semmeln, Weiß- oder Schwarzbrot

# REISGERICHTE

# Die wichtigsten Reissorten und ihre Verwendung

### Langkornreis
Längliche Körner, geeignet als Beilage und für Reisgerichte.

### Rundkornreis
Für Suppen, süße Reisspeisen (Reisauflauf), ev. Risotti (dafür gibt es spezielle Reissorten).

### Voll- oder Naturreis
Als Rund- oder Langkornreis; **besonders vitaminreich!** Die Kochzeit ist doppelt so lange wie beim Normalreis.

### Basmati- oder Duftreis
Feiner Reis, der besonders gerne in der asiatischen Küche verwendet wird.

### Wildreis
Ist eigentlich eine kultivierte Grasart, teuer, meist als Wildreismischung erhältlich.

### Mengenangabe
Für 1 Person als Hauptspeise rechnet man ca. 8 dag Reis (ca. 5 – 6 gehäufte EL).
Für 1 Person als Beilage rechnet man ca. 4 – 5 dag Reis (3 gehäufte EL).

# Zubereitungsarten für Beilagen

***Zutaten für 4 Personen***
*20 dag Reis (das sind ca. 2 Kaffeetassen)*
*40 dag Wasser (= 0,4 l – 4 Kaffeetassen)*
*(Wenn man Rundkornreis verwendet, genügen ca. 3 Tassen Wasser.)*
*1 TL Salz (ev. 1/4 TL Suppenwürze)*
*(1 TL Butter)*
*(1 kleine Zwiebel mit 2 – 3 Gewürznelken gespickt geben ein gutes Aroma)*

# Gedünsteter Reis

***Zubereitungszeit***
*ca. 30 Minuten*

1. Die doppelte Wassermenge in einen kleineren Topf (er soll einen guten, starken Boden haben) geben, den Reis einrühren, salzen und die Butter zugeben.
2. Auf Stufe 3 aufkochen lassen, nochmals umrühren, zudecken und die Platte ausschalten. Die Speicherwärme reicht aus, damit der Reis gar wird und nicht anbrennt. Den Topf zwischendurch nicht öffnen, den Reis nicht umrühren, so wird er locker und nicht patzig. Die Garzeit dauert ca. 20 – 25 Minuten. Den Reis mit einer Gabel auflockern. Man kann die Butter auch erst jetzt unter den fertigen Reis rühren.

Bei Verwendung von **Naturreis** benötigt man meist etwas mehr Wasser (2 1/2 – 3 Tassen), die Garzeit dauert ca. 35 – 40 Minuten (Stufe 1/2 – 1). Den Reis erst salzen, wenn er fertig ist!

## Gekochter Reis

***Zubereitungszeit***
*ca. 30 Minuten*

Bei dieser Garmachungsart kann der Reis eigentlich nicht anbrennen oder patzig werden.
1. In einen Topf ca. 1 – 1 1/2 l Wasser geben, den Reis hineinschütten, ca. 2 KL Salz zugeben, aufkochen lassen und ohne Deckel ca. 15 – 20 Minuten köcheln lassen (nachschauen ob der Reis gar ist).
2. Den Reis in ein Sieb schütten, die Butter in den Topf geben, den Reis wieder dazugeben und kurz auf der Herdplatte ausdampfen lassen.

Bei dieser Methode ist der Nährstoffverlust größer!

Es gibt auch **Kochbeutel-Reis**. Eine kleinere Reismenge (für ca. 2 – 3 Personen) in einem perforierten Sackerl wird im Salzwasser solange geköchelt, bis das Sackerl prall gefüllt ist (siehe Kochanleitung). Das Sackerl öffnen und mit einigen Butterflocken mischen.

## Pilaf-Reis

***Zubereitungszeit***
*ca. 35 Minuten*

Diese Zubereitungsart ergibt den schmackhaftesten Reis und ermöglicht viele Varianten. Unsere Großmütter haben den Reis meist auf diese Art zubereitet.
1. 1 – 2 TL Butter im Topf schmelzen, den Reis dazugeben und solange rühren, bis er ein glasiges Aussehen bekommt (ca. 1 Minute).
2. Dann die notwendige Wassermenge aufgießen, zum Kochen bringen, salzen und etwas Suppenwürze zugeben (ev. 1 kleine mit Nelken gespickte Zwiebel hinzufügen).

So wird er besonders gut:

1. Man hackt die Zwiebel fein und lässt sie in der Butter kurz aufschäumen, dann den Reis zugeben und (ca. 1 Minute) glasig dünsten.
2. Wasser aufgießen, zum Kochen bringen und würzen. Den Topf zudecken, die Platte auf niederste Stufe stellen oder ganz ausschalten. Die Garzeit dauert ca. 20 – 25 Minuten. Dazwischen nicht umrühren!

# Varianten

***Zubereitungszeit***
*ca. 30 – 40 Minuten*

## Knoblauchreis

Ca. 2 – 3 gehackte Knoblauchzehen in der zerlassenen Butter aufschäumen lassen und den Reis zugeben.

## Curryreis

1/2 gehackte Zwiebel in der Butter aufschäumen lassen, Reis zugeben, mit Wasser oder Suppe aufgießen, 1 – 2 KL Currypulver zugeben und auf niederster Stufe dünsten lassen. Die Zugabe von einigen Rosinen und blanchierten Mandeln, Apfel- oder Ananasstückchen verleiht diesem Reis eine orientalische Note! Curryreis passt gut zu gebratenem Huhn und Fisch.

## Safranreis

Einige Safranfäden in das Reiswasser geben.

## Zucchinireis

Zwiebel, 1 Knoblauchzehe und 1 kleinen bis mittleren Zucchini in kleine Würfel schneiden, in der zerlassenen Butter andünsten, Reis zugeben, salzen, aufkochen lassen und zugedeckt auf niederster Stufe dünsten lassen (oder die Zucchiniwürfel nach der halben Garzeit zum Reis geben). Mit frisch geriebenem Parmesan und Petersilie oder Basilikum bestreuen – schmeckt herrlich!

## Champignonreis

10 – 15 dag blättrig geschnittene Pilze in Butter andünsten, salzen und pfeffern, etwas gehackte Petersilie zugeben und unter den Reis mengen.

## Gemüsereis

Gehackte Zwiebel und 1 – 2 Tassen Mischgemüse in Butter andünsten, den Reis zugeben, mit Wasser aufgießen, würzen, aufkochen lassen, zugedeckt ca. 20 – 25 Minuten auf niederster Stufe dünsten lassen. Den fertigen Gemüsereis mit geriebenem Käse bestreuen.

## Tipps zur Verwertung von übrig gebliebenem Reis

- Aufwärmen: in der Mikrowelle oder in einer Pfanne mit wenig Butter und etwas Flüssigkeit (Suppe).
- Als Suppeneinlage in einer klaren Suppe oder einer Tomatensuppe.
- Als Füllung von Gemüse z. B. Gefüllte Paprika oder Tomaten.
- Aus Resten lassen sich auch eigene Gerichte zaubern wie z. B. Gebratener Reis mit Ei oder Reis-Thunfisch-Salat.

# Gebratener Reis mit Ei

***Zubereitungszeit***
*ca. 15 – 20 Minuten*

***Zutaten für 2 – 3 Personen***
*ca. 3 Tassen gekochter Reis*
*20 – 30 dag Gemüse nach Wahl (Karotten, Kraut, Lauch, Chinakohl, Erbsen, Paprika, Pilze)*
*2 Eier*
*ev. Curry und Sojasauce*
*Salz, Pfeffer*

1. In Streifen geschnittenes Gemüse in wenig Öl ev. partienweise gut anbraten (im Wok oder in einer beschichteten Pfanne). Den Reis zugeben und mitbraten, würzen.
2. Eier versprudeln und darübergießen, kurz weiterbraten. Wer es gern asiatisch mag, würzt mit Curry und Sojasauce.

***Tipp:*** Anstatt der Eier kann man auch ein Schweinsschnitzel in feine Streifen schneiden, scharf anbraten und mit dem bereits gebratenen Gemüse mischen.

# Reis-Thunfisch-Salat

***Zubereitungszeit***
*ca. 10 – 15 Minuten*

1 – 2 Tassen gekochten Reis, 1 Dose abgetropften, zerpflückten Thunfisch, ca. 1/2 rote Paprikaschote gewürfelt, ev. Maiskörner, Erbsen und Gurkenwürfel vermengen. Alles mit einer Joghurtmayonnaise vermischen, pikant abschmecken und kurze Zeit durchziehen lassen.

# Reisfleisch

***Zubereitungszeit***
*ca. 60 Minuten*

***Zutaten für 4 Personen***
*ca. 50 dag Schweinsschulter oder Putenfleisch*
*1 größere Zwiebel*
*1 – 2 Knoblauchzehen*
*2 gehäufte EL Paprikapulver*
*1 EL Tomatenmark*
*etwas Suppenwürze*
*1 TL gemahlener Kümmel und Majoran*
*ev. 1 – 2 gewürfelte Karotten*
*2 Tassen Reis*
*3 1/2 Tassen Wasser oder Suppe*
*1 – 2 EL glattes Mehl für die Sauce*
*geriebenen Käse zum Bestreuen*
*Salz*

1. Zwiebel und Knoblauch hacken. Das Fleisch in 2 cm große Würfel schneiden.
2. In einer Kasserolle (halbhoher Topf) Öl erhitzen, die gehackte Zwiebel goldbraun anrösten, Paprikapulver und Tomatenmark zugeben, kurz durchrösten und mit ca. 2 Tassen Wasser aufgießen. Fleisch, Knoblauch und Gewürze zugeben (wenn Putenfleisch verwendet wird, dann gleich die Karotten zugeben, bei Schweinefleisch erst wenn das Fleisch halbweich ist), den Topf zudecken und alles bei niederer Hitze dünsten lassen. Schweinefleisch ca. 30 Minuten, Putenfleisch ca. 10 – 15 Minuten.
3. In der Zwischenzeit den Reis dünsten. Wenn das Fleisch weich ist den Saft abseihen, den Reis zum gedünsteten Fleisch geben und noch ca. 10 Minuten darin ziehen lassen.
4. Inzwischen den verbliebenen, abgeseihten Gulaschsaft ev. mit etwas Suppe verlängern und mit etwas Fix-Einbrenn (oder 1 EL glattem Mehl mit 1/2 Tasse kaltem Wasser angerührt) binden und nochmals abschmecken.
5. Das Reisfleisch mit einer Fleischgabel auflockern, mit einem Suppenschöpfer portionieren, auf den Teller stürzen, mit der Sauce umgießen und mit geriebenem Käse bestreuen.

**Beilagenempfehlung**
Grüner Salat

# Mexikanische Reispfanne

***Zubereitungszeit***
*ca. 45 Minuten*

***Zutaten für 4 Personen***
*1 größere Zwiebel*
*2 – 3 Knoblauchzehen*
*2 – 3 EL Öl*
*15 – 20 dag Langkornreis (ca. 2 Kaffeetassen)*
*25 – 30 dag Faschiertes vom Rind oder gemischtes Faschiertes*
*ca. 1/2 TL Chilipulver (oder Cayennepfeffer) – sehr scharf!*
*1 TL Gelbwurzel oder Kurkuma*
*4 dl bzw. 4 Tassen Wasser mit 1 Suppenwürfel*
*1 große rote Paprikaschote*
*1/2 Bund Jungzwiebeln oder 1/2 Stange Lauch*
*ev. 1 grüne Pfefferoni*
*5 dag grüne gefüllte Oliven (oder Maiskörner)*
*Salz, Pfeffer*

1. Knoblauch und Zwiebel schälen, hacken und in einer Kasserolle in heißem Öl unter Rühren ca. 5 Minuten glasig dünsten. Reis, Chilipulver und Gelbwurzel dazugeben, 2 Minuten anbraten, mit Suppe auffüllen, aufkochen lassen und zudecken. Platte ausschalten und ca. 20 Minuten dünsten.
2. Paprikaschoten und Jungzwiebeln (oder Lauch) waschen, putzen, in Würfel bzw. 1/2 cm breite Ringe schneiden, Pfefferoni entkernen und fein hacken, Oliven in Scheiben schneiden.
3. Bratpfanne zuerst ohne Fett erhitzen, Öl zugeben, Faschiertes zugeben, salzen und pfeffern und ca. 5 Minuten gut anbraten, bis das Fleisch krümelig ist. Danach Paprikawürfel, Pfefferoni, Lauch und Oliven (oder Maiskörner) zugeben und nochmals ca. 5 Minuten mit dem Faschierten braten. Dann den Reis zugeben und gut untermengen.

# Risotto

Stammt aus der italienischen Küche.

***Zubereitungszeit***
*ca. 40 Minuten*

***Zutaten für 4 Personen***
*20 dag Risottoreis (z. B. Vialone oder Arborio)*
*4 dag Butter*
*4 EL Olivenöl*
*1 mittlere Zwiebel oder 2 – 3 Schalotten*
*(1 – 2 gehackte Knoblauchzehen z. B.*
*für Kürbis- oder Zucchinirisotto)*
*1/2 Glas Weißwein*
*ca. 1 l klare Suppe (einige Safranfäden in der Suppe geben dem Risotto eine schöne Farbe)*
*Parmesan*
*Salz, Pfeffer*

1. Zwiebel oder Schalotten fein hacken, in heißem Olivenöl andünsten, den Reis zugeben und glasig dünsten. Mit dem Weißwein ablöschen, die Hitze dann reduzieren.
2. Nach und nach soviel heiße Suppe zugießen, sodass der Reis immer cremig bleibt, er darf aber nicht in der Suppe schwimmen. Dabei ständig rühren und den Vorgang solange fortsetzen, bis der Reis gar ist. Er muss aber innen noch ein wenig Biss haben und soll eher eine leicht cremige Beschaffenheit haben (ähnlich wie ein Milchreis). Er wird fast immer im Suppenteller angerichtet, wenn er als Hauptspeise serviert wird.
3. Gegen Ende der Garzeit die Butter in Stückchen und den geriebenen Parmesan, Salz und frisch gemahlenen Pfeffer unterrühren.

***Tipp:*** Eine Tasse gekochte Erbsen oder Zuckererbsenschoten oder Stücke vom grünen Spargel und einige Schinkenwürfel machen dieses Gericht zum Gaumenschmaus!

## Varianten

### Eierschwammerlrisotto

Ca. 30 – 40 dag kleine, feste Eierschwammerln in einer großen Pfanne in etwas Öl scharf anrösten, bis das ausgetretene Wasser verdunstet ist. Kurz vor Ende der Garzeit die Schwammerln zum Reis geben und mit Butter, Parmesan, Salz und Pfeffer abschmecken. Ev. mit gehackter Petersilie bestreuen. Auf die gleiche Art kann man auch Paprika- oder Zucchinirisotto zubereiten.

### Kürbisrisotto

Ca. 30 – 40 dag orange-gelben Kürbis in 1/2 cm große Würfel schneiden und ca. nach der halben Garzeit unter den Reis mengen. Das fertige Risotto mit leicht gerösteten Kürbiskernen bestreuen und ev. mit einigen Tropfen Kernöl beträufeln.

# NUDELN UND PASTA

# Nudeln und Pasta

Die besten Teigwaren werden aus **Hartweizengrieß** hergestellt. Man bekommt sie in vielen österreichischen Lebensmittelgeschäften leider nicht. Es muss auf der Packung stehen, woraus die Nudeln hergestellt sind, meist ist auch die **Kochzeit** angegeben.

Teigwaren aus **Vollkorn** sind besonders vitamin- und ballaststoffreich und sollten auch ab und zu auf dem Speiseplan stehen.

**Pro Person rechnet man ca. 10 – 12 dag Teigware.**

# Richtig Nudeln kochen

- Pro 10 dag Teigware nimmt man ca. 1 l Wasser und 1 TL Salz.
- Einen ausreichend großen Topf füllt man mit der nötigen Wassermenge und bringt diese zum Kochen (mit Deckel). Die nötige Salzmenge zufügen (man kann auch einen Hühnersuppenwürfel hineinbröseln), die Nudeln einkochen, mit einem Kochlöffel umrühren damit die Nudeln nicht kleben (ev. 1 EL Öl ins Nudelwasser geben – muss aber nicht sein, außer beim Kochen von Lasagneblättern). Den Deckel wieder aufsetzen, bis die Nudeln kochen, dann wieder abdecken (schäumt sonst über), zwischendurch gelegentlich umrühren.
- Nudeln solange kochen, bis sie „al dente" dh. bissfest sind, am besten hält man sich an die vorgegebene Kochzeit auf der Packung, entscheidend ist jedoch der persönliche Geschmack!
- Danach die Nudeln in ein großes Sieb abgießen; **weder mit heißem noch mit kaltem Wasser abschrecken** (außer man kocht die Nudeln auf Vorrat oder für einen Nudelsalat). Man kann etwas Nudelwasser aufheben um nötigenfalls die Sauce zu verdünnen oder zu strecken.
- **Anrichten:** Die Pasta wird im Kochtopf oder in einer vorgewärmten Schüssel mit einem Teil der Sauce vermischt, danach auf ebenfalls vorgewärmten Tellern angerichtet und mit der restlichen Sauce übergossen. Nun wird sie je nach Belieben mit schwarzem Pfeffer aus der Mühle und Parmesan (am besten frisch gerieben) bestreut.

# Die gängigsten Nudelsorten

- Spaghetti
- Bandnudeln – schmale und breite Formen
- Bandnudeln in Nestform (Tagliatelle)
- Spiralen
- Röhrenartige Nudeln (Rigatoni und Penne)
- Schmetterlinge (Farfalle)
- Hörnchen und Fleckerln

Nudeln können auch mit **Spinat, Tomatenmark, Safran** oder mit **Rotem Rübensaft gefärbt** sein.

# Spaghetti Bolognese

***Zubereitungszeit***
*ca. 50 – 60 Minuten*

***Zutaten für 4 Personen***
*1 Zwiebel*
*5 dag Hamburgerspeck*
*Ölivenöl*
*1 Packung Suppengemüse*
*ca. 25 dag Faschiertes*
*3 Knoblauchzehen*
*1 Packung passierte Tomaten*
*1 EL Tomatenmark*
*1 Glas Rotwein*
*1 EL gehackte Petersilie*
*40 – 50 dag Spaghetti*
*geriebener Parmesan*
*Oregano, 1 KL Paprikapulver*
*1 Lorbeerblatt, etwas Suppenwürze*
*Salz, Pfeffer*

1. Speck, Zwiebel und Knoblauch hacken, das gewaschene Suppengemüse raspeln.
2. Speck anbraten, Öl zugeben, Zwiebel, Knoblauch und das Faschierte dazugeben und mit dem Küchenfreund zerkleinern und rösten, bis das Fleisch krümelig geworden ist.
3. Das Gemüse zugeben, Tomatenmark einrühren, mit Paprikapulver bestreuen, mit Rotwein ablöschen, Tomatensauce und Gewürze zugeben und soviel Wasser oder Suppe hinzufügen, bis das Fleisch bedeckt ist. Zugedeckt bei geringer Hitze mindestens 30 – 40 Minuten köcheln lassen, zum Schluss gehackte Petersilie oder frisches Basilikum einrühren.
4. Daneben Spaghetti bissfest kochen, abseihen und abtropfen lassen. Spaghetti mit der Sauce anrichten und mit geriebenem Parmesan bestreuen.

***Tipp:*** Man kann die Sauce zusätzlich mit 10 dag gehackten Champignons und 1 mittelgroßen Zucchini (geraspelt) aufwerten.

Am besten gleich eine mehrfache Menge Sauce zubereiten, einfrieren oder für eine Lasagne verwenden!

# Lasagne

***Zubereitungszeit***
*ca. 100 Minuten*

***Zutaten für 4 – 6 Personen***
*Grundmenge Sauce Bolognese*
*(wie bei Spaghetti Bolognese)*
*25 dag Lasagneblätter*
***Für die Bechamelsauce***
*5 dag Butter, 5 – 6 dag glattes Mehl*
*ca. 3/4 l Milch, Muskatnuss*
*ca. 10 dag geriebenen Parmesan*
*(am besten frisch gerieben)*
*Salz, Pfeffer (ev. etwas englische Sauce)*

1. Butter zerlassen, das Mehl einrühren und aufschäumen lassen, mit der kalten Milch aufgießen, mit der Schneerute glatt rühren und zum Kochen bringen. Dabei häufig rühren, damit die Sauce nicht anlegt, gut abschmecken. Das Backrohr auf 200 °C vorheizen.
2. Eine rechteckige Bratenpfanne oder Kasserolle mit Öl ausstreichen, etwa 1 Schöpfer Bechamelsauce darin verteilen, eine Schicht rohe Teigblätter hineinlegen, mit Fleisch- und Bechamelsauce bedecken, diesen Vorgang noch 3 – 4-mal wiederholen; die letzte Nudelschicht nur mit Bechamelsauce gut bedecken, mit Käse bestreuen, mit Öl beträufeln und ca. 40 Minuten backen.

***Tipp:*** Da die Teigblätter nicht vorgekocht werden, muss die Fleischsauce etwas dünner sein als für die Spaghetti! Die Lasagne wird sonst zu trocken, die Teigblätter bleiben in der Mitte oft zu kernig, auch die Bechamelsauce darf nicht zu dick sein.

# Spaghetti aglio, olio e peperoncini

Knoblauch, Olivenöl und Pfefferoni

***Zubereitungszeit***
*ca. 20 Minuten*

***Zutaten für 4 Personen***
*ca. 1/16 l Öl*
*4 Knoblauchzehen*
*1 rote Pfefferoni (sauber entkernt)*
*40 – 50 dag gekochte Spaghetti*
*1 EL gehackte Petersilie*

1. Öl erhitzen. Knoblauchzehen und Pfefferoni (sauber entkernt) fein hacken und im Öl unter Rühren glasig-hellgelb rösten (darf nicht braun werden, Knoblauch wird bitter).
2. Gekochte Spaghetti und gehackte Petersilie zur Knoblauch-Pfefferoni-Mischung geben, gut durchmischen.

# Gemüse-Thunfisch-Spaghetti

Gästetauglich!

***Zubereitungszeit***
*ca. 35 Minuten*

***Zutaten für 4 Personen***
*1 Zwiebel*
*4 EL Olivenöl*
*5 dag Hamburgerspeck*
*2 Knoblauchzehen*
*1 kleine Zucchini*
*1 gelbe Paprikaschote*
*1 Dose geschälte Tomaten*
*1 Glas Rotwein*
*15 dag Tiefkühl-Erbsen*
*1 Dose Thunfisch, natur*
*1 Becher Creme fraiche*
*40 – 50 dag gekochte Spaghetti*
*Oregano, Thymian, Basilikum (frisch)*
*Parmesan*
*Salz, Pfeffer*

1. Speck, Zwiebel und Knoblauch hacken, Paprikaschote und Zucchini in sehr kleine Würfel schneiden bzw. hacken.
2. Speck, Zwiebel und Knoblauch in heißem Öl anbraten, das Gemüse zugeben und mitrösten, mit Wein ablöschen. Tomatensauce, Erbsen, Gewürze und Thunfisch zugeben.
3. Ca. 10 – 15 Minuten köcheln lassen, die Sauce mit Creme fraiche und frisch gehacktem Basilikum vermischen. Parmesan getrennt dazu reichen.
4. Inzwischen die Spaghetti in Salzwasser kochen, abseihen und mit der fertigen Sauce vermischen.

***Tipp:*** Statt Thunfisch kann man auch 15 – 20 dag gekochten Schinken verwenden, dann wird es eine Gemüse-Schinkensauce.

# Penne mit Tomatensauce, gebratenen Melanzanewürfeln und Schafskäse

***Zubereitungszeit***
*ca. 45 – 50 Minuten*

***Zutaten für 4 Personen***
*40 dag Penne bissfest gekocht und abgetropft*
*1 mittlere Melanzane (ca. 25 – 30 dag)*
*1 Zwiebel*
*3 – 4 Knoblauchzehen*
*1 Packung passierte Tomaten mit Stückchen*
*Olivenöl*
*Oregano*
*15 – 20 dag Schafskäse (Feta)*
*Salz, Pfeffer*

1. Melanzane waschen, Stängelansatz wegschneiden, in 1 cm große Würfel schneiden, in eine Schüssel geben und mit ca. 1 TL Salz bestreuen. Durchmischen und ca. 20 Minuten ziehen lassen.
2. Tomatensauce herstellen: Zwiebel und 2 Knoblauchzehen hacken. In 1 EL Olivenöl andünsten, die passierten Tomaten zugeben, salzen, pfeffern, frischen oder getrockneten Oregano dazugeben und ca. 15 Minuten zu einer sämigen Sauce köcheln lassen.
3. Das Nudelwasser zustellen.
4. Melanzane mit den Händen gut ausdrücken, in einer beschichteten Pfanne mit Olivenöl braten bis sie weich und bräunlich sind, nach der halben Bratzeit 2 gehackte Knoblauchzehen und etwas Oregano zugeben. Den Schafskäse in 1 cm große Würfel schneiden.
5. Die abgetropften Penne mit der Tomatensauce, den gebratenen Melanzanewürfeln und dem Schafskäse vermischen.

# Kraut-Paprika-Fleckerln

***Zubereitungszeit***
*ca. 50 Minuten*

***Zutaten für 4 Personen***
*30 dag Fleckerln oder andere Teigware*
*40 – 50 dag Weißkraut*
*1 – 2 Paprikaschoten (ev. verschiedenfärbig)*
*10 dag Hamburgerspeck*
*(der Speck muss nicht unbedingt sein)*
*1/2 Stange Lauch oder 2 – 3 Jungzwiebeln*
*(ansonsten Zwiebeln)*
*1 – 2 Knoblauchzehen*
*1 EL Öl*
*2 TL Zucker*
*1 TL Paprikapulver*
*etwas Suppe*
*Salz, Pfeffer*

1. Weißkraut waschen, den Strunk herausschneiden, Kraut in ca. 1 cm große Quadrate schneiden, Lauch oder Jungzwiebeln in Ringe schneiden, Speck in Streifen und Paprika in 1 cm große Würfel schneiden.
2. In einer großen Pfanne den geschnittenen Speck hell braten, herausgeben, im Fett den Zucker hell bräunen, Kraut und Jungzwiebeln dazugeben, durchrösten, Paprikapulver darüberstreuen, mit Salz, Pfeffer, Knoblauch und Kümmel würzen.
3. Paprikawürfel zugeben. Ca. 1/8 l Suppe aufgießen, zugedeckt ca. 10 Minuten dünsten. Kraut und Paprika sollen noch etwas Biss haben.
4. Mit den Fleckerln vermischen, den gebratenen Speck dazugeben und noch ca. 5 Minuten ziehen lassen.

# Bandnudeln mit Schinken-Käse-Sauce

***Zubereitungszeit***
*ca. 30 Minuten*

***Zutaten für 4 Personen***
*40 dag Bandnudeln*
*1 Zwiebel*
*2 – 3 Knoblauchzehen*
*2 EL Olivenöl*
*20 dag Toastschinken*
*ca. 1/4 l Kaffeeobers (10 % Fett)*
*15 dag Mascarino (Mascarpone) oder*
*QimiQ (fettärmer)*
*Muskatnuss*
*Parmesan*
*Salz, Pfeffer*

1. Bandnudeln kochen und abseihen.
2. Zwiebel und Knoblauch fein hacken, den Schinken in feine Streifen schneiden.
3. Zwiebel und Knoblauch in Öl kurz anrösten, Schinken, Mascarino (QimiQ) und Kaffeeobers beifügen und würzen.
4. Die Sauce nur kurz aufkochen lassen und sofort mit den gekochten Bandnudeln vermischen. Parmesan separat dazu reichen.

# Topfen-Halusca

Einfache Speise ungarischen Ursprungs.

***Zubereitungszeit***
*ca. 20 – 25 Minuten*

***Zutaten für 4 Personen***
*ca. 35 – 40 dag breite Bandnudeln,*
*Spiralen oder Hörnchen*
*20 – 25 dag trockener Bröseltopfen (ersatzweise Hüttenkäse mit etwas Schafskäse gemischt, schmeckt würziger als Bröseltopfen)*
*12 dag Hamburgerspeck im Ganzen*
*oder in Scheiben geschnitten*
*3 – 4 EL Sauerrahm*
*Petersilie oder Schnittlauch zum Bestreuen*
*Salz, Pfeffer*

1. Teigwaren al dente kochen und abtropfen lassen.
2. Speck in Würfel oder 1 cm breite Streifen schneiden und hell anrösten. Aus der Pfanne nehmen und warm halten.
3. Nudeln im Speckfett erhitzen, würzen und den Sauerrahm einrühren. Topfen darüberbröseln, durchmischen, würzen und anrichten. Mit Schnittlauch oder Petersilie bestreuen.

**Beilagenempfehlung**
Häuptelsalat

# Resteverwertung von Teigwaren

## Grenadiermarsch

Köstliches aus Nudel- und Kartoffelresten.

***Zubereitungszeit***
*ca. 15 Minuten*

***Zutaten für 1 – 2 Personen***
*2 – 3 Tassen gekochte Nudeln*
*(Spiralen, Fleckerln, Hörnchen)*
*2 – 3 gekochte, geschälte Kartoffeln vom Vortag*
*in 1/2 cm dicke Scheiben geschnitten*
*5 – 10 dag Selchfleisch oder Wurst*
*(Knackwurst, Braunschweiger*
*oder Leberkäse) würfelig geschnitten*
*1 – 2 Zwiebeln*
*2 EL Öl*
*Petersilie*
*Salz, Pfeffer*

1. Zwiebeln halbieren, in dünne Scheiben schneiden.
2. In einer Bratpfanne Öl erhitzen, die Kartoffeln darin knusprig braten, Zwiebeln dazugeben und mitbraten; Selchfleisch und Nudeln dazugeben, mit Salz, Pfeffer und Majoran würzen, mit gehackter Petersilie bestreuen.

## Eier- oder Wurstnudeln

***Zubereitungszeit***
*ca. 10 Minuten*

***Zutaten für 1 – 2 Personen***
*2 – 4 Tassen gekochte Nudeln*
*1 Zwiebel gehackt*
*1 – 2 EL Öl*
*1 – 2 Eier (oder 10 dag Wurst oder*
*Schinken gehackt)*
*Petersilie*
*ev. geriebener Hartkäse*
*Salz, Pfeffer*

1. Gehackte Zwiebel in Öl andünsten, (Schinken/Wurst kurz mitrösten), Nudeln dazugeben, gut durchrösten, salzen und pfeffern, die Eier versprudeln, salzen und über die Nudeln gießen.
2. Alles gut durchmischen bis die Eier leicht gestockt sind, mit Petersilie und ev. mit geriebenem Hartkäse bestreuen.

**Beilagenempfehlung**
Natürlich gehört ein guter Salat dazu.

# GEMÜSEGERICHTE

# Gemüsegerichte

Für eine bewusst gesunde Ernährung.

Es ist allgemein bekannt, wie wichtig die ausreichende Versorgung des Körpers mit Vitaminen, Mineralstoffen und Ballaststoffen ist. Diese Vitalstoffe kommen reichlich in Gemüse und Obst vor. Empfohlen werden **täglich 3 – 5 Portionen Obst und Gemüse** um den Bedarf an diesen lebenswichtigen Stoffen zu decken. Dies scheint bei der großen Vielfalt an Obst- und Gemüsesorten und den zahlreichen Zubereitungsmöglichkeiten nicht so schwierig zu sein.

Bei der Auswahl der Gemüsesorten ist auf **größtmögliche Frische** zu achten. Gemüse aus **biologischem Anbau, saisonale** Angebote und **schonende Zubereitung** gewährleisten meist die optimale Versorgung.

Der Lebensmittelhandel bietet eine große Auswahl von **tiefgekühlten Gemüseprodukten** an, die dem Konsumenten das ganze Jahr über in gleicher Qualität zur Verfügung stehen. Bei der Zubereitung beachte man die Anleitung auf der Verpackung.

## Was versteht man unter schonender Zubereitung?

- Kurze und sachgemäße Lagerung (Schutz vor Licht und Sonne).

- Nicht im Wasser liegen lassen und nicht zuviel Wasser zum Kochen verwenden. Wasser laugt die Vitamine aus, das Kochwasser daher weiterverwenden, z. B. zum Aufgießen von Suppen und Saucen.

- Möglichst kurze und sanfte Hitzeeinwirkung. Gemüse zugedeckt bei geringer Temperatur dünsten oder dämpfen. Gemüse soll noch einen „leichten Biss“ haben!

- Eine Ausnahme bilden grüne Gemüsesorten, wie Broccoli oder grüne Bohnen. Sie werden ohne Deckel in Salzwasser gekocht, damit die frische grüne Farbe erhalten bleibt.

# Letscho

***Zubereitungszeit***
*ca. 45 Minuten*

***Zutaten für 4 Personen***
*4 – 5 Paprikaschoten*
*5 – 6 reife Tomaten oder 1 Packung gewürfelte Tomaten (ev. etwas Tomatenmark)*
*2 mittlere Zwiebeln*
*ev. 2 kleinere Zucchini*
*2 – 3 Knoblauchzehen*
*1 KL Paprikapulver, etwas Suppenwürze*
*Öl*
*Salz, Pfeffer*

1. Zwiebeln und Knoblauch schälen. Zwiebeln in Ringe schneiden, den Knoblauch hacken. Die Tomaten enthäuten (für 1 – 2 Minuten ins kochende Wasser legen, abschrecken und die Haut abziehen).
2. Die Paprikaschoten putzen, in Streifen schneiden, die Tomaten in Scheiben oder Spalten schneiden, Zucchini längs halbieren und in Scheiben schneiden.
3. Öl erhitzen, die Zwiebelscheiben und den Knoblauch anschwitzen, die Paprikastreifen zugeben, kurz durchrösten, Paprikapulver darüberstreuen, ca. 1/2 Tasse Wasser oder Suppe zugeben.
4. Die Tomaten, Zucchini und Gewürze hinzufügen und zugedeckt weich dünsten lassen. Ev. mit gehackter Petersilie bestreuen.

**Beilagenempfehlung**
Reis

Passt gut zu gebratenem Kotelett oder Faschiertem.

# Schmorgurken

Auf alle Fälle einmal ausprobieren!

***Zubereitungszeit***
*ca. 25 – 30 Minuten*

***Zutaten für 4 Personen***
*1 kg Gurken (besonders geeignet Freilandgurken)*
*1 Zwiebel, 1 – 2 Knoblauchzehen*
*ca. 2 – 3 EL Öl*
*1/2 Becher Creme fraiche oder Rama Cremefine*
*etwas Weißwein oder einige Tropfen Zitronensaft*
*gehacktes Dillkraut oder Petersilie*
*Salz, Pfeffer*

1. Gurken schälen, der Länge nach halbieren, entkernen (mit einem Kaffeelöfferl herausschaben), in ca. 1,5 cm große Würfel schneiden. Zwiebel und Knoblauch hacken.
2. ÖL erhitzen, Zwiebel und Knoblauch anschwitzen, die Gurkenwürfel zugeben, salzen und pfeffern, zugedeckt ca. 5 Minuten dünsten lassen, mit Creme fraiche und gehacktem Dillkraut oder Petersilie vermengen.

Passt gut zu gebratenem Lachs oder Gegrilltem, sowie zu gekochtem Rindfleisch.

# Tzatziki

Sommerlich, erfrischende Gemüsespezialität aus Griechenland.

***Zutaten für ca. 4 Personen***
*1 größere Salatgurke*
*1 Schafjoghurt (ev. aus dem Reformhaus)*
*ev. 1 – 2 EL QimiQ*
*1 – 2 EL Olivenöl*
*1 – 2 zerdrückte Knoblauchzehen*
*ev. etwas gehackte Minze*
*Salz, Pfeffer*

1. Die Gurke schälen, raspeln, etwas salzen und kurz ziehen lassen, danach gut ausdrücken.
2. Schafjoghurt (ist dicker als unser normales Joghurt) mit den ausgedrückten Gurken, dem Öl, Knoblauch und den Gewürzen vermischen.

# Variante

Wenn kein Schafjoghurt zur Verfügung steht, kann man auch ca. 2 EL Schafskäse mit ca. 1/2 Becher Joghurt (oder Sauerrahm) pürieren und mit den Gurken mischen.

***Tipp:*** Damit das Tzatziki schön cremig bleibt, kann man ca. 1/2 Packung QimiQ glatt rühren, Joghurt und Gurken und die restlichen Zutaten zugeben.

Gut geeignet als erfrischende Vorspeise mit Kräuterbaguette. Passt auch sehr gut zu gegrilltem Fleisch.

# Bohnengemüse mit Tomaten

***Zubereitungszeit***
*ca. 30 – 40 Minuten*

***Zutaten für 4 Personen***
*1 kg grüne Bohnen – „Strankerln"*
*(ideal sind Stangenbohnen)*
*(Bohnenkraut zum Kochen)*
*1/2 kg Fleischtomaten oder 1 Dose geschälte Tomaten in Stücken*
*2 – 3 EL Olivenöl*
*1 – 2 Zwiebeln*
*4 Knoblauchzehen*
*Petersilie*
*Salz, Pfeffer*

1. Die Bohnen putzen, waschen, in ca. 3 cm lange Stücke schneiden und in Salzwasser (mit einigen Stengeln Bohnenkraut) bissfest kochen.
2. Die Tomaten schälen, entkernen und grob hacken, Zwiebeln und Knoblauch ebenfalls fein hacken.
3. Zwiebeln und Knoblauch in Öl anschwitzen, die Tomatenwürfel und die Gewürze zugeben und bei schwacher Hitze köcheln lassen, bis die Sauce sämig geworden ist.
4. Die Bohnenschoten zur Tomatensauce geben, ca. 5 – 10 Minuten durchziehen lassen und mit Petersilie bestreuen.

***Tipp:*** 1 gelbe oder rote Paprikaschote in ca. 1 cm breite Streifen schneiden und mit den Zwiebeln andünsten.

Passt gut als Beilage zu gebratenem Fleisch und schmeckt auch als Hauptgericht mit Polenta oder gebratenen Kartoffeln (z. B. Speckkartoffeln: kleinere, gekochte, geschälte Kartoffeln mit einem Thymianzweiglein belegen, mit dünn geschnittenem Hamburgerspeck umwickeln und rundherum knusprig anbraten).

# Strankerlsauce

***Zubereitungszeit***
*ca. 30 – 40 Minuten*

***Zutaten für 4 Personen***
*ca. 3/4 kg Buschbohnen (oder ca. 40 dag Tiefkühl-Schnittbohnen)*
*15 dag Zwiebeln*
*1 – 2 Knoblauchzehen*
*(ev. 5 dag feingeschnittenen Speck)*
*etwas Suppe*
*1/2 Becher Sauerrahm*
*1 – 2 EL Mehl*
*1/2 Bund gehackte Petersilie oder Dillkraut*
*Salz, Pfeffer*

1. Bohnen waschen, putzen, in ca. 2 cm lange Stücke schneiden, in Salzwasser (mit Bohnenkraut) bissfest kochen und abseihen.
2. Zwiebeln und Knoblauch hacken und in Öl (oder mit Speck) anschwitzen.
3. Sauerrahm, Mehl und Suppe versprudeln, zu den Zwiebeln geben und unter Rühren aufkochen lassen. Die Bohnen dazugeben, salzen, pfeffern und mit der gehackten Petersilie vermischen.

***Tipp:*** Für ein Strankerlgulasch einfach 1 – 2 EL Paprikapulver und etwas Tomatenmark zu den Zwiebeln geben und wie bei der Strankerlsauce vollenden.

Passt als Beilage zu gekochtem Fleisch oder gebratenem Leberkäse, aber auch zu Knödeln.

## Zucchini a la Creme

***Zubereitungszeit***
*ca. 30 Minuten*

***Zutaten für 4 Personen***
*1/2 kg Zucchini, 10 dag Zwiebeln*
*ca. 3 Knoblauchzehen*
*1/8 l Sauerrahm, Creme fraiche oder*
*Rama Cremefine*
*ev. 3 – 4 EL Weißwein*
*frisches Basilikum, Petersilie,*
*Thymian, Oregano oder Majoran*
*5 – 10 dag Hartkäse (Emmentaler,*
*Parmesan, Bergkäse)*
*ev. Kürbiskernöl und geröstete Kürbiskerne*
*Olivenöl, Salz, Pfeffer*

1. Teigwaren oder Reis zubereiten.
2. Zucchini waschen, in kleinere Würfel schneiden. Zwiebeln und Knoblauch hacken.
3. Zwiebeln und Knoblauch in Olivenöl (oder Kernöl) anschwitzen, die Zucchiniwürfel zugeben und kurz durchrösten. Ev. Wein, Gewürze, Rahm und Kräuter zugeben, zugedeckt ca. 10 Minuten leicht köcheln lassen. Nach dem Anrichten mit geriebenem Käse bestreuen.

Passt gut auf Teigwaren, Naturreis oder Ebly-Weizen, zu gebratenen Polentaschnitten oder als Fülle für pikante Palatschinken.

## Zucchini-Tomaten-Gemüse

***Zubereitungszeit***
*ca. 25 – 30 Minuten*

***Zutaten für 4 Personen***
*ca. 40 – 50 dag kleine Zucchini (ca. 10 cm lang)*
*1 Zwiebel*
*2 Knoblauchzehen*
*Olivenöl*
*15 dag Cocktailtomaten*
*ev. frisches Basilikum*
*Salz, Pfeffer*

1. Zucchini waschen, in 1/2 cm dicke Scheiben schneiden. Zwiebel und Knoblauch hacken, die Cocktailtomaten halbieren.
2. Olivenöl erhitzen, Zwiebel und Knoblauch andünsten, Gemüse zugeben und alles rasch durchrösten, salzen und pfeffern, mit geschnittenem Basilikum bestreuen.

***Tipp:*** Je kleiner die Zucchini desto feiner! Kleine Zucchini (ca. 10 – 12 cm Länge) eignen sich besonders zum raschen Braten, mittlere Zucchini (ca. 12 – 15 cm) eignen sich gut zum Füllen oder für Schnitzel, größere Exemplare verwendet man besser für Suppen, Saucen, Eintopfgerichte oder zum Grillen.

Passt besonders gut zu kurz gebratenem Fleisch.

# Gefüllte Zucchini

***Zubereitungszeit***
*ca. 60 Minuten*

***Zutaten für 4 Personen***
*4 Stück kleine bis mittlere Zucchini*
*1 Tasse Suppe*
*Salz, Pfeffer*
***Für die Fülle***
*1 Zwiebel und 2 Knoblauchzehen*
*Öl (und Butter)*
*20 – 25 dag Faschiertes*
*1 Tasse gekochter Reis (ev. Rest vom Vortag)*
*1 Tasse gekochte Erbsen, gehackte Champignons oder Lauch*
*1 Ei, 1 EL gehackte Kräuter*
*Salz, Pfeffer*

1. Zucchini waschen, die Enden wegschneiden, der Länge nach halbieren, mit einem KL einen Teil des Fruchtfleisches herausschaben (die äußere Hülle muss ca. 1/2 cm stark sein), innen salzen und pfeffern. Das Fruchtfleisch **junger** Zucchini kann fein gehackt für die Fülle verwendet werden. Zucchinihälften ev. ca. 5 Minuten in Salzwasser überkochen. Möchte man die Zucchini eher bissfest, dann kann man auf das Überkochen verzichten.
2. Zwiebel und Knoblauch hacken, in Öl andünsten und die gehackten Zucchinireste zugeben (Champignons oder Lauch), salzen und pfeffern und ca. 5 Minuten dünsten lassen.
3. Faschiertes, Reis, Ei, Gewürze mit dem gedünsteten Gemüse vermischen. Das Backrohr auf ca. 180 °C vorheizen.
4. Eine Auflaufform mit Öl oder Butter ausstreichen, die ausgehöhlten Zucchini hineinsetzen, die Füllung in die ausgehöhlten Zucchini verteilen und mit 10 dag geriebenem Emmentaler bestreuen, 1 Tasse Suppe untergießen und ca. 25 – 30 Minuten backen.

## Tomatensauce

1 gehackte Zwiebel und 1 – 2 Knoblauchzehen in etwas Olivenöl anschwitzen, 1 Packung passierte Tomaten, Salz, Pfeffer und Oregano zugeben, ca. 10 Minuten köcheln lassen und mit dem Pürierstab aufmixen.

**Beilagenempfehlung**
Salzkartoffeln, Reis, Baguette

***Schritt-für-Schritt***

## Variante

*Zucchini zum Füllen vorbereitet*
*(siehe Gefüllte Zucchini)*
*1 rote Paprikaschote*
*5 dag Hamburgerspeck*
*1 Zwiebel, 1 – 2 Knoblauchzehen*
*Oregano, ev. Basilikum*
*10 – 15 dag Schinken (oder 1 Dose abgetropften Thunfisch)*
*1 Ei, ca. 2 EL Brösel zum Binden*
*1 Kugel Mozzarella (oder anderen Schnittkäse)*
*Salz, Pfeffer*

1. Zwiebel und Knoblauch hacken. Den Speck, die Paprikaschote und den Schinken (Thunfisch) in kleine Würfel schneiden.
2. Zwiebel und Knoblauch in Öl andünsten, Paprikawürfel, Zucchinireste und Schinken (Thunfisch) zugeben und mitdünsten. Gewürze, Ei und Kräuter zugeben, mit Bröseln vermischen.
3. Eine Auflaufform mit Butter ausstreichen, die ausgehöhlten Zucchini hineinsetzen, füllen, mit dem geschnittenen Käse belegen, mit etwas Suppe untergießen und bei 200 °C ca. 25 Minuten überbacken.

## Kohlrabi-Gemüse

***Zubereitungszeit***
*ca. 35 Minuten*

***Zutaten für 4 Personen***
*3 – 4 große Kohlrabi*
*1 Zwiebel*
*1 EL Butter oder 2 EL Pflanzenöl*
*ca. 1/4 l – 1/2 l Wasser oder Suppe*
*1 – 2 EL glattes Mehl*
*(ev. 2 mittlere Karotten – wenn man Farbe will)*
*ca. 2 EL Creme fraiche*
*(Sauerrahm oder Schlagobers)*
*1 TL gemahlenen Kümmel*
*Salz, Pfeffer*

1. Von den Kohlrabi die groben Blätter entfernen, die zarten inneren Blätter fein hacken. Kohlrabi waschen, schälen, halbieren, in Scheiben, Stangerln oder Würfel schneiden, (Karotten schälen, in Scheiben schneiden).
2. Zwiebel hacken, in Öl andünsten, Kohlrabi (und Karotten) zugeben, Wasser/Suppe aufgießen, salzen, pfeffern, Kümmel zugeben, bei schwacher Hitze zugedeckt dünsten lassen.
3. Mehl mit etwas kaltem Wasser und Creme fraiche (Sauerrahm oder Schlagobers) glatt rühren, die Kohlrabi damit eindicken. Die gehackten Kohlrabiblätter zugeben, eventuell noch nachwürzen.

Passt gut als Beilage zu gekochtem Rindfleisch, gebratenem Leberkäse oder zu Knackwurst.

## Kürbisgemüse

Kürbis ist „in".

Die Verwendungsmöglichkeiten sind äußerst vielfältig – von Salaten, Suppen, Saucen, Hauptspeisen und Beilagen bis hin zu Nachspeisen.

Für Suppen und Saucen eignen sich am besten die orangefarbigen mehligen, für Schnitzel und Ragouts eher die helleren, nicht mehligen Sorten.

## Kürbisschnitzel

Wird wie Gebackene Zucchini zubereitet.

## Gebratene Kürbisschnitzel

Dafür eignet sich besonders der kleine weiße Patisson – bei uns sagt man „Ufos" dazu; man braucht ihn zumeist nicht schälen, es sei denn, die Schale ist schon hart geworden.

Kürbis waschen, in ca. 1 cm dicke Scheiben schneiden, salzen und pfeffern und in der Pfanne mit wenig Öl braten oder grillen.

Dazu passt eine Knoblauchsauce, man kann auch noch geröstete Kürbiskerne darüber streuen oder etwas Kernöl darüber träufeln.

## Kürbisgulasch

***Zubereitungszeit***
*ca. 30 – 40 Minuten*

***Zutaten für 4 Personen***
*1/2 kg Speisekürbis*
*1 – 2 Zwiebeln, 2 Knoblauchzehen*
*1 EL Öl oder Schmalz (5 dag Selchspeck gewürfelt)*
*1 EL Paprikapulver edelsüß und 1 Messerspitze Cayennepfeffer, scharfen Paprika oder Chilipulver*
*1 Spritzer Essig, 1 rote Paprikaschote*
*etwas Wasser, etwas Kümmel (ev. gemahlen)*
*ev. etwas Sauerrahm, (1 Paar Debreziner Würstel)*
*Salz, Pfeffer*

1. Zwiebeln und Knoblauch hacken, Kürbis in ca. 2 cm große Würfel schneiden, Paprikaschote putzen und grob schneiden.
2. Zwiebeln in Öl (mit Speckwürfeln) anbraten, Paprikapulver darüber streuen, einmal umrühren und mit Essig ablöschen. Knoblauch, Paprikaschote und Kürbis zugeben, salzen und pfeffern.
3. Mit wenig Wasser aufgießen, zugedeckt bei schwacher Hitze dünsten lassen bis die Kürbiswürfel weich aber keinesfalls zerfallen sind.
4. Die Debreziner in Scheiben schneiden und ca. 5 Minuten bevor der Kürbis weich ist zugeben. Den versprudelten Sauerrahm über das angerichtete Gemüse tropfen, mit Petersilie bestreuen.

Dazu passen Salzkartoffeln.

# Überbackener Karfiol mit Schinken

***Zubereitungszeit***
*ca. 50 Minuten*

***Zutaten für 4 Personen***
*1 große Karfiolrose*
*15 dag Toast- oder Pressschinken*
*2 EL Butter*
*1 – 2 EL Mehl*
*ca. 1/4 – 3/8 l Milch*
*Muskatnuss*
*3 – 4 EL geriebenen Parmesan*
*Salz, Pfeffer*

1. Wasser zustellen, Karfiol putzen, waschen, in kleinere Röschen zerteilen, die Stielenden ev. kreuzweise einschneiden. In kochendem Salzwasser bissfest kochen, abseihen und in eine bebutterte Auflaufform geben. Das Backrohr auf ca. 200 °C vorheizen.
2. Für die Käsesauce die Butter in einem kleinen Topf oder einer Stielkasserolle zerlassen, das Mehl zugeben und kurz aufschäumen lassen.
3. Die kalte Milch mit einer Schneerute einrühren, unter ständigem Rühren zum Kochen bringen, würzen und den Parmesan darunter mengen.
4. Den Schinken hacken, über den Karfiol streuen, die Käsesauce darüber gießen und mit einigen Butterflöckchen belegen.
5. Die Auflaufform auf die obere Schiebeleiste stellen, ca. 20 Minuten überbacken, bis sich eine goldbraune Kruste gebildet hat.

**Beilagenempfehlung**
Blattsalate, Petersilkartoffeln, Baguette

# Gedünstetes Kraut

Ist in der Hausmannskost nicht wegzudenken.

***Zubereitungszeit***
*ca. 40 Minuten*

***Zutaten für 4 Personen***
*1/2 kg Sauerkraut*
*ca. 40 – 50 dag Weißkraut*
*1 mittlere Zwiebel*
*2 – 3 EL Öl oder Schmalz*
*ev. 1 EL Zucker*
*1 TL Kümmel*
*ev. Knoblauch und Suppenwürze*
*ca. 1 – 2 Tassen Suppe oder Wasser*
*ev. ein Spritzer Essig*
*Salz*

1. Das geputzte, gewaschene Weißkraut in feine Streifen schneiden (ev. mit Gemüsehobel). Die Zwiebel hacken, Öl erhitzen, 1 EL Zucker einstreuen und hellbraun werden lassen.
2. Eine Tasse Wasser zugießen, das geschnittene Weißkraut und das Sauerkraut dazugeben, Kümmel und Pfeffer (wer mag auch etwas Knoblauch und Suppenwürze) zugeben, soviel Suppe oder Wasser zugießen, bis das Kraut gerade bedeckt ist.
3. Das Kraut ca. 30 Minuten zugedeckt dünsten lassen, nochmals abschmecken, wenn nötig noch salzen (man kann noch mit einem Spritzer Essig nachsäuern).

***Tipp:*** Meist wird Sauerkraut offen oder abgepackt verwendet, sehr oft ist es jedoch ziemlich sauer und reichlich salzig. Dieses Rezept ist eine pikante, mildere Version der Zubereitung.

**Ob Schweinsbraten, Selchwürstel, Fleischnudel oder Grammelknödel – ein gutes Kraut gehört einfach dazu!**

# Gedünsteter Blattspinat

***Zubereitungszeit***
*ca. 35 Minuten*

***Zutaten für 4 Personen***
*1 mittlere Zwiebel*
*1 – 2 Knoblauchzehen*
*1/2 kg frischer Spinat oder*
*30 dag Tiefkühl-Blattspinat*
*Butter oder Öl*
*Muskatnuss*
*etwas Obers oder Creme fraiche*
*Salz, Pfeffer*

1. Frischen Spinat waschen und putzen (die Stängel entfernen, diese gehören ausnahmsweise nicht in einen Gemüsesud), 1 – 1,5 l Wasser in einem größeren Topf zum Kochen bringen, die Spinatblätter hineingeben und 3 – 4 Minuten überkochen (blanchieren). Den Spinat abseihen, mit sehr kaltem Wasser abschrecken, gut mit den Händen ausdrücken und zerkleinern. Beim Tiefkühlspinat entfällt dieser Vorgang.
2. Die Zwiebel und den Knoblauch fein hacken und in Öl oder Butter andünsten. Den Spinat und die Gewürze zugeben und ca. 5 Minuten dünsten lassen. Mit Obers oder Creme fraiche verfeinern.

***Tipp:*** „Spinat-Zwutschgerln" sind sehr praktisch, man kann sie leicht portionsweise aus dem Tiefkühler nehmen!

# Rahm-Kohl mit Speck

***Zubereitungszeit***
*ca. 35 Minuten*

***Zutaten für 4 Personen***
*1 kleiner Kohlkopf*
*ca. 5 dag magerer Hamburgerspeck*
*etwas Butter oder Öl*
*gemahlener Kümmel*
*1 – 2 rohe geschälte Kartoffeln*
*ca. 1/2 Becher Creme fraiche oder Rama Cremefine*
*ev. Petersilie*
*Salz, Pfeffer*

1. Den Kohl waschen, halbieren, den Strunk entfernen, den Kohl erst in Spalten, dann in Streifen schneiden.
2. Den Speck in feine Streifen schneiden, in wenig Fett hell anrösten, den Kohl zugeben, würzen, etwas Wasser oder Suppe aufgießen, geriebene Kartoffeln zugeben und weich dünsten lassen. Mit Creme fraiche verfeinern und ev. mit frischer Petersilie bestreuen.

*Glacierte Karotten*

# Glacierte Karotten

***Zubereitungszeit***
*ca. 15 Minuten*

Junge, in Scheiben (Stangerln) geschnittene Karotten oder tiefgekühlte Babykarotten werden in etwas heißer Butter und mit ganz wenig Zucker angedünstet, mit etwas Suppe oder Wasser aufgegossen und zugedeckt bei niedriger Temperatur gedünstet, bis die Flüssigkeit verdunstet ist und die Karotten ein leicht glänzendes Aussehen haben. Die Flüssigkeitszugabe richtet sich nach der Karottenmenge.

# Grüne Bohnen im Speckmantel

Gekochte grüne Bohnen werden bündelweise mit dünnen Scheiben von Hamburgerspeck umwickelt und vor dem Servieren in der Pfanne, im heißen Backrohr oder in der Mikrowelle erhitzt und leicht gebräunt.

Kann gut vorbereitet werden und passt sehr gut als Beilage zu Gegrilltem.

*Grüne Bohnen im Speckmantel*

# GETREIDEGERICHTE

# Getreidegerichte

Getreide gehört zu den wichtigsten Grundnahrungsmitteln. Getreideprodukte sind für eine gesunde Ernährung unverzichtbar, denn sie liefern für den Körper wichtige Nährstoffe, Vitamine, Mineralstoffe und vor allem Ballaststoffe.
Das ist aber nur dann gegeben, wenn das Getreide möglichst aus **biologischem Anbau** stammt und vor allem **ungeschält,** also das **„volle Korn"** verarbeitet wird.

Im Interesse der eigenen Gesundheit sollte man versuchen den Verzehr von **Vollkornprodukten** zu **bevorzugen**. Nur gelegentlich Vollkornbrot zu essen ist zu wenig! Man muss nicht von heute auf morgen zu einem „Körndl-Freak" werden – aber man kann öfters statt geschältem Reis einen Vollkornreis probieren, gelegentlich auch Vollkornnudeln verwenden, einen Kuchen oder Reindling auch einmal mit Vollkornmehl zubereiten oder zum langsamen Angewöhnen halb weißes und halb dunkles Mehl mischen.

# Mais-Polenta

***Zutaten (Grundrezept) für 1 – 2 Personen***
*1 Tasse Polentagrieß (= 1/8 l oder ca. 12 dag)*
*3 Tassen Wasser (= 3/8 l)*
*1/2 TL Salz, ca. 1 TL Butter*

1. Das Wasser in einem höheren Topf zum Kochen bringen, Salz und Butter zugeben.
2. Den Polentagrieß einrieseln lassen, dabei gut mit einem Küchenfreund oder Kochlöffel rühren, bis ein fester Brei entstanden ist. Achtung: Spritzgefahr!
3. Zugedeckt auf der ausgeschalteten Platte ca. 20 Minuten ausquellen lassen. Mit einer Fleischgabel auflockern.

## Andere Zubereitungsart

1. Gesalzenes Wasser zum Kochen bringen.
2. Inzwischen den Maisgrieß ohne Fett in einem entsprechenden Topf leicht rösten („linden"), das gesalzene Wasser zugießen und gut rühren, bis er eingedickt ist.
3. Von der Platte nehmen und zugedeckt ca. 15 Minuten ausquellen lassen.

## Polenta in der Mikrowelle zubereitet

1. 2 Tassen Wasser in eine Mikrowellenschüssel geben. 1 Tasse Maisgrieß, 1 EL Butter und Salz zugeben und mit einer Schneerute verrühren.
2. In der Mikrowelle zugedeckt bei voller Leistung 10 Minuten garen lassen. Nach ca. 5 Minuten einmal mit einer Gabel umrühren. Vor dem Servieren nochmals auflockern.

**Auf den meisten Polentapackungen sind Rezepturen und Garzeiten abgedruckt.**

## Verwendungsmöglichkeiten

- Zum Frühstück mit leicht gesüßtem Kaffee.
- Als Beilage z. B. zum Gulasch: mit 2 nassen Suppenlöffeln Nocken formen.
- In eine geölte Kastenform pressen, auskühlen lassen, in ca. 2 cm dicke Scheiben schneiden und in Butter knusprig braten.

# Sterz-Laibchen

***Zubereitungszeit***
*ca. 60 Minuten*

***Zutaten für 6 Personen***
*30 dag Polentagrieß*
*ca. 3/4 l Wasser*
*1/2 Suppenwürfel, 1 TL Salz*
*1 kleine Zwiebel, 20 dag Magertopfen*
*Semmelbrösel, 10 dag Schinken*
*1 EL geriebener Parmesan*
*1 TL Butter*
*Pfeffer, Muskatnuss*

1. Polenta ins siedende, gewürzte Wasser einkochen und rühren, bis sie dick geworden ist. Zugedeckt ca. 20 Minuten ausquellen lassen, auflockern und auskühlen lassen.
2. Zwiebel und Schinken getrennt hacken. Zwiebel in Butter andünsten, Schinken zugeben und kurz anrösten. Sterz, Zwiebel, Schinken, Topfen und Parmesan gut vermischen, mit Salz, Pfeffer und Muskatnuss abschmecken. Sollte die Masse zu weich sein, Semmelbrösel zugeben, sollte sie zu fest sein, noch etwas Topfen einarbeiten.
3. Aus der Masse Laibchen formen: Zuerst eine Rolle formen, Scheiben abschneiden, Schnittflächen in Semmelbrösel wenden und in heißem Fett knusprig braten.

Dazu passen Salate, wie Endivien-, Tomaten- oder Krautsalat und eine **kalte Kräutersauce**: Den Rest vom Topfenpackerl mit Joghurt und Sauerrahm zu einer sämigen Sauce rühren, mit Salz, Pfeffer, zerdrücktem Knoblauch und gehackten Kräutern würzen.

# Polentaschnitten mit Paprika-Pilzragout

***Zubereitungszeit***
*ca. 40 Minuten*

***Zutaten für 4 Personen***
*1 l Wasser*
*1 TL Salz*
*30 dag Maisgrieß*
*1 TL Butter*
*etwas Öl zum Bestreichen*
***Für das Pilzragout***
*4 EL Ölivenöl*
*2 mittlere Zwiebeln*
*2 rote Paprikaschoten*
*25 dag Austernpilze (Champignons oder Eierschwammerln)*
*2 Knoblauchzehen*
*1 TL Paprikapulver*
*1 Tasse Wasser oder Suppe*
*1 Lorbeerblatt, Thymian, Majoran (frisch oder getrocknet)*
*1 kleiner Becher Creme fraiche oder etwas Sauerrahm*
*gehackte Petersilie*
*ev. einige dünne Scheiben Hamburgerspeck*
*Salz, Pfeffer*

1. Polenta zubereiten, auf ein geöltes Blech streichen, erkalten lassen.
2. Für das Pilzragout Zwiebeln und Knoblauch hacken. Paprikaschoten putzen, in Streifen oder Würfel schneiden. Austernpilze ebenfalls in 1 cm breite Streifen schneiden.
3. Zwiebeln und Knoblauch in Öl anschwitzen, Paprikastreifen zugeben, leicht anrösten, die Pilze zugeben und mitrösten bis die Flüssigkeit verdunstet ist. Mit Paprikapulver bestreuen, ca. 1 Tasse Wasser oder Suppe aufgießen, Gewürze und Rahm zugeben und noch ca. 10 Minuten ziehen lassen.
4. Polenta mit Butter bepinseln, mit Parmesan bestreuen und im Backrohr bei ca. 150 °C erhitzen. In Stücke schneiden, mit dem Ragout anrichten und mit Thymian- oder Majoranzweigen und einem KL gerührtem Sauerrahm garnieren.

## Varianten

- Polentascheiben mit Hamburgerspeck umwickeln und langsam braten (geht auch in der Mikrowelle).
- Wenn man eine Muffin-Backform zu Verfügung hat, kann man die Polenta in die Muffins pressen.

***Tipp:*** Im Handel gibt es bereits fertige gekochte, schnittfeste Polenta (vakuumverpackt), die man sofort verwenden kann.

## Dinkellaibchen

***Zubereitungszeit***
*ca. 50 – 60 Minuten*

***Zutaten für 4 Personen***
*25 dag Dinkel- oder Grünkernschrot*
*(Schrot ist ziemlich grob vermahlenes Korn)*
*400 ml (0,4 l) Gemüsesud*
*2 – 3 EL Öl*
*ca. 15 dag Wurzelwerk (Karotten, Sellerie, Lauch)*
*1 kleine Zwiebel*
*2 Knoblauchzehen*
*Muskatnuss*
*1 – 2 Eier (hängt von der Größe ab)*
*1/2 Packung passierter Topfen (ca. 12 dag)*
*2 EL gehackte Petersilie, etwas Majoran*
*oder Thymian*
*5 – 10 dag (Vollkorn-)Brösel*
*Öl oder Butterschmalz zum Braten*
*Salz, Pfeffer*

1. Das Wurzelwerk gründlich waschen, wenn nötig schälen und in sehr feine Würfel schneiden oder mit dem Reibeisen nicht zu fein raspeln. Die Zwiebel, den Knoblauch und den Lauch fein hacken.
2. Das Öl in einem halbhohen Topf erhitzen, Zwiebel und Knoblauch andünsten, das zerkleinerte Wurzelwerk und den Dinkelschrot zugeben und ca. 5 Minuten leicht anrösten. Mit dem Gemüsesud aufgießen, aufkochen lassen und zugedeckt bei schwacher Hitze (Stufe 1) ca. 15 Minuten quellen lassen. Die Flüssigkeit soll verdunstet sein. In eine Schüssel umfüllen und auskühlen lassen.
3. Die ausgekühlte Masse mit dem Topfen, dem Ei, den Gewürzen, der gehackten Petersilie und vorerst mit 3 – 4 EL Brösel vermischen, die Masse ca. 10 Minuten rasten lassen. Ist die Masse zu weich, dann noch etwas Brösel zugeben, ist sie zu fest ev. noch 1 Ei oder etwas Topfen zugeben.
4. Aus der Masse kleinere Laibchen formen, ev. in Brösel wenden. Öl in einer Pfanne erhitzen, die Laibchen darin goldbraun braten.

**Beilagenempfehlung**
Kalte oder warme Schnittlauchsauce und Salat, Strankerlsauce oder Zucchini a la Creme (siehe Kapitel Gemüsegerichte)

### Kalte Schnittlauchsauce

Den restlichen Topfen mit Joghurt und Sauerrahm (je ca. 1/2 Becher), Salz, Pfeffer, 1 gepressten Knoblauchzehe, 1 Prise Zucker und viel gehacktem Schnittlauch verrühren.

### Warme Schnittlauchsauce

1 EL Butter zerlassen, 1 gehäuften EL glattes Mehl darin anlaufen lassen, ca. 1/4 l kaltes Wasser aufgießen, mit der Schneerute bis zum Aufkochen glatt rühren. Mit Salz, Pfeffer, gemahlener Muskatnuss abschmecken, mit ca. 1/8 l Schlagobers, Creme fraiche oder Sauerrahm verrühren und gehackten Schnittlauch beifügen.

# Hirse-Gemüse-Auflauf

***Zubereitungszeit***
*ca. 70 Minuten*

***Zutaten für 4 Personen***
*20 dag Hirse*
*400 ml (0,4 l) Gemüsesud (Würfelsuppe)*
*ca. 20 – 25 dag Lauch*
*20 – 25 dag Karotten*
*20 – 25 dag Zucchini (oder Champignons)*
*oder man verwendet ca. 40 – 50 dag Tiefkühl-Mischgemüse*
*20 dag feste, reife Tomaten*
*1 1/2 Becher Sauerrahm*
*2 Eier*
*10 dag geriebener Käse (Gouda oder Emmentaler)*
*2 EL gehackte Kräuter (frisch oder tiefgekühlt, z. B. Petersilie oder gemischte Kräuter)*
*2 EL Sonnenblumenkerne*

1. Hirse in einem Sieb mit heißem Wasser gut abschwemmen und abtropfen lassen. Karotten schälen, in dünne Scheiben oder Würfel schneiden, den Lauch putzen, gründlich waschen, in 1 cm breite Streifen schneiden. Zucchini waschen, längs halbieren und in Scheiben oder Würfel schneiden, (Champignons säubern, in Scheiben schneiden und in etwas Butter in einer Pfanne dünsten), die Tomaten entkernen und in Würfel schneiden.
2. Zerkleinertes Gemüse in 1/2 l Gemüsebrühe bissfest kochen und abseihen. Den Gemüsesud wieder in den Topf zurückgeben (es sollen jetzt ca. 0,4 l übrig geblieben sein). Die gewaschene Hirse zugeben, aufkochen lassen und zugedeckt bei reduzierter Hitze ca. 20 Minuten garen. Das Backrohr auf 200 °C vorheizen. Das Gemüse, die Kräuter und die Tomaten zur gekochten Hirse geben.
3. Die Hirse-Gemüse-Mischung in eine gefettete Auflaufform geben. Rahm, Eier und den geriebenen Käse versprudeln, salzen, pfeffern und darüber gießen. Ev. mit einem Löffel umrühren, mit Sonnenblumenkernen bestreuen. Im Backofen ca. 40 Minuten auf der mittleren Schiebeleiste backen.

**Beilagenempfehlung**
Blattsalate

# Gratinierte Hirselaibchen

***Zubereitungszeit***
*ca. 60 Minuten*

***Zutaten und Zubereitung für 4 Personen***
1. Die Zutaten und die Zubereitung ist gleich wie bei den Dinkellaibchen. Statt Dinkel wird natürlich Hirse verwendet, diese muss jedoch vor der Verwendung gut mit heißem Wasser abgespült (in einem Sieb) und danach gut abgetropft werden.
2. Für die gratinierten Hirselaibchen braucht man zusätzlich noch ca. 2 schöne feste Tomaten und ca. 12 dag Gouda oder Edamer in Scheiben (geviertelt). Die gebratenen Hirselaibchen mit je einer Scheibe Tomaten und 1 – 2 Scheiben Käse belegt bei ca. 200 – 220 °C auf der oberen Schiebeleiste gratinieren, dh. überbacken bis der Käse geschmolzen ist. Mit **warmer** oder **kalter Kräutersauce** servieren.

**Hirse ist eine Getreidesorte, die neben anderen Mineralien das wichtige Spurenelement Kieselsäure enthält – diese stärkt unsere Haare und Nägel.**

# BROT UND GEBÄCK

# Schnelles Dinkelbrot

***Zubereitungszeit***
*ca. 75 Minuten*

***Zutaten für 1 Kastenform***
*50 dag Dinkelmehl (am besten frisch gemahlen)*
*oder 35 – 40 dag Dinkelmehl und*
*10 – 15 dag Roggenmehl gemischt*
*1 1/2 Packungen Trockengerm*
*1 1/2 TL Salz*
*1/2 l Wasser*
*1/2 Tasse Leinsamen*
*1/2 Tasse Sesam*
*1/2 Tasse Sonnenblumenkerne*
*etwas Öl*

1. Die Kastenform beölen. Das Backrohr auf 220 °C vorheizen (Heißluft 200 °C).
2. Mehl mit Trockengerm in eine Rührschüssel geben. Salz, die Samen und Körner sowie das Wasser zugeben. Mit den Knethaken des Mixers alles ca. 5 Minuten gut durchmischen.
3. Teig in die Form geben und in das Backrohr stellen (Rost auf die untere Schiebeleiste geben) und ein kleines flaches Gefäß mit heißem Wasser ins Rohr stellen.
4. Ist das Brot schön aufgegangen, die Temperatur auf 180 – 200 °C zurückschalten. Backdauer: ca. 1 Stunde. Das Brot aus der Form stürzen und auf dem Gitter auskühlen lassen.

# Schnelle Roggenweckerln

***Zubereitungszeit***
*ca. 50 Minuten*

***Zutaten für ca. 16 Stück***
*1/2 kg Roggen(vollkorn)mehl*
*1 1/2 KL Salz*
*1 KL Kümmel ganz oder gemahlen (oder fertig gemischtes Brotgewürz)*
*2 – 3 EL Sesam*
*1 1/2 Packungen Backpulver*
*ca. 1/2 Flasche Bier oder Mineralwasser*

1. Das Backrohr auf 200 °C vorheizen, Backblech/e befetten oder mit Backtrennpapier belegen.
2. Alle Zutaten in eine Schüssel geben und mit den Knethaken zu einem glatten Teig kneten (bei Verwendung von Vollkornmehl muss ev. die Biermenge etwas erhöht werden).
3. Auf einer bemehlten Arbeitsfläche aus dem Teig 2 gleich dicke, glatte Rollen formen, je ca. 10 Stücke abschneiden, mit bemehlten Händen runde oder ovale Weckerln formen und diese mit einer Gabel stupfen. Mit Wasser bepinseln und mit Sonnenblumenkernen oder grobem Salz und Kümmel bestreuen.
4. Die Weckerln ins Rohr schieben. Wenn 2 Bleche belegt sind, dann muss unbedingt mit Heißluft gebacken werden. Die Backzeit beträgt ca. 20 Minuten – dies hängt von der Größe der Weckerln ab. Auf einem Gitter auskühlen lassen.

## *Schritt-für-Schritt*

# Salzstangerln

***Zubereitungszeit***
*ca. 60 Minuten*

***Zutaten für ca. 24 Stück***
*60 dag Weizenmehl, Weizenvollkornmehl oder beides 1 : 1 gemischt*
*1 gehäufter TL Salz, 1 TL Zucker*
*1 Packung Trockengerm*
*1/2 Würfel Butter oder Margarine*
*1/4 l lauwarme Milch*
*1 Ei (versprudelt, die Hälfte zum Teig, den Rest zum Bestreichen)*
*grobes Salz und Kümmel*

1. Die Milch leicht anwärmen, Butter ebenfalls kurz erwärmen (nicht schmelzen, sondern nur weich machen). Mehl, Salz, Zucker und Trockengerm in einer Schüssel vermischen.
2. Die Milch, die weiche Butter und das halbe versprudelte Ei zum Mehl geben und alles mit den Knethaken des Mixers ca. 5 Minuten zu einem glatten Teig kneten, bis er sich von der Schüssel löst.
3. Aus dem Teig 3 gleich große Laibchen formen, auf eine bemehlte Arbeitsfläche legen, mit Mehl bestäuben und zugedeckt ca. 15 – 20 Minuten rasten lassen. Das Backrohr auf 180 – 200 °C (Heißluft) vorheizen. Zwei Backbleche mit Backtrennpapier belegen oder befetten.
4. Die Laibchen auf der Arbeitsfläche zu dünnen Kreisen ausrollen, achteln, von außen nach innen straff einrollen, auf das Blech legen und zugedeckt aufgehen lassen (ca. 15 Minuten). Die Stangerln mit Ei bestreichen und mit Salz und Kümmel bestreuen.
5. Die Stangerln ca. 15 – 20 Minuten goldbraun backen und auskühlen lassen.

## *Schritt-für-Schritt*

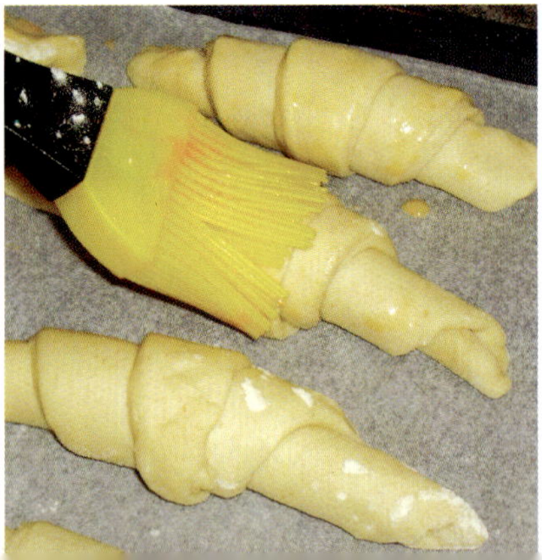

# Gewürzstangen

***Zubereitungszeit***
*ca. 60 Minuten*

***Zutaten für ca. 20 – 24 Stück***
*Teig siehe Salzstangerln*
***Für die Würzmischung***
*1 – 2 EL Provencekräuter*
*etwas Knoblauchgranulat*
*1/2 KL Paprika*
*1/2 KL Salz*
*ca. 2 EL Sesamkörner*
*ev. 2 EL Leinsamen oder gehackte Kürbiskerne*

1. Zubereitung siehe Salzstangerln.
2. Aus den gegangenen Teigstücken jeweils eine lange Rolle herstellen, 10 – 12 Stücke abschneiden und diese zu langen fingerdicken Stangen formen. Mit dem Ei bepinseln und in der Gewürzmischung wenden oder nur bestreuen.
3. Die Stangen auf das Blech legen, ca. 10 Minuten gehen lassen und im Backrohr bei 200 °C backen, bis sie knusprig braun sind.

***Tipp:*** Man kann aus der Teigmenge auch je zur Hälfte Salzstangerln und Gewürzstangerln herstellen.

## *Schritt-für-Schritt*

# Kräuterweckerln

Einfach und schnell!

***Zubereitungszeit***
*ca. 50 – 60 Minuten*

***Zutaten für ca. 16 – 20 Stück***
*1/2 kg Weizenmehl (ev. gemischt mit Weizenvollkornmehl)*
*1 Packung Backpulver*
*1 gehäuften TL Salz, 1/2 KL Zucker*
*10 dag weiche Butter oder Margarine*
*1 Packung Magertopfen*
*2 Eier*
*1 Packung Tiefkühl-Kräuter oder 3 EL frische gehackte Kräuter (ev. mit 1 – 2 KL getrocknetem Pizzagewürz mischen)*
*ca. 5 dag Sesam zum Bestreuen*

1. Mehl und Backpulver in eine Rührschüssel geben, versprudelte Eier (etwa 1/2 Ei zum Bestreichen der Weckerln in eine Tasse geben), das weiche Fett, den Topfen und die Kräuter dazugeben. Zuerst mit den Knethaken des Mixers alles gut vermischen, dann zu einem glatten Teig kneten. Den Teig ca. 20 Minuten zugedeckt rasten lassen. Das Backrohr auf 180 – 200 °C vorheizen. Das Backblech befetten oder mit Backtrennpapier auslegen.
2. Den Teig auf einer bemehlten Arbeitsfläche nochmals durchkneten. Halbieren, zu 2 Rollen formen und jede Rolle in acht oder zehn Portionen schneiden. Jedes Stück zu einem runden Laibchen formen und auf das Blech legen, mit dem versprudelten Ei bepinseln und dicht mit Sesam bestreuen. Rationeller geht es, wenn man das versprudelte Ei und den Sesam getrennt in ein flacheres Schüsserl gibt, das geformte Weckerl erst ins Eigemisch, dann in den Sesam taucht und dann auf das Blech setzt. Die Sesamkörner bleiben so besser haften.
3. Das Blech auf der mittleren Schiene des Backrohres einschieben und ca. 15 Minuten backen, bis sie eine goldbraune Farbe haben.

## Varianten

**Speckweckerln:** Etwa die Hälfte Fett weglassen, dafür ca. 10 dag gewürfelten und gebratenen Hamburgerspeck untermischen.

***Tipp:*** In der Mikrowelle geht das ganz schnell: Die Speckwürferln auf einen mit Küchenpapier belegten Teller aufstreuen, bei 600 Watt ca. 2 – 3 Minuten rösten.

**Körndl-Weckerln:** Statt der Kräuter eine Mischung aus verschiedenen Samen einarbeiten (z. B. Leinsamen, Sesam, Pignoli, Sonnenblumenkerne, gehackte Nüsse, gehackte Kürbiskerne) und ev. mit Mohn bestreuen.

**Süße Frühstücksweckerln:** Nur 1/2 KL Salz, dafür 2 EL Zucker zum Teig geben. Einige EL kleine Rosinen oder/und gehackte Nüsse untermengen.

***Tipp:*** Diesen Teig kann man gut am Abend vorbereiten und zu einer Kugel geformt und in Frischhaltefolie gewickelt im Kühlschrank rasten lassen. Am Morgen den Teig nochmals durchkneten und verarbeiten.

# KNÖDEL, NOCKERLN UND SPÄTZLE

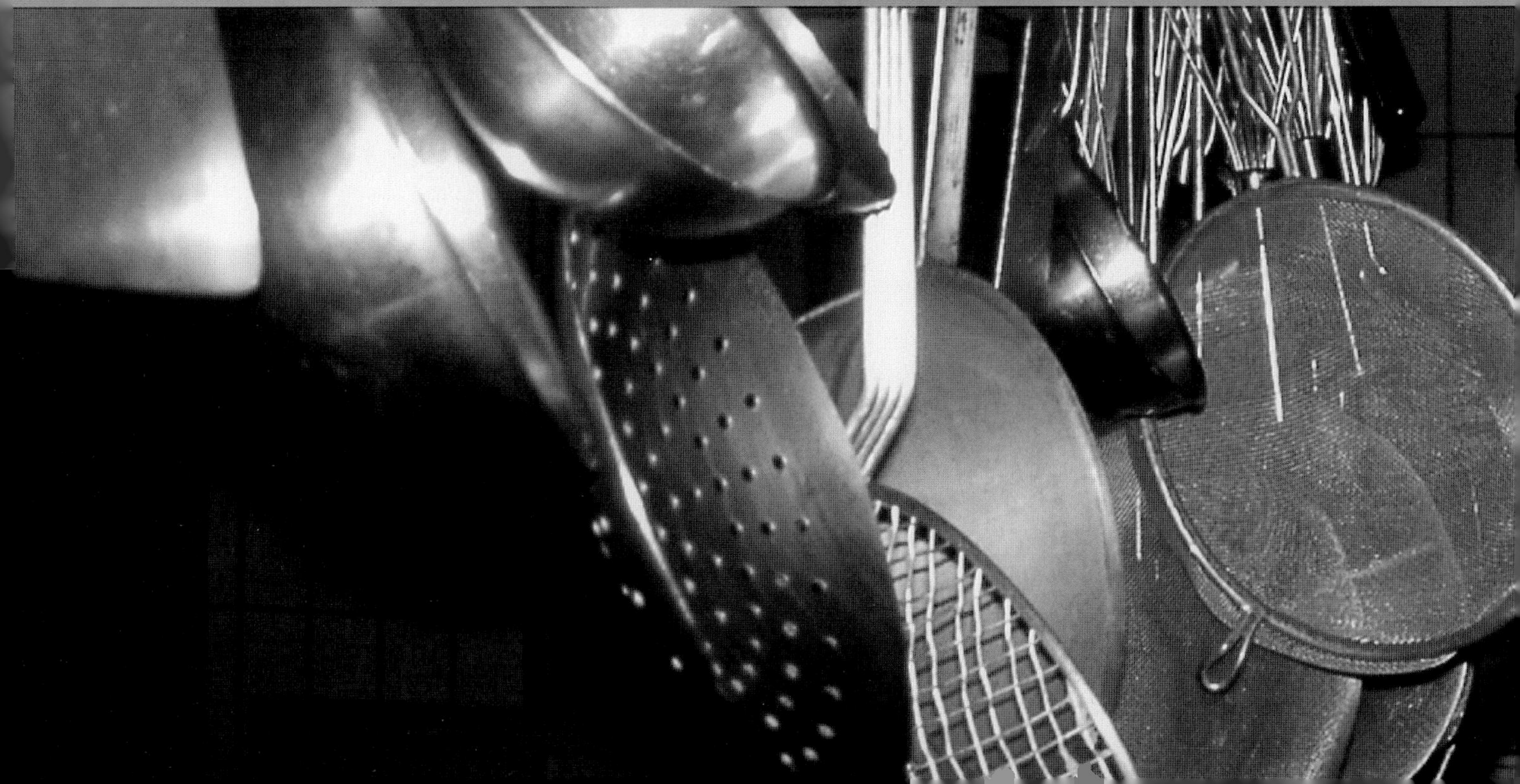

# Semmelknödel

***Zubereitungszeit***
*ca. 45 Minuten*

***Zutaten für ca. 8 – 10 Stück***
*1 Packerl Knödelbrot (entspricht einer Menge von ca. 5 – 6 Semmeln)*
*6 dag Öl (ca. 6 EL)*
*1/2 Zwiebel fein gehackt*
*1 EL gehackte Petersilie*
*2 Eier*
*ca. 1/4 – 3/8 l Milch*
*ca. 5 – 10 dag Mehl*
*1 TL Salz*
*etwas Pfeffer*
*ev. etwas Suppenwürze*

1. Knödelbrot oder geschnittene Semmeln in eine Schüssel geben. Eier mit Milch und den Gewürzen versprudeln, über die Semmeln gießen, gut durchmischen und ca. 15 Minuten ziehen lassen. In einem ausreichend großen Topf Wasser zustellen.
2. Inzwischen die gehackte Zwiebel in 1 EL Öl goldgelb anschwitzen, mit der Petersilie und dem restlichen Öl zur Semmelmasse geben und ca. 5 dag Mehl gut untermischen. Sollte die Masse zu weich sein, dann noch 1 – 2 EL Mehl oder Brösel untermengen.
3. Ein kleines Gefäß mit Wasser zum Befeuchten der Hände vorbereiten. Knödelmasse in der Schüssel ev. in 2 Teile markieren – dies ermöglicht ein leichteres Portionieren der einzelnen Knödel, damit sie alle gleich groß sind! Und so funktioniert das Knödelformen: Die Hände befeuchten, ca. 1 Handvoll von der Masse herausnehmen, die Masse mit beiden Händen fest zusammendrücken (wie beim Schneeball formen) und dann in den Händen durch Drehen die Knödel **glatt** formen. Sofort in das siedende, gesalzene Wasser geben.
4. Nachdem alle Knödel eingekocht sind (sie sinken zu Boden), die Knödel mit einem Kochlöffel vorsichtig am Topfboden bewegen. Den Topf ev. zudecken, bis das Knödelwasser wieder siedet. Danach den Topfdeckel etwas abheben – einen Kochlöffel zwischen Topfrand und Deckel legen (das Knödelwasser schäumt leicht über) – und die Knödel ca. 10 – 15 Minuten sieden lassen. Die Hitze reduzieren. Die Knödel schwimmen nun an der Oberfläche!

***Tipp:*** Für Ungeübte ist es leichter, wenn man alle Knödel zuerst formt. Man legt sie inzwischen auf ein mit Mehl oder Brösel bestreutes Brett, damit die Knödel nicht ankleben.

## Was tun, wenn die Knödel nicht zusammenhalten und zerkochen?

- Die Knödelmasse ist zu weich (passiert leichter, wenn frische Semmeln genommen werden). In diesem Fall die Masse mit einigen EL Brösel oder Mehl festigen.
- Die Knödel sind nicht richtig geformt. Entweder nicht gut zusammengedrückt oder außen nicht glatt gerollt.

***Tipp:*** Um ganz sicher zu gehen, dass die Knödelmasse die richtige Konsistenz hat, macht man einen kleinen **Probeknödel.** Nach ca. 10 Minuten den Knödel herausnehmen und verkosten. Ist er zu fest, dann noch etwas Milch zur Knödelmasse geben.

## Varianten mit Semmelknödel-Grundmasse

- **Tiroler Knödel:** Ca. 20 dag Selchfleisch in Würfel geschnitten (oder Braunschweiger Wurst) unter die Knödelmasse mengen. Dazu passt Sauerkraut, Krautsalat oder Gurkensalat mit Rahm.
- **Spinatknödel:** Unter die Knödelmasse ca. 15 – 20 dag aufgetauten passierten Spinat oder feingehackten Blattspinat, etwas Muskatnuss und gehackten Knoblauch sowie 15 – 20 dag geraspelten Käse mengen. Die fertigen Knödel mit brauner Butter und gerösteten Zwiebeln und/oder geriebenem Käse anrichten. Beilage: Salat.
- **Kaspressknödel:** Sind eine Salzburger Spezialität – sie werden nicht gekocht, sondern wie Fleischlaberln gebraten. Zur Semmelmasse ca. 25 – 30 dag Tilsiter oder Bierkäse in kleine Würfel geschnitten, etwas mehr in Butter geröstete Zwiebelwürfel, frischen Majoran und Petersilie zugeben. Aus der Masse Laibchen formen, in Brösel wenden und in Butterschmalz oder Öl knusprig herausbacken. Die Kaspressknödel werden meist in einer klaren Suppe mit viel gehacktem Schnittlauch serviert, sie schmecken aber auch mit einem guten Endivien- oder Krautsalat ausgezeichnet.

## Wie kann man Knödelreste verwerten?

# Abgeröstete Knödel mit Ei

***Zutaten und Zubereitung für 1 Person***

Eine kleine Zwiebel in Scheiben schneiden und in ca. 1 EL Öl anbraten. Die in Scheiben geschnittenen Knödel zugeben und behutsam anbraten, 1 – 2 Eier darüberschlagen, salzen und pfeffern. Die Eier mit der Backschaufel unter die Knödel mengen, die Pfanne zudecken und die Eier stocken lassen. Mit Petersilie bestreuen.

**Beilagenempfehlung**

Salat

*Spinatknödel*

*Kaspressknödel*

# Pikante Topfenknödel

Geht schnell und schmeckt
einfach gut!

***Zubereitungszeit***
*ca. 30 – 35 Minuten*

***Zutaten für 2 Personen***
*1/4 kg grober Topfen (Bauerntopfen oder Bröseltopfen)*
*1 Ei*
*1 EL Butter*
*ca. 3 EL Grieß*
*ca. 5 EL Mehl (wenn möglich griffig)*
*einige EL frische gehackte Gartenkräuter (Majoran, Thymian, Liebstöckl, Petersilie oder Basilikum)*
*1 kleine Zwiebel*
*1 – 2 Knoblauchzehen gehackt*
*2 – 3 EL gehackter Schnittlauch*
*Salz, Pfeffer*

1. In einer Schüssel die weiche Butter und das Ei gut verrühren. Topfen, Kräuter, Mehl und Grieß untermengen (die Masse soll mittelfest sein) und ca. 15 Minuten rasten lassen. Wasser zustellen.
2. Aus der Masse glatte, feste Knödel formen und in Salzwasser ca. 15 Minuten leicht sieden lassen.
3. Die Zwiebel in feine Ringe schneiden und mit dem Knoblauch in der Butter hellbraun anbraten. Über die Knödel gießen und mit Schnittlauch bestreuen.

**Beilagenempfehlung**
Salat

## Variation

Knoblauch und geröstete Zwiebeln zur Topfenmasse geben, Laibchen formen, in Brösel wenden und in etwas Öl knusprig backen.

# Süße Knödel

## Topfenknödel

***Zubereitungszeit***
*ca. 45 Minuten*

***Zutaten für 2 Personen***
***(ca. 8 Stück)***
*1/4 kg passierter Topfen*
*1 EL weiche Butter*
*1 Packung Vanillezucker*
*etwas geriebene Zitronenschale*
*2 gehäufte EL Weißbrotbrösel*
*(oder auch griffiges Mehl)*
*2 EL Grieß, 1 Ei*
*1 Prise Salz*
***Zum Wälzen***
*1 EL Butter, 1 TL Kristallzucker*
*2 EL Brösel (geriebene Mandeln oder Haselnüsse)*

1. Alle Zutaten gut vermischen und mindestens 30 Minuten kalt stellen.
2. In einer Kasserolle Wasser zustellen, zum Kochen bringen und etwas Salz zugeben. Kleine, glatte Knöderln formen (Hände vorher in Brösel tauchen), in das leicht siedende Salzwasser geben, zudecken und ca. 10 Minuten eher ziehen lassen als zu stark kochen.
3. Butter und Brösel oder geriebene Mandeln oder Haselnüsse und Kristallzucker hell anrösten, die abgetropften Knödel darin wälzen oder einfach darüber streuen.

**Beilagenempfehlung**
Apfelmus, Preiselbeerkompott, Waldbeerenragout, Erdbeersauce

***Tipp:*** Sollte die Masse zu weich sein um Knöderl zu formen, kann man auch mit 2 EL Nockerln formen, ansonsten muss die Masse mit etwas Mehl oder Brösel gefestigt werden.

### Variationen

**Mozartknödel:** In jeden Knödel 1 Mozartkugel oder 1 Stückchen von der Mozartrolle füllen. Mit Erdbeer(-Joghurt)sauce anrichten.

**Beilagenempfehlung**
Ragout aus Waldbeeren, Zwetschken- oder Marillenröster, gebratene Apfel- oder Birnenspalten

*Mozartknödel*

**Beerenragout:** 1/2 Packung Tiefkühl-Waldbeeren mit ca. 2 – 3 EL Zucker zum Kochen bringen, ca. 1 – 2 TL Maizena mit 1/2 Tasse kaltem Wasser glatt rühren und in die Beerenmischung einrühren, aufkochen lassen.

**Marillen- oder Zwetschkenröster:** Ca. 1/2 kg Früchte waschen, entkernen und in Spalten schneiden. Ca. 1/2 Tasse Wasser, ev. 1 kleines Zimtstangerl und 5 – 10 dag Zucker zum Kochen bringen, die Früchte zugeben und kurz köcheln lassen, ev. mit Marillenlikör oder Rum abschmecken.

# Mohn-Grieß-Knöderln auf Mostsauce

***Zubereitungszeit***
*ca. 35 Minuten*

***Zutaten für ca. 4 Personen als Dessert***
*1/4 l Milch*
*1 Prise Salz*
*3 dag Butter*
*Vanillezucker*
*Zitronenschale*
*6 dag Grieß*
*6 dag gemahlener Mohn*
*3 dag Zucker*
*1 Ei*
*(1 – 2 EL Rosinen)*
***Für die Mostsauce***
*ca. 1/4 l Most (oder Weißwein)*
*2 – 3 Gewürznelken*
*1 kleines Stückchen Zimtrinde*
*3 EL Zucker*
*1 gehäufter EL Maizena oder Vanillepuddingpulver*
*1 Eidotter*
*ca. 1/2 Becher Schlagobers oder Kaffeeobers*
***Zum Garnieren***
*gebratene Apfelspalten, Zimt, Zucker*

1. Milch, Salz und Butter aufkochen. Den Grieß, Zucker, Vanillezucker, Zitronenschale und Mohn einrühren, zu einem dicken Brei kochen, (Rosinen zugeben), beiseite stellen und ausquellen lassen.
2. In die ausgekühlte Masse das Ei einrühren. Wasser zustellen. Aus der Masse kleinere Knöderln formen, ins kochende Salzwasser legen und ca. 8 – 10 Minuten ziehen lassen.
3. Für die Mostsauce: Most (oder Weißwein) mit Gewürznelken, einem kleinem Stückchen Zimtrinde und Zucker zum Kochen bringen und etwas ziehen lassen.
4. Maizena oder Vanillepuddingpulver, Eidotter und ca. 1/2 Becher Schlagobers versprudeln und in den Most einkochen, die Gewürze entfernen.
5. Die Knöderln auf der Sauce anrichten, mit gebratenen Apfelspalten oder -würfeln garnieren und mit Zimt und Zucker bestreuen.

# Nockerln

***Zubereitungszeit***
*ca. 15 Minuten*

***Zutaten für 4 Personen***
*ca. 30 dag (ca. 2 Joghurtbecher) griffiges Mehl (ev. mit Dinkel- oder Weizenvollkornmehl mischen – der Flüssigkeitsbedarf ist dann etwas höher)*
*2 Eier*
*ca. 1 Becher Milch*
*2 – 3 EL Öl*
*ca. 1 TL Salz für den Teig*
*ca. 2 TL Salz für das Wasser*
*1 – 2 EL Butter zum Schwenken*

1. In einem Topf reichlich Wasser zustellen. Die Zutaten im Rührtopf mit dem Kochlöffel abschlagen.
2. Mit einem kleinen Löffel Nockerln formen bzw. ausstechen, in das siedende Salzwasser einkochen, mit dem Kochlöffel oder Küchenfreund vom Boden lösen. 5 – 6 Minuten langsam sieden lassen, abseihen und abschrecken (dh. in einem Sieb mit kaltem Wasser abspülen, damit sie nicht aneinander kleben).
3. Butter in einer Pfanne erhitzen, die Nockerln darin gut durchschwenken, bis sie heiß sind.

***Tipp:*** Größere Mengen von Nockerln macht man am besten mit einem sogenannten **Nockerlbrett** (ev. Jausenbretterl mit Griff) und einem langen Fleischmesser. Man gibt 4 – 5 EL des Nockerlteiges streifenartig auf das nasse Bretterl und schneidet mit dem Messer ca. 1 cm breite Stücke in das kochende Salzwasser. Die erste Partie abschöpfen, abschrecken, die zweite Partie einkochen usw.

Diese Nockerln passen als Beilage zu Ragouts und Gulasch, sind aber auch ein einfaches, preiswertes Hauptgericht.

## *Schritt-für-Schritt*

# Süße Nockerlvariante

## Apfelnockerln

***Zubereitungszeit***
*ca. 20 – 25 Minuten*

***Zutaten für 2 Personen***
*1/2 Nockerlgrundmasse (siehe Nockerln)*
*2 – 3 säuerliche Äpfel*
*2 EL Kristallzucker*
*2 TL Butter*
*1/2 Zitrone*
*ca. 1/16 l Orangen- oder Apfelsaft*
*Zimt und Zucker*

1. Aus der halben Grundmasse Nockerln herstellen.
2. Äpfel schälen, entkernen und in Spalten oder Würfel schneiden. Kristallzucker in einer kleinen Pfanne schmelzen lassen (karamellisieren), Butter dazugeben, mit dem karamellisierten Zucker verrühren. Den Saft einer halben Zitrone, ev. etwas Orangen- oder Apfelsaft und die Äpfel zugeben und in diesem Saft weich dünsten.
3. Die Nockerln dazugeben und darin erwärmen, nach dem Anrichten mit Zucker und Zimt bestreuen.

# Spätzle

***Zubereitungszeit***
*ca. 15 – 20 Minuten*

***Zutaten für 4 Personen***
*ca. 30 dag (ca. 2 Joghurtbecher) griffiges Mehl*
*(ev. mit Dinkel- oder Weizenvollkornmehl mischen – der Flüssigkeitsbedarf ist dann etwas höher)*
*2 Eier*
*ca. 1 Becher Wasser oder Milch*
*2 EL Öl*
*ca. 1 TL Salz für den Teig*
*ca. 2 TL Salz für das Wasser*

1. In einem Topf reichlich Wasser zustellen. Die Zutaten im Rührtopf mit dem Kochlöffel abschlagen.
2. Spätzle in das siedende Salzwasser einschneiden, mit dem Kochlöffel oder Küchenfreund vom Boden lösen. 5 – 6 Minuten langsam sieden lassen, abseihen und abschrecken (dh. in einem Sieb mit kaltem Wasser abspülen, damit sie nicht aneinander kleben). Größere Mengen von Spätzle werden am besten mit einem **Spätzlesieb** oder **Spätzlehobel** hergestellt. Für kleine Mengen empfiehlt sich die Zubereitung mit einem **Nockerlbrett** (siehe Nockerln).

# Spätzle mit Schinken und Rahm

***Zubereitungszeit***
*ca. 20 – 25 Minuten*

***Zutaten und Zubereitung für 4 Personen***

1. Ca. 15 – 20 dag Schinken in kurze Streifen schneiden, 1 mittlere Zwiebel hacken (und ev. 1 kleineren Zucchini oder 1 Paprika gelb oder rot in Streifen schneiden).
2. 2 – 3 EL Öl in einer Bratpfanne erhitzen. Zwiebel, Schinken (und Paprika- oder Zucchinistreifen) anbraten, mit etwas süßem Rahm, Kaffeeobers oder Rama Cremefine flüssig aufgießen, aufkochen lassen.
3. Die abgeseihten Spätzle dazugeben und gut durchschwenken. Salzen, pfeffern und mit gehackter Petersilie bestreuen.

## Spinatspätzle mit Spiegelei

***Zubereitungszeit***
*ca. 20 – 25 Minuten*

***Zutaten und Zubereitung für 4 Personen***

1. In die Grundmasse (siehe Spätzle) ca. 15 dag aufgetauten, passierten Tiefkühl-Spinat untermischen, mit etwas geriebener Muskatnuss und einer kleinen zerdrückten Knoblauchzehe (ersatzweise etwas Knoblauchpulver) würzen.
2. Spätzle einschneiden, kochen, abseihen.
3. In einer Pfanne ca. 1 EL Butter zerlassen, die Spätzle darin schwenken. Daneben in einer Pfanne die Spiegeleier (pro Person 1 – 2 Stk.) langsam braten. 2 – 3 EL Obers unter die Spätzle mischen, mit Petersilie bestreuen und mit dem Spiegelei belegen.

## Zwiebelspätzle

***Zutaten und Zubereitung für 1 – 2 Personen***

1 mittlere oder größere Zwiebel in dünne Ringe schneiden, in wenig Öl goldbraun braten und auf einen Teller geben. 3 – 4 EL Kaffeeobers oder Rama Cremefine flüssig in die Pfanne gießen, aufkochen lassen, die erwärmten Spätzle (ev. in der Mikrowelle) darin durchschwenken, salzen und pfeffern. Die Zwiebelringe untermischen, mit geriebenem Käse und Schnittlauch bestreuen.

# PALATSCHINKEN UND SCHMARREN

# Palatschinken und Schmarren

Palatschinken haben ihren Platz auch in der internationalen Küche. In Italien heißen sie **Crespelle** und sind meist pikant gefüllt. **Crèpes** sind besonders feine **Palatschinken** aus der französischen Küche. **Dorati** heißen sie in der Schweiz und **Pfannkuchen** in Deutschland. Die ursprüngliche Heimat ist der Balkan.

Palatschinken sind eine zarte Hülle für die Fülle – sowohl süß als auch pikant. Es gibt davon viele, viele Möglichkeiten, wobei auch die eigene Kreativität zum Einsatz kommen kann.

# Palatschinken

Beliebt in der internationalen Küche.

***Zubereitungszeit***
*ca. 35 Minuten*

***Zutaten für ca. 4 Personen (8 Stück)***
*ca. 1 gehäufter Becher glattes Mehl*
*Salz*
*ca. 1 Becher (1/4 l) Milch*
*2 Eier*
*ca. 1 KL Margarine, Butterschmalz oder Sonnenblumenöl zum Backen*

1. Das Mehl mit Salz in einen Rührtopf geben, Milch zugießen und mit der Schneerute gut versprudeln, die Eier einrühren. Den Teig ca. 15 Minuten rasten lassen.
2. Zuerst die leere Pfanne erhitzen (damit auch die erste Palatschinke gelingt), dann ca. 1 KL Öl oder Butter in die Pfanne geben und den Teig mit einem kleineren Schöpfer in die Mitte der Pfanne gießen. Die Pfanne dabei hochheben und drehen, damit sich der Teig gleichmäßig in der Pfanne verteilen kann. Wenn die Oberfläche des Teiges bereits trocken ist, die Palatschinke mit einer Backschaufel (Küchenfreund) umdrehen und auf der Unterseite fertig backen. Die Palatschinken sollen leicht gebräunt sein. Den Vorgang wiederholen, bis der Teig aufgebraucht ist.
3. Die Palatschinken mit beliebiger Fülle bestreichen. Sie können einfach gerollt, zu Dreiecken oder Päckchen gefaltet werden. Sie werden häufig mit einer Sauce serviert oder auch in einer Gratinierschüssel überbacken.

Der Palatschinkenteig kann auch **eingefärbt** werden z. B. durch Zugabe von passiertem **Spinat**, von passierten **roten Rüben** oder **Rübensaft**, mit **Safran, Gelbwurzel** oder **Tomatenmark.**

Auch **Vollkornmehl** kann für den Palatschinkenteig verwendet werden. Das Mehl sollte fein vermahlen sein. Die Zeit zum Rasten ist notwendig, damit das Mehl quellen kann.

Für das reibungslose Gelingen der Palatschinken kommt es auf die richtige Konsistenz an. Neben der **richtigen Flüssigkeitsmenge** spielen **Eigröße** und **Mehlqualität** eine Rolle.

***Tipp:*** **Zu dicken Teig** kann man leicht durch Zugabe von etwas **Wasser oder Milch** verdünnen, hingegen rührt man in einen **zu dünnen Teig** noch etwas **Mehl** ein. Spätestens nach dem Backen der ersten Palatschinke weiß man, ob die Konsistenz passt. Ist der Teig zu dünn, dann reißt die Palatschinke beim Umdrehen, zu dicke Palatschinken sind eher derb und nicht jedermanns Sache. Sollte der Palatschinkenteig dennoch **Mehlklümpchen** aufweisen, den Teig einfach **durch ein Sieb gießen.**

***Schritt-für-Schritt***

## Pikante Füllungen

# Spinat-Käse-Fülle

***Zubereitungszeit***
*ca. 60 Minuten*

***Zutaten für 4 Personen***
***(8 Palatschinken)***
*1 gehackte Zwiebel*
*1 – 2 Knoblauchzehen*
*ca. 3 – 4 dag Butter oder Öl*
*15 – 20 dag Tiefkühl-Blattspinat*
*1 Becher Hüttenkäse*
*(oder zerbröckelter Schafskäse)*
*2 – 3 EL geriebenen Emmentaler*
*1 Becher Sauerrahm oder Schlagobers*
*2 – 3 Eier*
*einige EL geriebenen Emmentaler zum Bestreuen*
*Muskatnuss, Salz, Pfeffer*

1. Spinat auftauen lassen, ausdrücken und etwas kleiner hacken. Zwiebel und Knoblauch hacken.
2. Zwiebel und Knoblauch in etwas Butter andünsten, den Spinat dazugeben, mit Salz, Pfeffer und Muskatnuss würzen, kurz dünsten und dann auskühlen lassen. Hüttenkäse und Emmentaler dazugeben.
3. Die Palatschinken damit füllen und einrollen, halbieren und dachziegelartig in eine befettete Auflaufform schichten.
4. Die Eier mit dem Sauerrahm versprudeln, salzen und pfeffern und über die Palatschinken gießen. Den geriebenen Emmentaler darüberstreuen.
5. Palatschinken im Backrohr bei 200 °C ca. 20 Minuten überbacken, bis sie eine goldbraune Farbe haben.

# Feine Pilzfülle

***Zubereitungszeit***
*ca. 60 Minuten*

***Zutaten für 4 Personen***
*1 – 2 Zwiebeln*
*2 Knoblauchzehen*
*ca. 2 EL Butter oder Öl*
*ca. 25 dag Champignons*
*10 – 15 dag gekochten Schinken*
*(oder geräucherte Putenbrust)*
*10 dag Tiefkühl-Erbsen oder Lauch*
*1 EL gehackte Petersilie*
*1 Becher Creme fraiche, 1/2 Becher*
*Rama Cremefine oder Sauerrahm*
*2 – 3 EL geriebener Emmentaler*

1. Champignons säubern und in Scheiben schneiden. Zwiebeln und Knoblauch hacken und in Butter anschwitzen. Den Schinken in kleine Würfel schneiden (Lauch in Ringe schneiden).
2. Die Champignons zu den Zwiebeln geben, salzen, pfeffern und dünsten lassen, bis die Flüssigkeit verdunstet ist. Die Erbsen (oder den Lauch), den Schinken, die Creme fraiche und die Petersilie zugeben und kurz dünsten lassen.
3. Die Palatschinken damit füllen, einrollen oder zu einem Dreieck falten. Mit dem Emmentaler bestreuen und im heißen Backrohr bei 180 °C erhitzen, bis der Käse geschmolzen ist.

***Tipp:*** Vegetarier lassen einfach den Schinken weg und nehmen etwas mehr Pilze und Erbsen.

# Fleischfülle

***Zubereitungszeit***
*ca. 60 Minuten*

***Zutaten für 4 Personen***
*1 mittelgroße Zwiebel*
*1 Knoblauchzehe*
*20 – 25 dag Faschiertes*
*1 rote Paprikaschote*
*1 Tasse Wasser oder Suppe*
*10 – 15 dag Emmentaler*
*1 EL gehackte Petersilie*
*1 Becher Creme fraiche*
*(oder 1/2 Becher Rama Cremefine)*

1. Zwiebel und Knoblauch hacken. Die Paprikaschote waschen, putzen und in kleine Würfel schneiden.
2. Zwiebel und Knoblauch in Öl anschwitzen, das Faschierte zugeben und gut durchrösten. Die Paprikawürfel zugeben, salzen, pfeffern, mit ca. 1 Tasse Wasser oder Suppe aufgießen und ca. 10 Minuten dünsten lassen. Auskühlen lassen.
3. Die Petersilie, die Hälfte von der Creme fraiche und die Hälfte des Emmentalers zugeben.
4. Die Palatschinken damit füllen, einrollen, in eine befettete Auflaufform oder Bratkasserolle legen, mit der restlichen Creme fraiche bestreichen und den restlichen Käse darüberstreuen.
5. Die Palatschinken für ca. 10 – 15 Minuten ins heiße Backrohr (ca. 180 – 200 °C) geben. Zu den Fleischpalatschinken ev. eine warme Sauce oder einen Endivien-Kartoffelsalat servieren.

## Süße Füllungen

**Marmelade:** z. B. Marillen-, Preiselbeer- oder Heidelbeermarmelade.
**Nussfülle:** Ca. 1/8 l Milch zum Kochen bringen, 15 dag geriebene Nüsse, ev. 3 – 4 Stück zerriebene Biskotten oder Zwiebackscheiben untermengen. Mit Honig oder Zucker nach Geschmack süßen, mit etwas Rum und Zimt würzen. Mit Schoko-Dessertsauce und Schlagobers garnieren. Als Dessert reicht 1 Palatschinke.
**Eispalatschinke:** Palatschinke mit 1 – 2 Kugeln Vanilleeis füllen, zu einem Dreieck falten, mit Schokosauce nappieren und mit Schlagobers und gerösteten Mandelblättchen garnieren.

## Palatschinke mit Apfel- oder Erdbeerfülle

Feines Dessert für Gäste!

***Zubereitungszeit***
*ca. 20 Minuten*

***Zutaten für 4 Personen***
*4 dünne Palatschinken vorgebacken*
*2 größere Äpfel (oder 30 dag Erdbeeren, geputzt und halbiert)*
*2 EL Kristallzucker*
*1 EL Butter*
*Saft von 1/2 Zitrone und 1 Orange*
*etwas Rum oder Weinbrand*
*(Cointreau oder Amaretto)*
*ca. 1/8 l geschlagenes Obers*

***Zum Garnieren***
*etwas Preiselbeermarmelade*
*geröstete, gehackte Walnusskerne oder Mandeln*
*Zitronenmelisse*
*ev. 4 Kugeln Vanilleeis*

1. Die Äpfel schälen, halbieren, entkernen und in ca. 1 cm breite Spalten schneiden.
2. Den Zucker in einer flachen Kasserolle oder in einer Bratpfanne schmelzen lassen (hell karamellisieren), die Butter zugeben und schmelzen lassen. Mit dem Zitronen- und Orangensaft aufgießen und aufkochen lassen. Die Apfelspalten darin kurz dünsten lassen und mit Rum oder Weinbrand verfeinern.
3. Die Palatschinken mit den Früchten auf der unteren Hälfte belegen, die obere Hälfte darüberlappen und zu einem Viertel falten, auf Tellern anrichten.
4. Mit Preiselbeerkompott, gerösteten Mandeln, Schlagobers und ev. 1 Kugel Vanilleeis garnieren.

***Tipp:*** Verwendet man Erdbeeren passt besser ein Cointreau oder Amaretto, die Erdbeeren nur kurz in der Sauce aufkochen lassen.

# Kaiserschmarren

***Zubereitungszeit***
*ca. 15 Minuten*

***Zutaten für 1 Person***
*2 – 3 Eier (je nach Größe)*
*ca. 1 Tasse Milch*
*ca. 3 – 4 gehäufte EL Mehl*
*1 Prise Salz*
*1 EL Zucker*
*Vanillezucker*
*1 – 2 EL Butter zum Ausbacken*
*(ev. Rosinen)*
*Staubzucker zum Bestreuen*

1. Eier trennen, das Eiklar zu Schnee schlagen.
2. Eidotter, Milch, Mehl, Salz und Zucker mit dem Schneebesen zu einem glatten dicklichen Teig rühren. Die Pfanne vorwärmen (Stufe 2 bis 3).
3. Den Schnee vorsichtig in den Teig mengen.
4. In die bereits heiße Pfanne die Butter (am besten schon geschmolzen) geben, über dem Pfannenboden verteilen und den ganzen Teig in die Mitte der Pfanne gießen. Den Teig gleichmäßig verteilen.
5. Jetzt kurz den Pfannendeckel aufsetzen. Wenn der Teig auf der Unterseite eine hellbraune Farbe bekommen hat, den Teig mit dem Küchenfreund halbieren oder vierteln, umdrehen und auch die Unterseite backen. Den Teig in kleine Stücke teilen und in der Pfanne durch mehrmaliges Wenden mit der Backschaufel fertig backen.
6. Den angerichteten Schmarren bezuckern und mit Kompott servieren.

***Tipp:*** Wenn man keinen Eischnee schlagen möchte, dann sollte man zum Mehl eine gute Messerspitze Backpulver geben, damit der Schmarren flaumig wird.

# Gebackene Apfelscheiben (Apfelradln)

***Zubereitungszeit***
*ca. 25 – 30 Minuten*

***Zutaten für 4 Personen***
*1 1/4 Becher glattes Mehl*
*etwas Salz*
*3 Eidotter, 3 Eiklar*
*ca. 1/4 l Milch*
*3 EL Zucker*
*Vanillezucker*
*1 Stamperl Rum*
*ca. 4 – 5 mittelgroße Äpfel*
*Öl zum Backen*
*Zimt und Zucker zum Übersieben*

1. Mehl, Milch, Eidotter, Zucker, Rum und Salz zu einem dickflüssigen Teig rühren und ca. 15 Minuten rasten lassen.
2. Inzwischen die Äpfel entkernen (ev. mit einem Apfelentkerner), schälen und in ca. 1 cm dicke Scheiben schneiden.
3. Öl in einer Pfanne erhitzen. Das Eiklar zu steifem Schnee schlagen und unter den Teig ziehen. Die Apfelscheiben in den Teig tauchen, etwas abtropfen lassen und im Fett schwimmend goldbraun backen. Auf einem Küchenpapier abtropfen lassen.
4. Mit Zimt und Zucker übersieben und mit Preiselbeeren servieren. Gut passt auch eine Vanille- oder Mostsauce dazu.

# SCHNELLE UND LEICHTE DESSERTS

# Schnelle und leichte Desserts

Dafür bieten sich besonders Milchprodukte wie die verschiedensten Joghurts, Topfen, Schlagobers und QimiQ kombiniert mit Früchten der Saison an.

## Was ist QimiQ?

QimiQ besteht aus Rahm und Gelatine. Es kann sowohl für pikante als auch für süße Speisen (heiße und kalte) verwendet werden. Es ist ungekühlt haltbar. QimiQ muss unbedingt vor dem Mischen mit anderen Zutaten cremig gerührt werden und ersetzt ganz oder teilweise Schlagobers und Creme fraiche! QimiQ ist kalorienärmer und cholesterinfrei.

Ganz neu auf dem Markt ist QimiQ Vanille – speziell für Süßspeisen.

# Joghurtcreme mit Früchten

***Zubereitungszeit***
*ca. 10 – 15 Minuten*

***Zutaten für 4 Personen***
*1 Becher Vanillejoghurt*
*1 Becher cremiges Joghurt*
*1/2 Packung passierter Topfen (12 dag)*
*ev. Zitronensaft*
*1 Dose abgetropfter Fruchtcocktail*
*(oder frische klein geschnittene*
*Früchte oder Beeren)*
*Zucker oder Süßstoff nach Bedarf*
*ev. 1/2 Becher geschlagenes Obers*

Joghurts mit dem Topfen und dem Zitronensaft gut vermischen, die Früchte untermengen. In Glasschüsserln oder Cremeschalen füllen. Probieren Sie doch die verschiedensten Varianten!

# Erdbeercreme

***Zubereitungszeit***
*ca. 15 – 20 Minuten*

***Zutaten für 6 – 8 Portionen***
*ca. 30 dag Erdbeeren*
*1/4 kg passierter Topfen*
*1 Becher Joghurt*
*Saft einer halben Zitrone*
*2 – 3 EL Zucker (je nach Geschmack)*
*(etwas Vanillezucker)*
*1/4 l Schlagobers*
*1 Packung Sahnesteif*
*ev. Pfefferminz- oder Zitronenmelissenblättchen*

1. Die Erdbeeren waschen, putzen, 4 schöne Erdbeeren für die Garnierung beiseite legen. Die restlichen Erdbeeren mit dem Pürierstab aufmixen oder in kleine Würfel schneiden.
2. Topfen, Joghurt, Zucker, Aromastoffe und Erdbeermus verrühren. Das Obers mit dem Sahnesteif schlagen und unter die Creme mischen, anrichten und kaltstellen.
3. Vor dem Servieren auf jede Creme eine halbe Erdbeere setzen, ev. zusätzlich mit einem Pfefferminz- oder Zitronenmelissenblättchen garnieren.

# Topfen-Kaffee-Creme

***Zubereitungszeit***
*ca. 5 Minuten*

***Zutaten für 3 – 4 Personen***
*1/4 l Kaffeejoghurt (ca. 2 Becher zu 15 dag)*
*1/4 kg passierter Topfen*
*Vanillezucker*
*1 Gläschen Darbo Fruchtikus Kirsche oder Preiselbeermarmelade*
*ev. Zucker*
*Sauerrahm (oder leicht geschlagenes Obers)*
*Melissenblatt*

Topfen mit dem Joghurt und ev. Zucker gut verrühren, in Gläser füllen. Als Garnierung etwas glatt gerührten Sauerrahm oder etwas leicht geschlagenes Obers und 1 KL Fruchtragout in die Mitte setzen, mit Melissenblatt dekorieren.

# Topfen-Birnen-Dessert

***Zubereitungszeit***
*ca. 10 – 15 Minuten*

***Zutaten für 4 Personen***
*1/4 kg passierter Topfen*
*2 Becher Stracciatella-Joghurt*
*1 – 2 Rippen geriebene oder*
*gehackte Schokolade (oder Schokoflocken)*
*1 Schuss Rum, Vanillezucker*
*Zucker oder Honig nach Geschmack*
*1 kleine Dose Birnenkompott*
***Zum Garnieren***
*Birnenspalte, Minzeblättchen,*
*Schokoladeblättchen oder -röllchen*

1. Topfen und Joghurt glatt rühren. Die gehackte Schokolade, den Rum und die in kleine Würfel geschnittenen Kompottbirnen zugeben. Eine Birnenhälfte für die Garnierung zurücklassen; in 4 schmale Spalten schneiden.
2. Creme in Gläser füllen, garnieren und kaltstellen.

Dieses Dessert kann auch auf einem Teller angerichtet werden: In diesem Fall die Creme ohne Birnenwürfel zubereiten, einige EL Creme in die Tellermitte geben. Die Birnen in Fächer schneiden und auf die Creme setzen. Die Schokoflocken um den äußeren Cremerand streuen oder mit Schokosauce dekorieren.

***Tipp:*** Statt Birnen kann man auch Bananen verwenden.

# Schokoladen-Mousse

***Zubereitungszeit***
*ca. 10 – 15 Minuten*

***Zutaten für 4 Personen***
*1 Packung QimiQ (1/4 l)*
*12 dag erweichte Schokolade*
*1/16 l Milch (ca. 1/2 Kaffeetasse)*
*Zucker nach Geschmack, etwas Rum*
*1/4 l Schlagobers*
***Zum Garnieren***
*gehackte Pistazien, Schokoflocken*

1. QimiQ mit dem Schneebesen oder Mixer glatt rühren, Schokolade zerbröckeln, ca. 1 EL Rum zugeben und im Wasserbad oder in der Mikrowelle (niedere Stufe) schmelzen lassen.
2. Die Milch, ca. 1 – 2 EL Zucker und die geschmolzene Schokolade mit dem QimiQ verrühren, das Schlagobers steif schlagen und behutsam unterheben.
3. Das Mousse in Cremeschalen anrichten und für ca. 1/2 Stunde in den Kühlschrank stellen. Mit gehackten Pistazien oder Schokospänen garnieren.

***Tipp:*** Mousse in der Schüssel mindestens 2 Stunden kaltstellen. Dann mit 2 nassen Löffeln Nockerln ausstechen und auf Tellern anrichten. Mit marinierten Früchten (ev. Löffelfrüchte von Darbo), Erdbeermark oder Birnenfächer dekorieren.

# Schokomousse-Variante
## zur Eiklarverwertung

Besonders leicht und luftig!

***Zubereitungszeit***
*ca. 15 Minuten*

***Zutaten***
*2 Eiklar, 1 Prise Salz*
*2 EL Feinkristallzucker*
*1/2 Becher Schlagobers*
*10 dag Zartbitter-Kuvertüre oder -schokolade (oder auch weiße Schokolade) – gute Qualität!*
***Zum Garnieren***
*2 dag gehackte Pistazien oder weiße Kuvertüre*

1. Die Kuvertüre hacken und im Wasserbad oder in der Mikrowelle (bei 300 Watt) schmelzen lassen.
2. Eiklar mit Salz schlagen, den Kristallzucker langsam einrieseln lassen und zu steifem Schnee fertig schlagen. Das Schlagobers ebenfalls schlagen.
3. Die geschmolzene lauwarme Kuvertüre vorsichtig mit dem Eischnee mischen, das geschlagene Obers unterziehen. Mousse in einen Plastikspritzbeutel mit grober Zackentülle füllen und die Cremeschalen dressieren. Kalt stellen und vor dem Servieren mit den Pistazien bestreuen.

# Zwetschken-Rotwein-Creme

***Zubereitungszeit***
*ca. 20 Minuten*

***Zutaten für 4 Personen***
*ca. 1/2 kg Zwetschken*
*1/8 l Rotwein*
*1 EL Rum*
*1 kleines Zimtstangerl*
*2 EL Zucker, 1 Packung Vanillezucker*
*1 Packung QimiQ (ersatzweise 1/2 Becher Topfen, 1/2 Becher geschlagenes Obers)*
*etwas geriebene Zitronenschale*
***Zum Garnieren***
*ca. 3 dag gehackte Walnüsse*
*(oder geröstete Mandelblättchen)*
*ev. einen Schlagoberstupf und Pfefferminz- oder Zitronenmelissenblatt*

1. Zwetschken waschen, halbieren und entkernen. 4 schöne Zwetschkenhälften für die Garnierung zurücklassen.
2. Rotwein, Rum, Zimtstangerl und Zucker aufkochen lassen. Die Zwetschken zugeben und weich köcheln lassen. Zimtstangerl entfernen und mit dem Mixstab fein pürieren und auskühlen lassen.
3. QimiQ glatt rühren, die Zwetschkensauce dazugeben, mit der geriebenen Zitronenschale und ev. noch etwas Rum abschmecken.
4. Die Creme in Gläser füllen. Die Zwetschkenhälften in Fächer oder Spalten schneiden, auf die Creme legen und mit den gehackten Nüssen bestreuen. Als zusätzliche Garnitur ev. einen Schlagoberstupf und Pfefferminz- oder Zitronenmelissenblatt.

# Zwetschkeneis, -parfait

Das Zwetschkenpüree statt mit QimiQ mit einem halben Liter steif geschlagenen Obers vermengen, in eine mit Frischhaltefolie ausgekleidete Rehrückenform füllen und über Nacht tiefkühlen. Parfait ca. 1/2 Stunde vorher aus dem Tiefkühler nehmen, stürzen, portionieren, auf großen Tellern anrichten und garnieren.

# Vanille-Äpfel

***Zubereitungszeit***
*ca. 20 – 25 Minuten*

***Zutaten für 4 Personen***
*4 kleinere bis mittelgroße Äpfel*
*3 – 4 EL Ribisel- oder Preiselbeergelee*
*2 – 3 EL geriebene oder gehackte Nüsse*
*etwas Rum*
*2 – 3 EL Zucker, 1 Zimtstangerl und*
*4 Gewürznelken*
*1/2 – 3/4 l Wasser*
***Für die Vanillecreme***
*1/4 l Milch*
*1 Packung Vanillecremepulver oder 1/2 Packung Vanillepuddingpulver*
*1 – 2 EL Zucker, Vanillezucker*
*1 – 2 EL Schokoflocken oder -streusel*

1. Wasser, Zucker und Gewürze zum Kochen bringen. Das Kerngehäuse der Äpfel mit einem Apfelentkerner entfernen und die Äpfel schälen.
2. Mit der Gabel einige Male anstechen und im Gewürzsud vorsichtig kochen, damit sie nicht zerfallen (ev. während des Kochens mit einem Spieß probieren). Die Äpfel aus dem Sud heben, gleich auf Desserttellern anrichten.
3. Gelee mit Rum und Nüssen vermischen und mit einem Mokkalöffel in die Äpfel füllen.
4. Die Milch mit dem Cremepulver unter ständigem Rühren zum Kochen bringen. Von der Platte nehmen, Zucker, Vanillezucker und etwas Rum zugeben. Die Vanillecreme zu einer glatten Creme abkochen. Sollte sie zu dick sein, noch etwas Milch einrühren.
5. Die Äpfel mit der ausgekühlten, glatten Vanillecreme überziehen und mit den Schokoraspeln bestreuen.

# Bratapfel mit Most- oder Vanillesauce

Eine ideale Nachspeise im Winter!

***Zubereitungszeit***
*ca. 45 Minuten*

***Zutaten für 4 Personen***
*4 kleinere bis mittelgroße Äpfel*
*3 – 4 EL Ribisel- oder Preiselbeergelee*
*2 – 3 EL geriebene oder gehackte Nüsse*
*etwas Rum*
***Für die Vanillesauce***
*1/4 l Milch*
*1 Packung Vanillecremepulver oder 1/2 Packung Vanillepuddingpulver*
*1 – 2 EL Zucker, Vanillezucker*
*1 – 2 EL Schokoflocken oder -streusel*
***Für die Mostsauce***
*1/2 l Apfelmost*
*1 kleines Zimtstangerl*
*1/2 Packung Vanillepuddingpulver*
*2 – 3 EL Zucker*
*ca. 1/8 l Schlagobers oder Rama Cremefine flüssig*

1. Das Backrohr auf 180 °C vorheizen. Eine Auflaufform gut mit Butter ausstreichen. Das Kerngehäuse der Äpfel mit dem Apfelentkerner entfernen, die Äpfel einige Male mit der Gabel anstechen (sie platzen dann nicht so leicht), in die Auflaufform setzen und die Gelee-Rum-Nuss-Fülle mit einem Mokkalöffel in die Äpfel füllen.
2. Die Äpfel ca. 20 – 30 Minuten braten, bis sie weich sind (zwischendurch ev. mit einem Spieß probieren).
3. In der Zwischenzeit die Vanillesauce (siehe Vanille-Äpfel) oder die Mostsauce zubereiten. **Mostsauce:** Den Apfelmost (oder Apfelsaft mit etwas Weißwein vermischt) und das Zimtstangerl zum Kochen bringen. Das Vanillepuddingpulver mit Most oder Wasser glatt rühren und in den kochenden Most eingießen. Unter Rühren aufkochen, Zucker zugeben und Schlagobers oder Rama Cremefine flüssig einrühren.
4. Die angerichteten Bratäpfel mit der Mostsauce umgießen.

***Tipp:*** Für Gäste kann diese Nachspeise „veredelt" werden! Bratäpfel werden ohne Sauce, jedoch mit einer Kugel Vanilleeis und etwas Preiselbeerkompott angerichtet.

# Apfel-Traum

***Zubereitungszeit***
*ca. 10 Minuten*

***Zutaten für 4 – 5 Personen***
*1/2 l fertiges Apfelmus (selbst gemacht oder Fertigprodukt; es darf jedoch nicht zu dünn sein!)*
*1 – 2 EL ungeschwefelte, helle Rosinen*
*1 – 2 EL Rum*
*2 Becher Vanilledessert*
*1/2 Becher Sauerrahm, 1 Packung Vanillezucker*
***Zum Garnieren***
*ev. 2 EL Preiselbeerkompott oder -marmelade*
*gehackte Walnüsse, geröstete Mandelblättchen oder Knuspermüsli*

1. Rosinen heiß waschen, mit 2 EL Rum vermischen und ziehen lassen (je länger desto besser).
2. Joghurt, Sauerrahm und Vanillezucker glatt rühren.
3. In Cremebecher abwechselnd Apfelmus, Rumrosinen (für Kinder weglassen) und Joghurt-Sauerrahmcreme anrichten (je 2 – 3 Lagen).

# Obstsalate mit frischen Früchten

Obstsalate sind immer ein schneller, gesunder Nachtisch und zudem noch preisgünstig, wenn man die Saisonangebote nutzt.

Im **Sommer** gibt es Beerenobst, Melonen und Steinobst, im **Herbst** und **Winter** Trauben, Äpfel, Birnen, Orangen, Bananen und Nüsse.

Manche Obstsorten verfärben sich leicht an der Luft (sie werden bräunlich) und sind zudem eher trocken als saftig: Deshalb macht man eine **Zuckerlösung oder „Läuterzucker":** Man kocht Kristallzucker und Wasser 1:1 (z. B. 1/8 l Wasser und 12 dag Zucker) ca. 4 – 5 Minuten und lässt es auskühlen. Zitronensaft dazugeben und dann erst das Obst schneiden und gleich zur Zuckerlösung geben. Zusätzlich kann der Obstsalat mit einem Edellikör parfümiert werden (z. B. Cointreau, Grand Marnier, Maraschino, Amaretto oder einfach etwas Rum). Für Kinder wird natürlich auf Alkohol verzichtet.

***Tipp:*** Läuterzucker kann man auch auf Vorrat kochen und in eine Flasche abfüllen.

# Kompotte

## Apfel- oder Birnenkompott

***Zubereitungszeit***
*ca. 20 Minuten*

***Zutaten für 4 Personen***
*ca. 1/2 l Wasser*
*1 Zimtstangerl, 5 – 6 Nelken*
*ca. 5 dag Kristallzucker (man kann auch auf die Zuckerzugabe verzichten und ev. das fertige Kompott mit Süßstoff süßen)*
*3 – 4 Äpfel oder Birnen*
*1/2 (unbehandelte) Zitrone*

1. Wasser mit Zucker und den Gewürzen zum Kochen bringen, ca. 5 Minuten kochen lassen.
2. Äpfel (Birnen) schälen, entkernen, in Spalten schneiden und im Gewürzsud sieden, bis das Obst gerade weich ist. Manche Apfelsorten zerfallen sehr leicht! Den Zitronensaft dazugeben, die Gewürze entfernen.

# Schnelle Eisdesserts

Beliebt bei Groß und Klein!

Mit Eis in verschiedenen Geschmacksrichtungen, in Kombination mit Früchten und Saucen kann man rasch ein Dessert zubereiten. Diese Desserts sind deshalb praktisch, weil man die meisten Zutaten **sehr gut bevorraten** kann, z. B. Eis im Tiefkühler, Schokosauce und Fruchtsauce aus der Flasche, tiefgekühlte oder frische Beeren, Obst aus der Dose oder frisch, Schlagobers aus der Flasche, ev. noch Eiswaffeln oder Hippendekor. So kommt man nicht so leicht in Verlegenheit, wenn überraschend Besuch kommt.

**Birne Helene**
Vanilleeis, Kompottbirnen, Schokosauce und Schlagobers, ev. Krokantstreusel oder geröstete Mandelblättchen.

**Pfirsich-Melba**
Vanilleeis, Pfirsichhälfte und Himbeer- oder Erdbeer-Dessertsauce; Schlagobers und gehackte Mandeln oder Pistazien.

**Bananensplit**
Vanilleeis, halbierte Banane, Schokosauce, Schlagobers und geröstete Mandelblättchen oder Krokantstreusel.

**Früchtebecher**
Vanille- oder Fruchteis, Cocktailfrüchte oder frischer Obstsalat, Schlagobers.

# Gekochte Cremen auf Puddingbasis

Die Zubereitung eines gewöhnlichen Puddings (Flammerie) laut Zubereitungsanleitung ist kein großes Problem. Auf dieselbe Art werden die nachfolgenden Cremen hergestellt – sie werden jedoch zusätzlich verfeinert.

# Ananas-Creme

***Zubereitungszeit***
*ca. 30 Minuten*

***Zutaten für 6 Personen***
*1 kleinere Dose Ananaskompott in Stücken oder in Scheiben*
*1 Packung Vanillepuddingpulver (oder 4 dag Maizena)*
*etwas Zucker (nach Geschmack, der Ananassaft ist allenfalls schon süß genug)*
*1 Becher Schlagobers, 1 Packung Sahnesteif*
*1 Packung Vanillezucker*

1. Ananas abseihen, den Saft auffangen und mit Wasser auf einen 1/2 Liter auffüllen.
2. Den gestreckten Saft zum Kochen bringen. Das Puddingpulver mit etwas Ananassaft oder kaltem Wasser (ca. 2 – 3 EL) glatt rühren; mit dem Schneebesen den abgerührten Pudding in den kochenden Saft einrühren und gut aufkochen lassen. Den Topf in ein kaltes Wasserbad stellen und die Creme auskühlen lassen. Dabei öfters umrühren, damit die Creme keine Haut bekommt.
3. Das Schlagobers mit dem Sahnesteif und dem Vanillezucker schlagen (ev. etwas zum Garnieren zurücklassen). Die Ananas in kleine Stücke schneiden und unter die ausgekühlte Creme mischen. Das Schlagobers unterziehen.
4. Die Creme anrichten. Vom restlichen Obers mit dem Kaffeelöfferl einen Tupfer in die Mitte setzen und ev. mit einem Melissenblatt dekorieren. Bis zum Verzehr kalt stellen.

***Tipp:*** Auf dieselbe Art kann auch eine Pfirsich- oder eine Orangen-Creme hergestellt werden.

## Pfirsich-Creme

***Zubereitungszeit***
*ca. 30 Minuten*

***Zutaten für 6 Personen***
*1 kleine Dose Pfirsichkompott*
*Orangenjuice (mit dem Kompottsaft auf gut 1/2 Liter auffüllen)*
*1 Packung Vanillepuddingpulver*
*Zucker nach Bedarf*
*1 Becher Schlagobers*
*1 Packung Sahnesteif*

***Zubereitung***
siehe Ananas-Creme

## Orangen-Creme

***Zubereitungszeit***
*ca. 30 Minuten*

***Zutaten für 6 Personen***
*1/2 l Orangenjuice und 1/8 l Wasser*
*Saft und Schale einer unbehandelten 1/2 Zitrone*
*Zucker nach Bedarf*
*1 Packung Vanillepuddingpulver*
*1 Becher Schlagobers*
*1 Packung Sahnesteif*
*1 kleine Dose Mandarinenspalten (Saft verwenden) – Einige ganze Spalten zum Dekorieren zurücklassen, die restlichen Spalten kleiner schneiden und unter die Creme mischen.*

***Zubereitung***
siehe Ananas-Creme

# Kalifornischer Traum

***Zubereitungszeit***
*ca. 30 Minuten*

***Zutaten für 4 – 6 Personen***
*1/4 l Milch*
*5 dag Zucker*
*1 Packung Vanillezucker*
*3 dag Maizena oder Vanillepuddingpulver*
*2 Eier*
*Saft und Schale einer 1/2 Zitrone*
*1 Becher Joghurt*
*1 kleine Dose Pfirsichkompott*
*etwas Rum*

1. Die Eier trennen. Das Eiklar zu steifem Schnee schlagen und die Hälfte des Zuckers langsam einschlagen.
2. Milch, Maizena und den restlichen Zucker unter ständigem Rühren zum Kochen bringen, von der Herdplatte ziehen und sofort den steifen Schnee mit dem Schneebesen untermengen (der Eischnee darf dabei nicht zerfallen). Dann die Eidotter, das Joghurt und den Zitronensaft einrühren.
3. Die Creme in Schüsserln oder Cremeschalen füllen (maximal 3/4 voll gefüllt) und kalt stellen. Die Pfirsichspalten mit dem halben Saft und einem Schuss Rum aufmixen, und jeweils 2 – 3 EL über die bereits gekühlte Creme gießen. Ev. mit Melissenblättern dekorieren.

# Rahm-Wein-Creme

***Zubereitungszeit***
*ca. 30 Minuten*

***Zutaten für 4 Personen***
*1/4 l Milch*
*2 dag Maizena*
*2 EL Zucker*
*Vanillezucker*
*geriebene Zitronenschale oder Zitronenaroma*
*1/8 l Sauerrahm, Creme fraiche oder*
*Rama Cremefine*
*1/16 l Weißwein (liebliche Sorte oder Spätlese)*
*ca. 30 dag Weintrauben blau und grün*
*5 dag Walnüsse*
*jeweils ca. 1 TL Butter und Zucker*

1. Milch mit Maizena, Zucker, Vanillezucker und geriebener Zitronenschale unter ständigem Rühren mit dem Schneebesen zum Kochen bringen, Hitze reduzieren und die Creme kurz köcheln lassen.
2. Die Creme von der Platte nehmen, den Sauerrahm und den Wein einrühren.
3. Die Trauben waschen, halbieren und entkernen (bei hellen Trauben ev. die kleinen kernlosen Trauben auswählen) und mit der Creme vermengen. In Gläsern anrichten und kalt stellen.
4. Die Walnüsse grob hacken. In einer kleinen Pfanne etwas Butter und Zucker schmelzen lassen. Die gehackten Nüsse darin leicht rösten, auskühlen lassen und die Traubencreme damit bestreuen.

# Panna Cotta mit Erdbeerragout

Italienisches Dessert: „gekochtes Obers“

***Zubereitungszeit***
*ca. 25 Minuten*

***Zutaten für 4 Personen***
*5 Gelatineblätter*
*1 Packung Vanillezucker (Bourbon-Vanillezucker)*
*6 – 7 dag Zucker*
*1/2 l Schlagobers*
*1/8 l Milch*
*1 EL Orangenlikör*
*1/4 kg Erdbeeren*
*5 dag Zucker*
*etwas Zitronensaft*
*Zitronenmelisse*

1. Die Gelatineblätter ca. 5 Minuten in kaltem Wasser einweichen.
2. Schlagobers, Milch, Zucker und Vanillezucker aufkochen lassen und von der Platte nehmen. Die Gelatineblätter ausdrücken und in der heißen Obersmischung auflösen. Mit der Schneerute gut verrühren. In kleine mit kaltem Wasser ausgespülte Portionsförmchen füllen und einige Stunden im Kühlschrank stocken lassen.
3. Die Erdbeeren waschen, putzen, vierteln und mit Zucker, Zitronensaft und Orangenlikör vermischen.
4. Die Panna-Cotta-Förmchen kurz in heißes Wasser stellen und auf einen Teller stürzen. Mit den marinierten Erdbeeren anrichten. Zitronenmelisse in Streifen schneiden und über die Erdbeeren streuen.

# TEIGE SÜSS UND PIKANT

# Blätterteig

**Frischen Blätterteig** gibt es in allen Lebensmittelgeschäften in Packungen zu ca. **27 dag** oder **Tiefkühlblätterteig zu 33 dag**. Dieser muss natürlich rechtzeitig aufgetaut werden. Er ist etwas dicker als der frische Blätterteig und kann daher noch ausgerollt werden. Der frische Blätterteig hält sich relativ lange im Kühlschrank, für eine längerfristige Lagerung kann er auch tiefgekühlt werden. Es gibt auch bereits rund ausgerollten Blätterteig. Dieser ist ideal zum Auslegen von Torten- oder Quicheformen.

# Schinkenkipferln

Besonders geeignet
für Snacks oder Fingerfood.

***Zubereitungszeit***
*ca. 30 – 35 Minuten*

***Zutaten für ca. 16 Stück***
*1 Packung Blätterteig (27 dag)*
*15 dag Press- oder Toastschinken*
*1 EL Creme fraiche, Ei zum Bestreichen*
*1 TL gehackte Kräuter (Petersilie*
*oder Schnittlauch)*
*(ev. Kümmel oder Sesam zum Bestreuen)*

1. Den Schinken fein hacken, mit Creme fraiche und Kräutern vermischen. Das Backrohr auf 200 °C vorheizen. Den Teig aus der Packung nehmen, aufrollen, längs halbieren, aus jeder Hälfte Dreiecke schneiden. Mit einem Teelöffel die Fülle im unteren Drittel auftragen, etwas andrücken, die seitlichen Ecken in Richtung Fülle einbiegen, zu einem Stangerl aufrollen und zu einem Kipferl biegen.
2. Kipferln auf das Blech legen. Es muss nicht befettet werden, da der Teig durch seinen Fettgehalt nicht klebt. Man kann aber ein Backtrennpapier auflegen, damit entfällt die Reinigung des Bleches.
3. Die Kipferln dünn mit einem versprudelten Ei bestreichen und ev. mit Kümmel oder Sesam bestreuen. Kipferln ins Rohr schieben und ca. 15 Minuten backen, bis sie schön braun sind.

***Tipp:*** Die Kipferln lassen sich sehr gut einfrieren. Die gefrorenen Kipferln auf das Blech legen, Backrohr auf 100 °C Heißluft einschalten und ca. 15 – 20 Minuten aufbacken.

# Krautkipferln

Besonders geeignet
für Snacks oder Fingerfood.

***Zubereitungszeit***
*ca. 40 – 45 Minuten*

***Zutaten für ca. 16 Stück***
*1 Packung Blätterteig (27 dag)*
***Für die Fülle***
*1 kleine Zwiebel*
*30 dag Kraut*
*2 EL Öl*
*Petersilie*
*ca. 5 dag Hamburgerspeck*
*Salz, Pfeffer*

**1.** Zwiebel fein hacken. Den Speck in Streifen oder kleine Würfel schneiden. Das geputzte, gewaschene Kraut in feine Streifen schneiden.
**2.** Öl erhitzen, Zwiebel und Speck darin anrösten, das Kraut zugeben. Salz, Pfeffer und etwas Petersilie zugeben, zudecken und bei schwacher Hitze ca. 10 – 15 Minuten dünsten. Das Kraut soll nicht zu weich werden, daher kein oder nur 2 – 3 EL Wasser zugeben, auskühlen lassen.
**3.** Die Kipferln füllen und im vorgeheizten Backrohr bei 200 °C backen (siehe Schinkenkipferln).

# Champignonkipferln

Besonders geeignet
für Snacks oder Fingerfood.

***Zubereitungszeit***
*ca. 30 Minuten*

***Zutaten für ca. 16 Stück***
*1 Packung Blätterteig (27 dag)*
***Für die Fülle***
*1 EL Butter*
*1 kleine Zwiebel*
*1 Knoblauchzehe*
*25 dag frische Champignons*
*1 EL gehackte Petersilie*
*Salz, Pfeffer*

**1.** Pilze putzen, in dünne Scheiben schneiden oder hacken, Zwiebel und Knoblauch ebenfalls hacken.
**2.** Butter zerlassen, Zwiebel und Knoblauch anschwitzen, Pilze dazugeben, salzen und pfeffern. Kurz rösten, bis die Flüssigkeit verdunstet ist, Petersilie zugeben, wenn nötig, noch nachwürzen. Auskühlen lassen.
**3.** Die Kipferln füllen und im vorgeheizten Backrohr bei 200 °C backen (siehe Schinkenkipferln).

# Tascherln mit verschiedenen Füllungen

Besonders geeignet
für Snacks oder Fingerfood.

## Schinken-Gemüse-Fülle

***Zubereitungszeit***
*ca. 45 Minuten*

***Zutaten für ca. 16 – 20 Stück***
*Die angegebene Menge reicht für*
*ca. 2 Packungen Blätterteig (à 27 dag).*
*20 – 30 dag verschiedene Gemüse wie Zucchini, Pilze, Karotten, Lauch, rote Paprika (oder Tiefkühl-Gemüsemischung)*
*2 – 3 dag Butter oder Öl*
*10 dag Edamer, 10 dag Pressschinken*
*1 EL gehackte Petersilie*
*Salz, Pfeffer*

1. Gemüsesorten in dünne Scheiben oder Würfel schneiden und in Butter dünsten, würzen und auskühlen lassen.
2. Käse und Schinken in 1/2 cm Würfel schneiden, mit der Petersilie zum Gemüse geben.
3. Die Tascherln füllen und im vorgeheizten Backrohr bei 200 °C backen (siehe Schinkenkipferln).

***Tipp:*** Auf dieselbe Art lassen sich auch Strudel herstellen. Diese sind als warme Vor- oder Hauptspeise geeignet und werden mit einem kleinen Salat und etwas Kräutersauce serviert.

## Spinat-Schafskäse-Fülle

***Zubereitungszeit***
*ca. 45 Minuten*

***Zutaten für ca. 16 – 20 Stück***
*Die angegebene Menge reicht für*
*ca. 2 Packungen Blätterteig (à 27 dag).*
*1 Packung Tiefkühl-Blattspinat*
*1 kleine Zwiebel*
*1 – 2 Knoblauchzehen*
*15 – 20 dag Schafskäse*
*1 rote Paprikaschote*
*Muskatnuss*
*2 EL Olivenöl*
*Salz, Pfeffer*

1. Spinat auftauen, gut ausdrücken und hacken.
2. Zwiebel und Paprikaschoten in kleine Würfel schneiden.
3. Zwiebel in Öl anschwitzen, Paprikawürfel zugeben und kurz durchrösten. Den gehackten Spinat, den gepressten oder gehackten Knoblauch und die Gewürze zugeben, auskühlen lassen und den gewürfelten Schafskäse untermengen.
4. Die Tascherln füllen und im vorgeheizten Backrohr bei 200 °C backen (siehe Schinkenkipferln).

***Tipp:*** Die Tascherln lassen sich gut einfrieren. Sie passen auch gut für ein leichtes Abendessen mit einem kleinen Salat.

# Süßspeisen aus Blätterteig

## Blätterteigschnitte mit Beeren-Fülle

***Zubereitungszeit***
*ca. 30 Minuten*

***Zutaten für 6 – 8 Personen***
*1 Packung Blätterteig (27 dag)*
*1 Eidotter*
*1/4 kg Erdbeeren*
*Zucker nach Geschmack*
*etwas Zitronensaft*
*ev. etwas Orangenlikör*
*ca. 1 – 2 EL Sauerrahm*
*1/4 l Schlagobers*
*1 Sahnesteif*

1. Das Backrohr auf 200 °C vorheizen. Den Blätterteig der Länge nach halbieren, dünn mit versprudeltem Eidotter (mit 1 TL Wasser) bestreichen und mit der Gabel gut anstechen. Aus jeder Hälfte 6 – 8 gleich große Schnitten schneiden. Das Backblech mit Backtrennpapier belegen, die Schnitten ca. 10 – 12 Minuten goldbraun backen und auskühlen lassen.
2. Die Erdbeeren waschen, 5 – 6 schöne Erdbeeren für die Garnierung reservieren, die übrigen in kleine Stücke schneiden.
3. Schlagobers mit Sahnesteif schlagen. Sauerrahm mit Zucker, Zitronensaft und Likör verrühren, die Erdbeeren und das Schlagobers unterheben.
4. Je 2 Schnitten mit dem Erdbeerobers zusammensetzen, bezuckern und anrichten. Die Erdbeeren entweder halbieren oder zu Fächern schneiden, neben die Schnitte legen, ev. noch mit Erdbeer- oder Melissenblättern garnieren.

**Wichtig:** Nie die Teigränder (Schnittkante) bestreichen, da die Teigschichten des Blätterteiges sonst zusammenkleben und am Rand nicht schön aufgehen.

***Tipp:*** Für dieses Dessert eignen sich auch – je nach Saison – Himbeeren oder Heidelbeeren! Für besondere Anlässe kann man aus dem Blätterteig z. B. Herzen ausstechen und mit Obers zusammensetzen.

# Apfel-Schnitten

***Zubereitungszeit***
*ca. 30 Minuten*

***Zutaten für ca. 12 Stück***
*1 Packung TK-Blätterteig (33 dag), aufgetaut*
*4 – 5 mittelgroße Äpfel*
*Saft von 1/2 Zitrone*
*2 EL Kristallzucker, 1 TL Zimt*
*1 Eidotter zum Bestreichen*
*2 – 3 EL passierte Marillenmarmelade*
*1 EL Rum*
*2 – 3 EL geröstete Mandelblättchen*

**1.** Die Äpfel schälen, halbieren, das Kerngehäuse ausstechen und in ca. 1/2 cm breite Spalten schneiden. Die Äpfel mit Zitronensaft vermischen, damit sie nicht braun werden.
**2.** Das Backrohr auf ca. 200 °C vorheizen. Eidotter mit etwas Wasser verquirlen.
**3.** Den Teig auf einer leicht bemehlten Fläche auflegen. Die ganze Fläche dünn mit Dotter bestreichen, den Teig in 12 gleich große Quadrate oder Rechtecke schneiden und auf das Blech heben.
**4.** Die Apfelspalten dachziegelartig auf die Teigstücke legen, mit Zimtzucker bestreuen und ca. 15 – 20 Minuten backen. Marillenmarmelade mit Rum glatt rühren und erhitzen, die noch heißen Schnitten damit bepinseln. Mit den Mandelblättchen bestreuen.

***Tipp:*** Sehr gut schmecken die Schnitten, wenn sie noch warm mit einer Kugel Vanilleeis serviert werden.

**Variante** Birnen-Schnitten

# Topfen-Pfirsich-Strudel

***Zubereitungszeit***
*ca. 45 Minuten*

***Zutaten für ca. 8 Personen***
*1 Packung Blätterteig frisch oder tiefgekühlt*
*25 dag Topfen (40 % Fettgehalt)*
*8 dag Zucker (ev. Süßstoff)*
*1 TL Vanillezucker*
*2 Dotter oder 1 Ei*
*etwas Rum*
*geriebene Zitronenschale*
*1 gestrichener EL Maizena oder Vanillepuddingpulver*
*1 kleine Dose Pfirsichkompott (oder Früchte der Saison, wie Erdbeeren, Himbeeren oder Marillen)*

**1.** Das Backrohr auf 200 °C vorheizen. Pfirsichkompott abtropfen lassen, die halben Früchte in Spalten schneiden.
**2.** Topfen, Zucker, Aromastoffe, Ei und Maizena verrühren. Den Blätterteig mit dem Papier auf das Blech legen, die Fülle in der Mitte des Blätterteiges verteilen.
**3.** Die Pfirsichspalten darauflegen, den oberen und unteren Teigstreifen über die Fülle klappen und mit Wasser oder Eiklar bepinseln.
**4.** Strudel ca. 30 Minuten backen und mit Staubzucker bestreuen.

***Tipp:*** Es gibt auch Vollkornblätterteig!

*Apfel-Schnitten*

*Topfen-Pfirsich-Strudel*

# Vanille-Cremeschnitten

Sind immer beliebt!

***Zubereitungszeit***
*ca. 45 Minuten*

***Zutaten für 8 – 10 Personen***
*1 Packung Blätterteig (27 dag)*
***Für die Fülle***
*1 Packung QimiQ Vanille*
*1 1/2 Becher Schlagobers*
*1 Packung Sahnesteif*
*1 Packung Vanillezucker*
*1 EL Rum*
*ca. 8 dag Zucker (4 EL oder Süßstoff)*
***Für die Glasur***
*1 – 2 EL rote Marmelade oder Marillenmarmelade*
*3 – 4 gehäufte EL Staubzucker*
*1 TL Zitronensaft und 1 – 2 TL heißes Wasser*

1. QimiQ mit Zucker, Rum und Vanillezucker glatt rühren. Das Schlagobers mit dem Sahnesteif schlagen und auf 2 Partien locker mit dem QimiQ vermengen. Bis zum Füllen kalt stellen.
2. Das Backrohr auf 200 °C vorheizen. Den Blätterteig mit dem Papier auf das Blech legen, der Länge nach halbieren, mit der Gabel gut anstupfen, damit der Teig nicht zu stark aufgeht. Ca. 10 – 12 Minuten backen, bis er eine schöne Farbe hat (das Backrohr in der Zwischenzeit nicht öffnen). Im ausgeschalteten Rohr noch etwas nachbacken lassen.
3. Die Marmelade in der Mikrowelle erhitzen und mit dem Backpinsel auf den schöneren Blätterteigstreifen auftragen. Den Staubzucker mit dem Zitronensaft und dem heißen Wasser glatt rühren und ebenfalls mit dem Pinsel auf die Marmelade auftragen.
4. Die (etwas angezogene) Vanillecreme auf den nicht bestrichenen Blätterteigstreifen auftragen. Den glasierten Blätterteigstreifen mit einem scharfen Messer oder Sägemesser in 8 – 10 Stücke teilen und auf die Creme legen. Im Kühlschrank mindestens 2 Stunden anziehen lassen.
5. Die Schnitten mit einem scharfen Messer ganz durchschneiden.

***Tipp:*** Mit einem Elektromesser geht es ganz problemlos. Man braucht den glasierten Teil nicht vorschneiden, sondern legt ihn einfach auf die Creme bis zum Portionieren.

# Strudelteig

Die Herstellung eines gezogenen Strudels ist recht arbeitsaufwändig und schwierig. Zum Glück gibt es fertigen Strudelteig zu kaufen. Fertige Strudelblätter erhält man vakuumverpackt oder tiefgekühlt in Packungen mit 2 oder 4 Teigblättern.

## Hinweise für die Verwendung

- Tiefkühl-Strudelteig unbedingt vorher auftauen, am besten langsam bei Zimmertemperatur!
- Der Teig darf erst unmittelbar vor der Verwendung aus der zugeschweißten Folie genommen werden, da er sehr rasch trocknet und dann brüchig wird. Immer zuerst die Füllung vorbereiten!
- Damit die Strudelblätter elastisch bleiben, legt man die Teigblätter zum Füllen auf ein leicht feuchtes Geschirrtuch, bestreicht sie mit zerlassener Butter und legt noch ein Teigblatt darüber, dadurch wird die Umhüllung etwas stabiler. Auf der Verpackung ist die Anwendung zumeist genau beschrieben!
- Die Fülle für den Strudel wird nur auf einem Drittel der Teigfläche aufgetragen, wobei seitlich ein Rand von ca. 2 – 3 cm frei bleiben soll. Dieser wird über die Fülle geklappt, damit die Fülle seitlich nicht austreten kann. Die restliche freie Fläche beträufelt oder bepinselt man mit zerlassener, lauwarmer Butter. Sie sorgt dafür, dass die Teigschichten nicht zusammenkleben und nach dem Backen knusprig blättern. Der fertig gerollte Strudel wird nochmals gut mit zerlassener Butter bepinselt.

## Salzige Füllungen

# Erdäpfel-Schinken-Strudel

***Zubereitungszeit***
*ca. 85 Minuten*
*(bei vorgekochten Erdäpfeln erheblich kürzer)*

***Zutaten für 4 – 6 Personen***
*1 Packung Strudelteig*
*20 – 30 dag Selchfleisch (gekochter Schinken)*
***Für die Kartoffelfülle***
*ca. 80 dag mehlige Erdäpfel*
*6 dag Butter*
*2 Dotter oder 1 ganzes Ei*
*1/2 Stange Lauch oder 2 – 3 Jungzwiebeln*
*ca. 2 EL Sauerrahm oder Rama Cremefine*
*Muskatnuss, Salz, Pfeffer*

1. Die Erdäpfel kochen, schälen und pressen oder passieren.
2. Gewaschenen Lauch oder Jungzwiebeln (nur die hellen Teile) hacken und in ca. 1/3 der Butter andünsten. Den Schinken in Würfel schneiden und kurz mitdünsten. Mit den passierten Kartoffeln vermischen, Gewürze, Eidotter und Sauerrahm zugeben. Die restliche Butter zerlassen.
3. Das Backrohr auf ca. 180 °C vorheizen. Die Strudelpackung öffnen. Ein Teigblatt auf das leicht feuchte Geschirrtuch legen, mit zerlassener Butter bestreichen. Das 2. Teigblatt darüber legen, die halbe Fülle auf das untere Drittel aufstreichen (links und rechts 2 cm Rand frei lassen). Die Ränder über die Fülle klappen, die restliche freie Teigfläche mit zerlassener Butter bestreichen. Den Strudel mit Hilfe des Tuches straff einrollen, mit der Nahtstelle nach unten auf das befettete (oder mit Backtrennpapier belegte) Blech heben und nochmals mit zerlassener Butter bestreichen. Den 2. Strudel ebenfalls fertigstellen. Die Backzeit beträgt ca. 20 – 25 Minuten.

***Tipp:*** Siehe auch die Rezepte bei den Geflügelgerichten und dem Schweinslungenbraten.

Dazu passt eine **warme Kräutersauce** oder **Kren-Obers-Sauce** (siehe Kapitel Saucen).

# Pilzstrudel

***Zubereitungszeit***
*ca. 65 Minuten*

***Zutaten für 4 Personen***
*1 Packung Strudelteig (4 Blätter)*
*1/2 kg Champignons*
*15 dag Zwiebeln, etwas Zitronensaft*
*2 EL gehackte Petersilie*
*ca. 8 dag Butter, 2 Eier*
*2 Semmeln oder 4 Scheiben Toastbrot*
*Salz, Pfeffer*

1. Die Pilze säubern und in Scheiben schneiden, mit Zitronensaft beträufeln. Zwiebeln hacken und in ca. 1 EL Butter hell anschwitzen. Die Semmeln in kleine Würfel schneiden.
2. Die Pilze mit den gerösteten Zwiebeln und den Semmelwürfeln vermischen. Die Eier und die gehackte Petersilie zugeben, salzen, pfeffern und etwas anziehen lassen.
3. Backblech befetten, die restliche Butter zerlassen. Das Backrohr auf ca. 180 – 200 °C vorheizen.
4. Jeweils 2 Strudelblätter mit flüssiger Butter übereinander legen. Die halbe Pilzfülle auf das untere Drittel der Teigfläche aufteilen und die restliche Teigfläche mit Butter beträufeln. Die seitlichen Ränder einschlagen, den Strudel einrollen und mit der Nahtseite nach unten auf das Blech legen, nochmals mit Butter bestreichen. Mit dem 2. Strudel gleich verfahren. Beide Strudel ca. 25 Minuten backen.

**Beilagenempfehlung**
Als Hauptspeise mit Kartoffelpüree und Salat servieren, als warme Vorspeise mit einer warmen oder kalten Schnittlauchsauce anrichten (siehe Kapitel Saucen).

## *Schritt-für-Schritt*

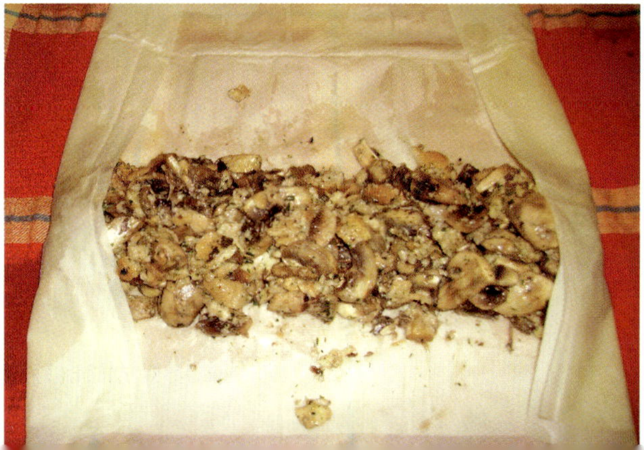

## Krautstrudel

***Zubereitungszeit***
*ca. 80 Minuten*

***Zutaten für 4 Personen***
*1 Packung Strudelteig (4 Blätter)*
*1 kg Weißkraut*
*10 dag Zwiebeln*
*1 – 2 Knoblauchzehen*
*10 dag Hamburgerspeck*
*1 TL Kristallzucker*
*ca. 4 dag Butter oder Margarine*
*ca. 1 TL Kümmel (ev. gemahlen)*
*gemahlene Muskatnuss*
*Salz, Pfeffer*

1. Das Kraut putzen, waschen, teilen, den Strunk entfernen und in Streifen schneiden (ev. mit einem groben Gemüsehobel oder mit der Brotschneidemaschine), mit einem KL Salz vermischen und ziehen lassen. Den Speck in kleine Würfel schneiden, Zwiebeln und Knoblauch fein hacken.
2. Die Speckwürfel hell anrösten, aus der Pfanne nehmen; 1 TL Zucker in das verbliebene Fett geben und schmelzen lassen. Die Zwiebel- und Knoblauchwürfel zugeben und alles goldbraun anrösten.
3. Das Kraut, etwas Pfeffer und den Kümmel zugeben, gut durchmischen und zugedeckt ca. 20 Minuten dünsten lassen. Dabei gelegentlich umrühren (das Kraut soll im eigenen Saft dünsten, darauf achten, dass es nicht anbrennt). Das Kraut auskühlen lassen.
4. Weitere Verarbeitung siehe Pilzstrudel.

### Dazu passt gut eine Paprikasauce

1 rote Paprikaschote in kleine Würfel schneiden, 1 mittlere Zwiebel und 1 – 2 Knoblauchzehen fein hacken. 2 EL Öl erhitzen, Zwiebel und Knoblauch anschwitzen, Paprikawürfel zugeben und andünsten. 1 KL Paprikapulver darüberstreuen, mit etwas Weißwein oder verdünntem Essig ablöschen und mit 1/4 l Wasser oder Suppe aufgießen. Ca. 10 Minuten dünsten lassen, 2 – 3 EL Creme fraiche zugeben, mit dem Mixstab pürieren und mit Salz und Pfeffer abschmecken.

# Lachs-Kartoffel-Strudel

***Zubereitungszeit***
*ca. 80 Minuten*

***Zutaten für 4 Personen***
*1 Packung Strudelteig (4 Blätter)*
*Kartoffelfülle siehe Erdäpfel-Schinken-Strudel*
*ca. 40 – 50 dag Lachsfilet (statt Schinken)*
*Zitronensaft*
*Salz, Pfeffer*

**1.** Tiefgekühlte Lachsfilets auftauen lassen (von frischen Filets ev. die Haut entfernen). Mit Zitronensaft, Salz und Pfeffer würzen, auf die Kartoffelfülle auflegen, einrollen und mit zerlassener Butter bestreichen.
**2.** Den Strudel mit der Nahtseite nach unten auf das Blech legen, mit dem 2. Strudel gleich verfahren und ca. 25 – 30 Minuten backen.

***Tipp:*** Anstelle von Lachsfilets kann man auch Räucherlachs verwenden – dieser ist schon gewürzt!

# Gemüsestrudel

***Zubereitungszeit***
*ca. 70 – 80 Minuten*

***Zutaten für 4 Personen***
*1 Packung Strudelteig (4 Blätter)*
*ca. 60 dag gemischtes Gemüse in Würfel geschnitten oder tiefgekühltes Gemüse (z. B. Karotten, Zucchini, Karfiol oder Broccoliröschen, Kohlrabi, Erbsen, Lauch, Champignons)*
*1/2 Becher Sauerrahm oder Creme fraiche*
*1 – 2 Eier*
*2 EL gehackte Petersilie oder gemischte Kräuter*
*3 – 4 EL geriebener Hartkäse (Parmesan oder Emmentaler)*
*ca. 5 dag geröstete Sonnenblumenkerne*
*2 – 3 EL Brösel*
*ca. 5 dag Butter*
*Muskatnuss, Salz, Pfeffer*

**1.** Das geschnittene Gemüse in wenig Salzwasser bissfest dünsten (oder in der Mikrowelle garen); abseihen und den Sud aufheben. Das Gemüse auskühlen lassen.
**2.** Sauerrahm mit Eiern, Petersilie, Käse und Gewürzen versprudeln. Mit dem ausgekühlten Gemüse vermischen, die Sonnenblumenkerne und die Brösel zugeben.
**3.** Weitere Verarbeitung siehe Pilzstrudel.

***Tipp:*** Aus dem Gemüsesud eine Kräutersauce herstellen (siehe Kapitel Saucen).

# Süße Füllungen

## Apfelstrudel

***Zubereitungszeit***
*ca. 60 Minuten*

***Zutaten für ca. 8 Personen***
***(2 kleine Strudel)***
*1 Packung Strudelteig*
*ca. 1 kg säuerliche Äpfel*
*Zitronensaft und -schale*
*6 dag Butter*
*6 – 8 dag Brösel*
*ev. 3 – 4 EL gehackte Walnüsse*
*ca. 4 – 5 dag Kristallzucker*
*1 KL Zimt*
*5 dag Rosinen, etwas Rum*
*Butter zum Bestreichen*

1. Die Äpfel schälen, das Kerngehäuse entfernen vierteln und in dünne Spalten schneiden (schneller geht es mit einem Gemüsehobel), mit Zitronensaft beträufeln, Rosinen und Rum untermengen.
2. Butter zerlassen, die Brösel (und die gehackten Nüsse) darin anrösten.
3. Backblech mit Butter bestreichen oder mit Backtrennpapier belegen. Das Backrohr auf 180 – 200 °C vorheizen.
4. Jeweils 2 Teigblätter mit flüssiger Butter übereinanderlegen. Das untere Drittel der Teigfläche mit der halben Bröselmenge bestreuen (links und rechts ca. 2 cm Rand lassen). Zucker und Zimt mit den Äpfeln vermischen und die halbe Apfelmenge auf den Bröseln verteilen. Die restliche Teigfläche mit flüssiger Butter bestreichen, die seitlichen Ränder einschlagen, den Strudel einrollen, mit der Nahtstelle nach unten auf das Blech heben und nochmals mit Butter bestreichen. Den 2. Strudel gleich herstellen.
5. Die Backzeit beträgt ca. 25 – 30 Minuten. Die Strudel sollen eine schöne braune Farbe haben.

### Variationen

Birnen-, Marillen- oder Kirschenstrudel
(ohne Rosinen)

# Weintraubenstrudel

***Zubereitungszeit***
*ca. 45 – 50 Minuten*

***Zutaten für ca. 8 Personen***
***(2 kleine Strudel)***
*1 Packung Strudelteig*
*3 Eier*
*6 dag Kristallzucker*
*10 dag fein geriebene Mandeln*
*1 Packung Vanillepuddingpulver*
*1 Packung Vanillezucker*
*Zitronenschale*
*60 dag Weintrauben*
*6 dag Butter zum Bestreichen*

1. Die Trauben waschen, große Trauben ev. halbieren und entkernen. Das Backrohr auf ca. 200 °C vorheizen. Das Blech befetten und die Butter zerlassen.
2. Eiklar zu Schnee schlagen, Kristallzucker löffelweise langsam einschlagen, die Dotter und Aromastoffe einrühren. Puddingpulver mit den Mandeln vermischen und untermengen.
3. Jeweils 2 Teigblätter mit zerlassener Butter bestreichen und übereinander legen. Die halbe Mandelfülle auf das untere Teigdrittel aufstreichen, links und rechts ca. 2 cm Rand frei lassen. Die Hälfte der Trauben auf die Mandelmasse streuen und die Ränder einschlagen. Die restliche Teigfläche mit Butter bestreichen, den Strudel einrollen, auf das Blech heben und nochmals mit Butter bestreichen. Mit dem 2. Strudel gleich verfahren. Ca. 25 – 30 Minuten backen.

Dazu passt gut eine **Vanille-Weinsauce:**
1/8 l Weißwein, 1/8 l Wasser mit 3 – 4 Gewürznelken und 1 Päckchen Vanillecremepulver und 2 EL Zucker, Vanillezucker, etwas Zitronenschale, 1 Eidotter glatt rühren, unter ständigem Rühren zum Kochen bringen, mit ca. 1/8 l Schlagobers aufgießen, aufkochen lassen. Sollte die Creme zu dick sein, mit Wein oder Wasser verdünnen.

***Tipp:*** Alle Strudel können auch mit Blätterteig hergestellt werden!

# Strudelblätter mit Topfencreme und Früchten

Einfach herzustellen – große Wirkung!

***Zubereitungszeit***
*ca. 30 – 35 Minuten*

***Zutaten für 4 – 6 Personen***
*1 Packung Strudelteig*
*1 – 2 EL Butter zum Bestreichen*
***Topfencreme***
*15 dag passierter Topfen*
*1 – 2 EL Orangen- oder Zitronensaft*
*Vanillezucker*
*ca. 6 dag Staubzucker*
*1 Becher Schlagobers*
*1 Packung Sahnesteif*
***Früchte***
*geviertelte Erdbeeren*
*Heidelbeeren*
*frische Himbeeren*
*Zucker*
*Zitronensaft*
*ev. etwas Likör*

**1.** Das Backrohr auf 180 °C vorheizen, ein Backblech dünn mit Öl bestreichen.
**2.** Ein doppeltes Teigblatt auf ein leicht feuchtes Geschirrtuch legen und in 9 Vierecke schneiden. Diese diagonal durchschneiden, sodass Dreiecke entstehen. Die Dreiecke auf das Blech legen, dünn mit Öl bestreichen und mit Staubzucker bestreuen (kleines Sieb), auf der mittleren Schiebeleiste ca. 6 – 8 Minuten goldgelb backen.
**3.** Topfen mit Zucker, Orangensaft und Vanillezucker glatt rühren. Das Schlagobers mit dem Sahnesteif schlagen und mit der Topfencreme vermischen.
**4.** Jeweils 3 – 4 Strudeldreiecke mit einem Tupfen Topfencreme (mit Kaffeelöfferl oder Einwegspritzsack) übereinandersetzen, mit den marinierten Beeren garnieren und mit Staubzucker bestreuen.

***Tipp:*** Die Topfencreme kann auch mit pürierten Beeren (z. B. 10 dag Erdbeeren) vermischt werden.

# Strudelsackerl

Originell und einfach herzustellen!

***Zubereitungszeit***
*ca. 30 – 40 Minuten*

***Zutaten für 4 Personen***
*1/2 Packung Strudelteigblätter (2 Blätter)*
*1 EL zerlassene Butter*
*2 Äpfel oder Birnen*
*etwas Zitronensaft*
*1 – 2 EL gehackte Nüsse*
*1 EL (Rum-)Rosinen*
*etwas Zucker*
***Zum Garnieren***
*Vanillesauce oder -joghurt, Beeren oder Preiselbeermarmelade, Minzezweigerln*

1. Backrohr auf ca. 170 °C vorheizen. Blech mit Backtrennpapier belegen.
2. Äpfel oder Birnen in ca. 1/2 cm große Würferln schneiden, mit etwas Zitronensaft beträufeln und mit gehackten Nüssen, (Rum-)Rosinen und etwas Zucker vermengen.
3. Die beiden Strudelblätter mit zerlassener Butter übereinanderlegen, in 4 Teile schneiden und die Fülle in die Mitte geben. Die Ecken hochziehen und über der Fülle leicht zusammendrehen. Nochmals mit Butter bestreichen und ca. 10 –12 Minuten goldbraun backen.
4. Mit etwas Vanillesauce oder Vanillejoghurt anrichten, mit Beeren oder Preiselbeermarmelade und Minzezweigerln garnieren.

***Schritt-für-Schritt***

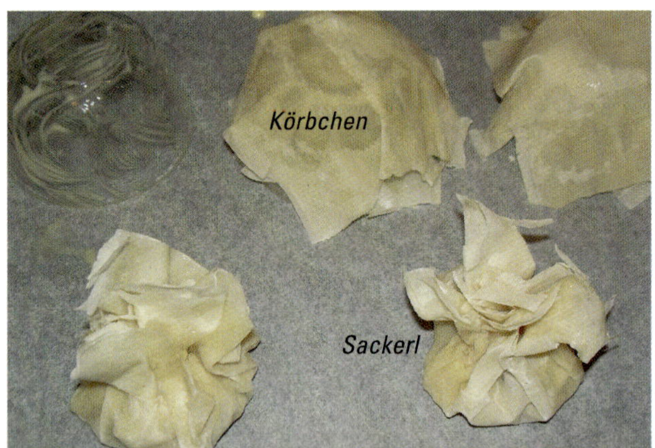

# Strudelkörbchen mit Erdbeeren

***Zubereitungszeit***
*ca. 20 – 30 Minuten*

***Zutaten für 4 Personen***
*1/2 Packung Strudelteigblätter (2 Blätter)*
*1 EL zerlassene Butter*
*4 kleinere Kaffeetassen oder*
*kleine Schüsserln aus*
*feuerfestem Glas oder Darioleformen*
***Zum Füllen***
*Erdbeeren (oder Himbeeren)*
*Schlagobers*
*Topfencreme oder Eis*
*Staubzucker*

1. Die beiden Strudelblätter mit zerlassener Butter übereinanderlegen. 9 Teigquadrate schneiden (2 x längs, 2 x quer).
2. Die Schüsserln verkehrt auf das Blech legen und mit zerlassener Butter bestreichen. Jedes Schüsserl mit einem Teigquadrat belegen, ein 2. Teigquadrat diagonal darüberlegen und leicht andrücken. Nochmals mit zerlassener Butter bepinseln und ca. 10 – 12 Minuten goldbraun backen, auskühlen lassen.
3. Die Schüsserln kurz vor dem Servieren mit Schlagobers, Topfencreme oder Eis und Beeren füllen, leicht bezuckern, ev. mit Fruchtmark, Joghurt oder Vanillesauce garnieren.

***Tipp:*** Strudelkörbchen und -blätter können auch 1 – 2 Tage vorher gebacken werden.

# Das schnelle oder verkehrte Biskuit

Diese Biskuitart mag Ihnen vielleicht noch unbekannt sein, sie ist aber meiner Erfahrung nach die **schnellste** und **unkomplizierteste Zubereitungsart.**

Man beginnt hier mit dem Eischnee, erspart sich einen Rührtopf und einen Arbeitsvorgang – nämlich den des Schaumigrührens von Dotter und Zucker. Man kann daraus in kurzer Zeit eine Vielzahl verschiedener Mehlspeisen herstellen, zudem ist das Biskuit im Vergleich zu anderen Massen relativ kalorienarm.

## Was braucht man dazu?

- **gute, frische und nicht zu kleine Eier**
- Feinkristallzucker und Vanillezucker, 1 Prise Salz
- glattes Mehl (oder Universal), 1 Messerspitze Backpulver
- etwas Öl (Sonnenblumen-, Raps- oder Maiskeimöl)
- Backtrennpapier für das Blech

# Biskuitroulade

***Zubereitungszeit***
*ca. 20 – 25 Minuten*

***Zutaten für ca. 12 Stück pro Roulade (für eine Blechgröße von ca. 38 x 28 cm)***
*4 Eier (Größe M oder L)*
*12 dag Feinkristallzucker (etwas Vanillezucker)*
*12 dag Mehl (ev. 1 Messerspitze Backpulver)*
*1 – 2 EL Öl (machen das Biskuit geschmeidiger, muss aber nicht unbedingt sein)*
***Für die Füllung***
*ca. 15 dag Marillenmarmelade*
*oder 1 Becher Schlagobers, marinierte Früchte, ev. Topfencreme*

***Tipp:*** Man kann die **Masse leicht vergrößern** z. B. 5 Eier und je 15 dag Zucker und Mehl oder 6 Eier und je 18 dag Zucker und Mehl usw. oder **verkleinern** z. B. 2 Eier, je 6 dag Zucker und Mehl.

**1.** Das Backrohr auf 200 °C vorheizen, das Blech mit Backtrennpapier auslegen (das Papier soll nicht über das Blech hängen). Rührtopf und Mixer, Schneerute, Teigkarte und Teigspachtel bereitstellen.
**2.** Die Eier sauber trennen (Spuren von Eidotter können bewirken, dass der Eischnee nicht fest wird) und die Eidotter in eine Tasse geben.
**3.** Eiklar zu Schnee schlagen, den Feinkristallzucker langsam, löffelweise einschlagen. Danach die Eidotter einrühren und das Mehl mit dem Backpulver darübersieben. 1 – 2 EL Öl zugeben und mit der Schneerute zügig einarbeiten.
**4.** Die Masse mit einer Teigkarte **gleichmäßig** auf das ganze Blech streichen.

**5.** Das Blech in die mittlere Schiene des Backrohres schieben. Die Backzeit beträgt ca. 8 bis maximal 10 Minuten. Zu langsames Backen lässt das Biskuit austrocknen, es bricht dann beim Einrollen!

**6.** Ein sauberes Geschirrtuch auf die Arbeitsfläche ausbreiten und leicht bezuckern. Das gebackene Biskuit vom Rand lösen, auf das Tuch stürzen und das Papier abziehen (wenn man das Papier mit einem nassen Tuch befeuchtet, kann man es danach leichter abziehen).

**7.** Das Biskuit mit Marmelade (Biskuit kann noch warm sein), mit Creme oder Schlagobers bestreichen (dafür muss das Biskuit ganz ausgekühlt sein), straff einrollen und mit Staubzucker bestreuen.

***Tipp:*** Wenn der Eischnee mit dem Zucker gut ausgeschlagen wird, die Backtemperatur und die Backzeit stimmen, dann ist das Biskuit auch nach dem Auskühlen so elastisch, dass es nicht nötig ist, es zuerst ohne Fülle („blind") einzurollen und so auskühlen zu lassen.

# Biskuitroulade mit Topfen-Erdbeer-Fülle

***Zubereitungszeit***
*ca. 35 Minuten*

***Zutaten für ca. 12 Stück pro Roulade***

***Zubereitung Biskuitmasse***
*siehe Biskuitroulade*

***Zutaten für die Fülle***
*1/8 l Schlagobers*
*1/2 Packung Sahnesteif*
*ca. 2 – 3 EL Staubzucker oder Feinkristallzucker*
*Vanillezucker (nach Geschmack)*
*etwas Zitronensaft und -schale*
*12 dag passierter Topfen (1/2 Packung)*
*20 – 25 dag Erdbeeren*

**1.** Topfen mit Zucker und Zitrone schaumig rühren, Schlagobers mit dem Sahnesteif schlagen und unter die Topfencreme rühren.

**2.** Die Erdbeeren putzen, waschen und in kleine Stücke schneiden.

**3.** Die Topfencreme auf das Biskuit streichen, die Erdbeerstücke aufstreuen, das Biskuit einrollen und bezuckern.

## Nussroulade mit Kaffee-Obers-Creme

***Zubereitungszeit***
*ca. 40 Minuten*

***Zutaten für ca. 12 Stück pro Roulade***
***Für das Biskuit***
*4 große Eier (M oder L)*
*12 dag Feinkristallzucker*
*ev. Vanillezucker*
*1 Prise Salz*
*8 dag glattes Mehl (1 Messerspitze Backpulver)*
*4 – 5 dag gemahlene Nüsse (Haselnüsse, Walnüsse oder Mandeln)*
*1 EL Öl*

***Zubereitung***
*siehe Biskuitroulade*

***Für die Fülle***
*1/4 l Schlagobers*
*1 Packung Sahnesteif*
*1 EL Staubzucker*
*ev. 1 Packung Vanillezucker*
*1 – 2 KL Nescafé*

1. Alle Zutaten mit dem gekühlten Schlagobers vermischen und aufschlagen.
2. Die Creme gleichmäßig auf das ausgekühlte Biskuit streichen und einrollen (mit Hilfe des Geschirrtuches, welches leicht angehoben und dann mit sanftem Druck auf das Biskuit gerollt wird). Die Roulade mit Staubzucker bestreuen.

## Buchweizenroulade mit Preiselbeer-Obers-Fülle

***Zubereitungszeit***
*ca. 40 Minuten*

***Zutaten für ca. 12 Stück pro Roulade***
***Für das Biskuit***
*4 Eier, 1 Prise Salz*
*12 dag Feinkristallzucker (oder Vollrohrzucker)*
*10 dag feines Buchweizenmehl (grobes Mehl sieben)*
*1 Messerspitze Backpulver, 1 EL Maizena oder glattes Mehl, 2 Rippen geriebene Kochschokolade (alles mit dem gesiebten Mehl vermischen)*
*1 EL Öl*

***Zubereitung***
*siehe Biskuitroulade*

***Für die Fülle***
*ca. 3 – 4 EL Preiselbeermarmelade (mit etwas Rum vermischen)*
*1/4 l Schlagobers*
*1 Packung Sahnesteif*
*1 Packung Vanillezucker*

1. Gekühltes Schlagobers mit Sahnesteif und Vanillezucker aufschlagen.
2. Die Preiselbeermarmelade mit dem Schlagobers vermischen und auf das Biskuit streichen, einrollen und bezuckern.

*Nussroulade*

# Kakaoroulade mit Schlagobers und Banane

***Zubereitungszeit***
*ca. 40 Minuten*

***Zutaten für ca. 12 Stück pro Roulade***
***Für das Biskuit***
*3 Eier*
*9 dag Feinkristallzucker*
*1 Prise Salz*
*ev. Vanillezucker*
*7 dag glattes Mehl*
*1 Messerspitze Backpulver*
*2 dag Kakao (am besten mit dem Mehl und dem Backpulver vermischen und über den Eischnee sieben, damit keine Kakaoklümpchen entstehen)*
*1 EL Öl*

***Zubereitung***
*siehe Biskuitroulade*

***Für die Fülle***
*1 – 2 EL Marillenmarmelade*
*1 EL Rum, ev. 1 EL Wasser*
*1 Becher Schlagobers*
*1 Packung Sahnesteif*
*1 Packung Vanillezucker*
*2 – 3 Bananen*

1. Marillenmarmelade mit Rum glatt rühren, das Biskuit damit dünn bestreichen.
2. Das gekühlte Schlagobers mit Vanillezucker und Sahnesteif aufschlagen und auf das Biskuit streichen. Die Bananen schälen, die Enden wegschneiden, sodass die Bananen gerade sind.
3. Die Bananen am unteren Biskuitrand auf das Schlagobers legen, mit dem Biskuit einrollen und mit Staubzucker bestreuen.

## *Schritt-für-Schritt*

# Mohnroulade mit Schlagobers und Powidl

***Zubereitungszeit***
*ca. 40 Minuten*

***Zutaten für ca. 12 Stück pro Roulade***
***Für das Biskuit***
*4 Eier*
*12 dag Feinkristallzucker*
*1 Prise Salz*
*Vanillezucker*
*7 dag glattes Mehl*
*1 Messerspitze Backpulver*
*7 dag fein gemahlener Mohn*
*1 EL Öl*

***Zubereitung***
*siehe Biskuitroulade*

***Für die Fülle***
*ca. 1/2 Glas gute Powidlmarmelade*
*(besteht aus gedörrten Zwetschken)*
*1 EL Rum*
*etwas geriebene Zitronenschalen (-aroma)*
*1/4 l Schlagobers*
*1 Packung Vanillezucker*
*1 Packung Sahnesteif*

1. Powidl mit Rum und Zitrone glatt rühren und auf das Biskuit streichen.
2. Das gekühlte Schlagobers mit Sahnesteif aufschlagen, auf das Biskuit streichen und einrollen. Mit Staubzucker bestreuen.

***Tipp:*** Wer Powidlmarmelade nicht mag, kann auf das gezuckerte Schlagobers frische **Himbeeren** streuen.

# Dinkelroulade mit Maroni-Obers-Fülle

***Zubereitungszeit***
*ca. 40 Minuten*

***Zutaten für ca. 12 Stück pro Roulade***
***Für das Biskuit***
*4 Eier*
*12 dag Zucker (oder Vollrohrzucker)*
*1 Messerspitze Salz*
*12 dag fein gemahlenes Dinkelmehl*
*1 Messerspitze Backpulver*
*1 EL Öl*

***Zubereitung***
*siehe Biskuitroulade*

***Für die Fülle***
*1/4 l Schlagobers*
*1 – 2 Packungen Kastanienreis gesüßt*
*1 Packung Vanillezucker*
*etwas Zimt*
*2 – 3 EL säuerliches Gelee oder Marmelade (Weichsel oder Ribisel)*
*1 – 2 EL Rum*

**1.** Gekühltes Schlagobers mit Vanillezucker und Zimt aufschlagen, den aufgetauten Kastanienreis untermengen.
**2.** Marmelade mit Rum glatt rühren und auf das ausgekühlte Biskuit streichen. Das Kastanienobers auftragen, einrollen und bezuckern.

***Tipp:*** Statt dem Dinkelbiskuit kann man auch das Kakaobiskuit (siehe Bananenroulade) verwenden.

▮ Die **Füllungen** können natürlich **variabel eingesetzt** werden!

▮ Aus all diesen Biskuitvarianten kann man statt Rouladen auch **Schnitten** herstellen: Dafür schneidet man aus dem Biskuit 3 – 4 gleich breite Streifen und setzt diese mit beliebiger Fülle zusammen; die Oberfläche kann einfach überzuckert oder mit einer Glasur überzogen werden.

▮ Aus all diesen Biskuitmassen können auch **Tortenböden** hergestellt werden. Diese werden im Backrohr bei 180 °C ca. 25 – 30 Minuten gebakken..

# Topfentorte mit Pfirsichen (oder Erdbeeren)

***Zubereitungszeit***
*ca. 60 Minuten*

***Zutaten für eine größere Tortenform***
*Biskuitmasse von ca. 3 – 4 Eiern*
*(siehe Biskuitroulade)*
*1 Packung QimiQ (ev. Vanille)*
*1/2 kg passierter Topfen (20 % Fettgehalt)*
*1/4 l Schlagobers, 1 Packung Sahnesteif*
*ca. 12 dag Zucker*
*Saft von 1 Zitrone, Vanillezucker*
*1 Dose Pfirsichspalten oder -hälften*
*(oder ca. 1/2 kg Erdbeeren)*
*etwas Marillenmarmelade*
***Zum Garnieren***
*1 – 2 Kiwis oder einige Erdbeeren*

***Tipp:*** Durch die Verwendung von QimiQ benötigt man keine Gelatine! Wenn kein QimiQ zur Verfügung steht, stattdessen 1/4 l Schlagobers und 2 Packungen Sahnesteif verwenden!

1. Biskuitmasse von 3 – 4 Eiern herstellen, Tortenform befetten und bemehlen. Backrohr auf 180 °C vorheizen, Torte ca. 25 – 30 Minuten backen, auskühlen lassen.
2. Den Tortenboden in der Mitte durchschneiden und den unteren Boden wieder in die Form zurücklegen. Den Tortenring innen mit Fettpapier oder Alufolienstreifen auslegen. Das Pfirsichkompott gut abtropfen lassen (Erdbeeren waschen und halbieren).
3. QimiQ glatt rühren, Staubzucker, Topfen, Zitronensaft und 1/2 Tasse Kompottsaft einrühren; das Schlagobers mit dem Sahnesteif aufschlagen und unter die Topfencreme rühren.
4. Die Marmelade glatt rühren, ev. leicht mit Rum aromatisieren und auf den unteren Tortenboden streichen. Den Boden mit den Pfirsichhälften oder -spalten belegen, die Topfencreme darüber verteilen, glatt streichen, mit dem oberen Biskuitboden belegen und im Kühlschrank für einige Stunden kalt stellen. Mit Staubzucker bestreuen.

## Variante

Den Tortenboden nicht durchschneiden, die Pfirsiche auf den mit Marmelade bestrichenen Boden legen, die Topfenfülle darüber streichen und im Kühlschrank kalt stellen, ev. mit Schlagobers garnieren.

# Mohn-Apfeltorte (oder -Schnitten)

***Zubereitungszeit***
*ca. 80 – 85 Minuten*

***Zutaten für eine größere Tortenform***
*6 Eier*
*25 dag Feinkristallzucker (oder Vollrohrzucker)*
*1 Packung Vanillezucker*
*1/2 KL Zimt*
*15 dag gemahlener Mohn*
*15 dag gemahlene Nüsse*
*5 dag Mehl (ev. Vollkornmehl)*
*1/4 KL Backpulver*
*3 mittlere Äpfel*
*etwas Zitronensaft*

1. Die Äpfel schälen, halbieren, das Kerngehäuse herausschneiden, in ca. 1/2 cm große Würfel schneiden und mit dem Saft einer halben Zitrone vermischen.
2. Die Tortenform (Blech) befetten und bemehlen, das Backrohr auf 180 °C vorheizen.
3. Die Eier trennen, das Eiklar schlagen und den Zucker langsam löffelweise einschlagen, bis die Eiweißmasse ziemlich fest geworden ist. Die Dotter unterrühren, dann Mohn, Nüsse, Mehl mit Backpulver und die Äpfel untermengen.
4. Die Masse in die **Tortenform** füllen (oder auf das Blech streichen) und auf der unteren Schiene des Backrohres ca. 50 – 60 Minuten backen.
Wird die Masse auf dem **Blech** gebacken, so backt man sie auf der mittleren Schiene des Backrohres bei ca. 200 °C ca. 20 Minuten.
5. Nach dem Backen die Torte ca. 10 Minuten in der Form stehen lassen, dann aus der Form nehmen und vollständig auskühlen lassen. Dazu passt sehr gut Schlagobers!

***Tipp:*** Diese Torte bleibt lange saftig – sie schmeckt am nächsten Tag noch besser. Sie lässt sich sehr gut einfrieren.

# Rolltorte

Ein absoluter Hit!

***Zubereitungszeit***
*ca. 40 Minuten*

***Zutaten für eine kleinere Torte von ca. 15 cm Durchmesser:***
*Kakao-Biskuitmasse von 4 Eiern*
***Für die Preiselbeer- oder Himbeer-Oberscreme-Fülle***
*1/2 l Schlagobers*
*Vanillezucker*
*2 Packungen Sahnesteif*
*ca. 15 dag Preiselbeermarmelade oder*
*15 – 20 dag frische Himbeeren*
*(ev. mit etwas Zucker)*

1. Das Backrohr auf 200 °C vorheizen. Ein Blech-Biskuit herstellen (je nach Belieben normal oder mit Kakao, siehe Kakaoroulade), backen und auskühlen lassen.
2. Schlagobers mit Vanillezucker und Sahnesteif schlagen. Ca. 1/3 vom Schlagobers weggeben (wird zum Garnieren benötigt) und das restliche Schlagobers mit der Preiselbeermarmelade vermischen.
3. Das ausgekühlte Biskuit auf ein bezuckertes Geschirrtuch oder Backtrennpapier stürzen und mit einem langen Lineal sorgfältig in ca. 5 cm breite Streifen schneiden. Die Preiselbeercreme gleichmäßig aufstreichen.
4. Dann nimmt man den ersten bestrichenen Biskuitstreifen und rollt diesen wie bei einer Roulade auf. Jetzt stellt man diese kleine Roulade mit der Schnittfläche auf einen großen flachen Teller oder eine Tortenplatte. Nun wird der nächste Streifen um das aufgestellte Rouladenstück angelegt, wie auch alle anderen Streifen.
5. Diese kleine Torte mit dem restlichen Schlagobers bestreichen und mit Schokoblättchen bestreuen. Die Torte ca. 1 Stunde anziehen lassen.

***Tipp:*** Will man eine größere Torte backen, muss man die Zutaten verdoppeln. Das Biskuit dann auf zwei Blechen backen!

## *Schritt-für-Schritt*

# Früchte-Terrine

Originell und praktisch.

***Zubereitungszeit***
*ca. 40 Minuten*

***Zutaten***
*Biskuitmasse (siehe Biskuitroulade)*
***Für die Fülle***
*1/2 Packung passierter Topfen*
*5 – 8 dag Zucker*
*1 Packung Vanillezucker*
*1/2 Becher Joghurt*
*etwas Zitronensaft*
*1/2 Becher Schlagobers*
*1 Packung Sahnesteif*
*1 kleine Dose Pfirsiche oder gemischter Fruchtcocktail*
*etwas Rum*

**1.** Ein Biskuit herstellen (siehe Biskuitroulade).
**2.** Für die Fülle Topfen, Zucker, Vanillezucker, Joghurt und Zitronensaft in einer Schüssel glatt rühren. Das Obers mit dem Sahnesteif schlagen und untermengen. Die Früchte abseihen, mit etwas Rum oder anderem Likör abschmecken.
**3.** Nun das Biskuit so zuschneiden, dass man die Rehrücken- oder Kastenform damit auslegen kann. Die Rehrückenform mit Frischhaltefolie auslegen und das Biskuit hineinlegen. Ca. 1/3 der Creme hineingießen, die Pfirsichspalten der Länge nach auf die Creme legen, mit der restlichen Creme bedecken und mit einem Biskuitstreifen abdecken. Für einige Stunden in den Kühlschrank stellen und danach auf eine Platte stürzen und bezuckern.

***Tipp:*** Durch die verschiedenste Auswahl von Früchten (Erdbeeren, Trauben, etc.) und Biskuitarten sind zahlreiche Variationen möglich!

***Schritt-für-Schritt***

# Marillen- oder Pfirsich-Törtchen

***Zubereitungszeit***
*ca. 35 Minuten*

***Zutaten für ca. 8 Stück***
*2 große Eier*
*6 dag Feinkristallzucker*
*8 dag glattes Mehl, Backpulver*
*etwas Marillenmarmelade*
*1 Becher Schlagobers, Sahnesteif, Vanillezucker*
*1 kleine Dose abgetropfte Marillenhälften oder kleine Pfirsichhälften*
*ev. einige gehackte Pistazien*

1. Ein einfaches Biskuit herstellen (siehe Biskuitroulade) und gut 1 cm dick auf ein mit Backtrennpapier belegtes Blech streichen. Ca. 1/3 des Bleches damit bestreichen, backen und auskühlen lassen, mit Marillenmarmelade dünn bestreichen.
2. Scheiben ausstechen und mit einer Marillen- oder Pfirsichhälfte belegen. Schlagobers mit Sahnesteif schlagen, mit einem Dessiersack und Sterntülle einen Rand um die Marillen spritzen. Ev. mit gehackten Pistazien bestreuen.

# Weintrauben-Törtchen

***Zubereitungszeit***
*ca. 40 Minuten*

***Zutaten für ca. 20 Törtchen***
*Biskuitmasse (siehe Biskuitroulade)*
*ca. 20 – 25 Papierbackförmchen mit ca. 5 cm Durchmesser*
***Für die Weincreme***
*ca. 1/8 l Weißwein*
*1 Dotter*
*10 dag Zucker, 1 Packung Vanillezucker*
*ca. 1/2 Packung Vanillepuddingpulver oder 1 EL Maizena*
*1/2 Becher passierter Topfen*
*1/8 l Schlagobers*
*ca. 30 dag kernlose (oder halbierte und entkernte) Trauben*

1. Das Backrohr vorheizen. Die Backförmchen auf das Blech geben und die Biskuitmasse mit einem Esslöffel ca. 1 1/2 cm hoch in die Förmchen füllen. Ca. 10 – 12 Minuten backen.
2. Für die Weincreme Wein, Zucker, Dotter und Puddingpulver in eine kleine Kasserolle (Topf) geben und unter ständigem Rühren mit der Schneerute aufkochen lassen. Die Herdplatte ausschalten und ca. 1 Minute kurz weiterköcheln lassen. Auskühlen lassen, dabei öfters umrühren.
3. In den ausgekühlten Pudding den Topfen und das geschlagene Obers einrühren. Die Creme mit einem Löffel (oder Spritzsack) auf die Biskuittörtchen füllen und mit den gewaschenen Trauben belegen.

# Rührteig

## Wichtige Backinfos

### Vorbereitung

- Das Rezept genau durchlesen. Kontrollieren, ob alle Zutaten vorhanden sind und diese sorgfältig auswiegen oder abmessen. Bei den Zutaten ev. die Eigröße beachten! Bei zu kleinen Eiern (S) lieber pro Masse 1 – 2 Eier zusätzlich dazugeben oder besser gleich größere Eier einkaufen.
- Die erforderlichen Arbeitsbehelfe (Rührtopf, Mixer, Schneebesen oder Rührlöffel, Teigkarte usw.) bereitstellen.
- Backformen gleich ausfetten und bemehlen, das Blech ev. mit Backtrennpapier belegen (es gibt auch schon Trennfette in Sprayform). Bei Tortenformen nur den Tortenboden **befetten** und **bemehlen**, aber **nicht den Ring**; so bekommt die Torte keinen „Gupf", sondern die Oberfläche bleibt eben.
- Biskuit- und Rührteige müssen gleich in das vorgeheizte Rohr kommen, daher das Backrohr rechtzeitig vorheizen; die Aufheizzeit beträgt ca. 20 Minuten.

### Zubereitung

- Zu allen Süßspeisen gehört als Würze eine Prise oder 1 Messerspitze Salz.
- Als Treibmittel wird meist Backpulver verwendet. Erwischt man zuviel davon, vor allem bei fettreichen Teigen, so kann der Teig einen leicht seifigen Geschmack bekommen. Manche Menschen reagieren empfindlich auf zuviel Backpulver. Hier kann das spezielle **Weinstein-Backpulver** (erhältlich in Reformgeschäften) verwendet werden. Backpulver immer gleich zum Mehl geben und mit diesem vermischen. Das Mehl-Backpulvergemisch am besten mit einem Sieb einstreuen – dies verhindert die Bildung von Mehlklümpchen.
- Als Aromastoffe dienen meist geriebene Schalen von **ungespritzten** Orangen und Zitronen. Vor allem unbehandelte Orangen sind meist nur im Reformgeschäft erhältlich. Orangen- und Zitronenaroma (Citro-Back oder Orange-Back) findet man in der Backwaren-Abteilung der Lebensmittelgeschäfte, sie sind ein praktischer Vorrat.

### Backen

- Im Heißluftherd wählt man die Backtemperatur etwa um 20 °C niedriger als im herkömmlichen Backrohr mit Ober- und Unterhitze: z. B. Heißluft 180 °C, Ober-/Unterhitze 200 °C. Die angegebenen **Backtemperaturen** und die **Backdauer** sind nur **Richtwerte**, dh. sie können von verschiedenen Faktoren abhängen, z. B. von der Größe der Backform oder vom Teigvolumen. Blechkuchen schiebt man in die Mitte des Backrohres bei 180 – 200 °C. Die Backzeit beträgt ca. 15 – 20 Minuten. Massen in der Torten- oder Kastenform werden auf der unteren Backrohrschiene bei 170 – 180 °C ca. 40 Minuten gebacken.
- Gegen Ende der Backzeit eine **Backprobe** machen: mit einem Holzspieß oder Zahnstocher in die Teigmitte stechen. Bleiben Teigspuren auf dem Holz haften, ist der Kuchen noch nicht durchgebacken. Ist der Kuchen oder die Torte an der Oberfläche bereits sehr dunkel aber noch nicht durchgebacken, so deckt man die Oberfläche mit Backtrennpapier oder Alufolie ab.
- Nicht alle **Backrohre** funktionieren gleich gut. Mit der Zeit lernt man sein Backrohr kennen und verlässt sich auf die eigenen Erfahrungswerte.

# Becherkuchen

Die Zutaten werden nicht gewogen, sondern mit 1/4 l-Joghurtbechern gemessen.

***Tipp:*** Diese Kuchen sind sehr saftig, lassen sich gut variieren und sind besonders für Anfänger oder „Backmuffel" geeignet!

## Variationen

### Obstkuchen

Den Mohn durch einen 2. Becher Mehl ersetzen. Ca. 1 kg Obst (z. B. halbierte Marillen, Zwetschken, Kirschen, Birnenspalten oder Heidelbeeren) vorbereiten, den aufgestrichenen Teig mit dem Obst belegen und ca. 40 Minuten backen.

### Nusskuchen

Den gemahlenen Mohn durch 1 Becher geriebene Haselnüsse oder Mandeln ersetzen. Den Nusskuchen ev. in einer befetteten und bemehlten Kasten- oder Guglhupfform auf der unteren Schiebeleiste im Backrohr ca. 50 – 60 Minuten backen.

# Mohn-Joghurt-Kuchen

***Zubereitungszeit***
*ca. 30 Minuten*

***Zutaten für 1 halbes Blech, 1 Kastenform, 1 größere Tortenform oder 20 Muffins***
*3 ganze Eier (M oder L)*
*gut 1/2 Becher Staubzucker*
*1 Packung Vanillezucker, 1 Prise Salz*
*1 Becher Mehl, 1 Packung Backpulver*
*(gleich mit dem Mehl vermischen)*
*1 Becher fein gemahlener Mohn*
*1 Becher Joghurt*
*knapp 1/2 Becher Öl (kein Olivenöl)*

**1.** Backrohr auf 180 °C vorheizen. Das Blech mit Backtrennpapier belegen (Form befetten und bemehlen).
**2.** Eier, Staubzucker und Vanillezucker mit dem Mixer ca. 5 Minuten schaumig rühren. Joghurt und Öl einrühren und den Mohn mit dem Mehl untermengen.
**3.** Die Masse auf das Blech streichen und ca. 15 – 20 Minuten auf der mittleren Schiene des Backrohres backen (in der Torten- oder Kastenform ist die Backzeit etwas länger).

***Tipp:*** Diese Mohnschnitten kann man nach dem Erkalten mit Zitronen- oder Schokoglasur überziehen.

# Schokoladekuchen

***Zubereitungszeit***
*ca. 30 – 40 Minuten*

***Zutaten für 1 kleines Blech, 1 Kastenform, 1 größere Tortenform oder 20 Muffins***
*1/2 Becher Öl*
*1 Becher Staubzucker, 1 Packung Vanillezucker*
*3 Eier*
*1 Becher Milch (Joghurt oder Sauerrahm)*
*2 EL Kakaopulver*
*1 1/2 Becher Mehl, 1 Packung Backpulver (vermischen, ev. sieben)*
*1 Becher geriebene Nüsse oder Mandeln*

***Zubereitung siehe Mohn-Joghurt-Kuchen***

# Muffins

Aus all diesen Teigvarianten kann man auch Muffins herstellen: Man braucht dafür Papierbackförmchen oder ein spezielles Muffinblech. Dieses sollte man trotz Beschichtung leicht mit Fett auspinseln und mit Mehl ausstreuen oder man gibt zusätzlich in die Mulde ein Papier-Backförmchen hinein. Die Muffins kann man gleich im Papierförmchen servieren.
Besitzt man kein Muffinblech, dann setzt man jeweils 2 Papierförmchen ineinander auf das Backblech. Die Förmchen nicht ganz voll anfüllen, da sie ziemlich aufgehen.

# Variationen

In den Teig kann man Schokotropfen oder -streusel, Rosinen, fein gehackte Trockenfrüchte z. B. Datteln oder getrocknete Marillen, kleine Bananenwürfel, gehackte Nüsse, kleine Apfelwürfel oder Heidelbeeren usw. mischen.

Die Backtemperatur beträgt ca. 180 °C, die Backdauer etwa 20 Minuten.

Muffins sind ideal zum Einfrieren, sie sind sofort aufgetaut – schneller als ein ganzer Kuchen!

***Tipp:*** Muffins sind besonders beliebt und praktisch für **Kinderfeste!** Zu diesem Anlass kann man die Muffins mit Kuvertüre oder Zuckerglasur bepinseln und mit Smarties verzieren. Dabei können die Kinder mithelfen! Die Kinder können die Muffins einfach in die Hand nehmen und essen. Da die Portion im Vergleich zu einem Tortenstück eher klein ist, bleibt meist nichts davon übrig!

# Feine Rührteigmasse für Obstkuchen und Torten

***Zubereitungszeit***
*ca. 15 Minuten*

***Zutaten für eine Tortenform von ca. 24 cm Durchmesser, 1 Kasten- oder Rehrückenform oder 1 kleinere Guglhupfform***
*15 dag sehr weiche Butter (etwas mehr als 1/2 Stück, ev. leicht angewärmt und fast flüssig)*
*15 dag Zucker*
*1 Packung Vanillezucker*
*1 Prise Salz*
*geriebene Zitronenschale*
*3 – 4 Eier (zimmerwarm)*
*15 – 20 dag Mehl*
*1 gestr. KL Backpulver*
*etwas Milch (sollten die Eier sehr klein sein ca. 3 EL Milch)*

Diese Masse lässt sich leicht vervielfachen:
4 Eier, je 20 dag Zucker und Butter, 20 – 25 dag Mehl
5 Eier, je 25 dag Zucker und Butter, 25 – 30 dag Mehl

*Kokoskuchen*

1. Alle Zutaten bereitstellen und die Backform vorbereiten. Das Backrohr auf 180 °C vorheizen.
2. Die weiche Butter mit dem Zucker und den Geschmacksstoffen mit dem Mixer gut schaumig rühren. Die Eier ev. einzeln in einer Tasse aufschlagen, eines nach dem anderen einrühren (das nächste Ei erst dann zugeben, wenn das vorherige schon aufgenommen ist, das funktioniert am besten in einer Küchenmaschine).
3. Das mit dem Backpulver vermischte Mehl und die Speisestärke (ev. die Milch) untermengen, die Masse in die Form füllen und backen. Die Backdauer beträgt zwischen 20 – 50 Minuten, hängt also von der Backform (Blech- oder Kastenform) ab.

## Variationen

### Zitronenkuchen

Zum Teig die Schale einer geriebenen Naturzitrone geben, den Kuchen mit einer Zitronenglasur (ca. 20 dag gesiebten Staubzucker mit dem Saft der Zitrone und einigen Tropfen heißem Wasser glatt rühren) überziehen.

### Kokoskuchen

Die Hälfte des Mehls durch Kokosette ersetzen. Den gebackenen Kuchen mit je 2 EL erhitzter Marillenmarmelade und Rum bepinseln und mit Kokosette bestreuen oder mit Schokoglasur überziehen (Kokosette bekommt einen intensiveren Geschmack, wenn man sie leicht in einer Pfanne ohne Fett hell anröstet).

***Tipp:*** Damit der Rührteig ganz sicher gelingt und die Butter nicht ausflockt, werden die Eier getrennt. Dotter mit Butter flaumig rühren, Eiklar zu Schnee schlagen und mit dem Mehl zugleich unter den Abtrieb mengen.

## Feiner Apfelkuchen

***Zubereitungszeit***
*ca. 55 – 60 Minuten*

***Zutaten für eine Tortenform von ca. 24 cm Durchmesser, 1 Kasten- oder Rehrückenform oder 1 kleinere Guglhupfform***
*Rührteigmasse*
*1/2 kg säuerliche Äpfel (z. B. Boskop)*
*Saft einer 1/2 Zitrone*
*2 EL Mandelblättchen*
*2 EL Kristallzucker*

1. Die Äpfel schälen, das Kerngehäuse entfernen, in ca. 1 – 2 cm breite Spalten schneiden und mit dem Zitronensaft vermischen.
2. Rührteigmasse zubereiten.
3. Die Masse in die Form streichen, die Apfelspalten reihenweise auf den Teig legen, Zucker und Mandelblättchen vermischen und auf den Teig streuen. Die Backdauer beträgt ca. 25 Minuten.

## Gestürzter Apfelkuchen

***Zubereitungszeit***
*ca. 55 – 60 Minuten*

***Zutaten für eine Tortenform von 24 – 26 cm Durchmesser oder 1 kleineres Backblech***
*Rührteigmasse*
*1/2 kg säuerliche Äpfel (z. B. Boskop)*
*Saft einer 1/2 Zitrone*
*1 – 2 EL Butter*
*2 EL Kristallzucker, etwas Zimtpulver*
***Zum Garnieren***
*Schlagobers, etwas Zimt*

1. Äpfel schälen und entkernen und in 1,5 cm dicke Ringe oder Spalten schneiden, mit Zitronensaft vermischen damit sie nicht braun werden.
2. Rührteigmasse zubereiten.
3. Tortenform mit Fettpapier (2 cm größer als der Tortenboden zurechtgeschnitten) auslegen, gut mit Butter bestreichen und mit Zimt-Zucker bestreuen (bei sauren Äpfeln ev. etwas mehr Zucker). Die Apfelringe/-spalten darauf legen, den Teig darüber verteilen und den Kuchen im Backrohr bei 180 °C backen (mit einem Zahnstocher probieren, ob die Äpfel weich sind).
4. Die Torte auf eine Platte stürzen, mit Zimt-Obers servieren. Auch ein Kugel Vanilleeis passt gut dazu.

# Rührteigmasse für Guglhupf, Marmorkuchen, Tee- oder Obstkuchen

***Zubereitungszeit***
*ca. 70 Minuten*

***Zutaten für eine Tortenform von 24 – 26 cm Durchmesser oder 1 kleineres Backblech***
*20 dag weiche Butter oder Margarine*
*20 dag Staubzucker, Vanillezucker*
*1 Prise Salz, Zitronenschale*
*4 – 5 Eier (M oder L) getrennt*
*(mit Eischnee herstellen)*
*35 dag Mehl, 1 Packung Backpulver*
*ca. 1/8 l Milch*

1. Die Form befetten und bemehlen, das Backrohr auf 180 °C vorheizen.
2. Die Butter mit dem Zucker flaumig rühren, nach und nach die Dotter zugeben und weiter rühren bis der Abtrieb hell und flaumig ist (die dabei eingeschlagene Luft wirkt auflockernd).
3. Das Eiklar zu Schnee schlagen, 1 – 2 EL Kristallzucker zugeben und kurz weiterschlagen.
4. Die halbe Mehlmenge mit der Milch einrühren. Das restliche Mehl mit Backpulver und den Eischnee locker untermengen. Jetzt soll der Teig nicht mehr viel gerührt werden, er verliert sonst seine Lockerheit.
5. Die Masse in die Form füllen, auf die untere Schiebeleiste des Backrohres stellen und ca. 50 Minuten backen (ev. die Probe mit einem Holzspieß machen, ob der Kuchen durchgebacken ist).
6. Den Kuchen ca. 5 – 10 Minuten in der Form lassen, mit einem spitzen Messer vom Rand lösen, zum Auskühlen auf ein Gitter stürzen.

## *Schritt-für-Schritt*

# Variationen

## Rosinen-Guglhupf

5 dag Rosinen mit 1 EL Rum mariniert vor der Zugabe des Eischnees untermengen.

## Marmorkuchen

2 EL Kakaopulver (gesiebt) mit 1 – 2 EL Rum oder Milch glatt rühren und mit der halben Teigmasse vermischen. Abwechselnd den hellen und den dunklen Teig in die Form füllen, den Teig mit einem Messer 1 – 2-mal durchziehen, so entsteht die Marmorierung.

## Teekuchen

5 dag gehacktes Arancini oder Zitronat, 5 dag gehackte Schokolade, 2 EL Rosinen, 5 – 10 dag gehackte Nüsse mit 2 EL des Mehls vermischen und unter den Abtrieb rühren. Danach das restliche Mehl (mit dem Backpulver) und dem Eischnee untermengen.

## Obstkuchen

Obst vorbereiten: Steinobst, wie Marillen und Zwetschken waschen, trocknen, halbieren und mit der Schnittfläche nach oben auf den Teig legen. Geschälte Birnen und Äpfel halbieren, entkernen und in Spalten schneiden. Das Obst ev. mit etwas gepresstem Zitronensaft beträufeln. Die Masse auf ein befettetes, bemehltes Blech streichen, mit Obst belegen und im Backrohr bei 180 – 200 °C auf der mittleren Schiebeleiste ca. 20 Minuten backen.

*Teekuchen*

# Karotten-Mandel-Kuchen

***Zubereitungszeit***
*ca. 70 Minuten*

***Zutaten für eine Tortenform von***
***ca. 24 – 26 cm Durchmesser***
*4 Eier, 15 dag (ca. 1/2 Becher) Staubzucker oder Honig, Vanillezucker, 1 Prise Salz*
*geriebene Orangen- oder Zitronenschale (-aroma)*
*2 EL Mandel- oder Orangenlikör*
*20 dag Karotten (3 – 4 Stück)*
*15 dag geriebene Mandeln (ca. 1 Becher)*
*ca. 1/2 Becher Öl (120 ml)*
*10 dag Mehl (1/2 Becher und ev. 1 gehäufter EL fein gemahlenes Dinkelmehl), 1 KL Backpulver*
*ca. 2 EL Mandelblättchen zum Bestreuen*
***Zum Garnieren*** *Schlagobers, Orangenfilets, Mandarinenspalten und Zitronenmelisse*

1. Zutaten bereitstellen, Tortenform befetten und bemehlen (nur den Boden, nicht den Rand), das Backrohr auf 180 °C vorheizen. Die Karotten schälen und raspeln.
2. Eier mit Zucker, Vanillezucker und Salz schaumig rühren, Karotten und Öl einrühren.
3. Geriebene Mandeln mit Mehl und Backpulver vermischen, mit dem Likör untermengen, in die Form füllen und mit den Mandelblättchen bestreuen. Ca. 35 – 40 Minuten backen.
4. Den Kuchen mit Schlagobers servieren und mit Orangenfilets, Mandarinenspalten und Zitronenmelisse garnieren.

# Dinkelkuchen mit Äpfeln und Nüssen

***Zubereitungszeit***
*ca. 50 Minuten*

***Zutaten für 1 Tortenform von ca. 26 cm Durchmesser, 1 kleineres Backblech oder 1 Guglhupfform***
*20 dag weiche Butter*
*20 dag feiner Vollrohrzucker oder Honig*
*4 – 5 Eier*
*20 dag feines Dinkelmehl*
*1 KL Backpulver*
*etwas Salz*
*20 dag Äpfel*
*Saft und Schale einer 1/2 Naturzitrone*
*5 dag gehackte Walnüsse*
*5 dag gehackte Schokolade*
*1 Becher geschlagenes Obers*
*einige EL Preiselbeerkompott*

*Dieser Kuchen kann natürlich auch mit Weißmehl und Staubzucker zubereitet werden.*

**1.** Tortenform befetten und bemehlen. Das Backrohr auf 180 °C vorheizen. Nüsse und Schokolade hacken. Die Äpfel schälen, entkernen, grob raspeln und sofort mit Zitronensaft und -schale vermischen.
**2.** Die Butter flaumig rühren, den Rohrzucker und die Dotter dazugeben und alles sehr gut rühren. Eiklar zu Schnee schlagen. Nüsse, Schokolade, Äpfel und ca. die Hälfte des Mehles unter den Abtrieb mischen, den Schnee mit dem restlichen Mehl ebenfalls untermengen.
**3.** Die Masse in die Form füllen und auf der unteren Schiebeleiste ins Rohr stellen. Ca. 35 – 40 Minuten backen. Mit Preiselbeer-Obers (geschlagenes Obers mit einigen EL Preiselbeerkompott verrühren) servieren.

***Tipp:*** Diese Masse kann auch in Muffinformen oder Papierbackförmchen gebacken werden. Die Backzeit beträgt ca. 20 Minuten.

# Einfacher Germteig

Nur keine Panik vor dem Germteig! Vergessen sie Dampfl herstellen und mühsames Abschlagen mit dem Kochlöffel. Durch die Verwendung von Trockenbackhefe, Mixer und Germteig-Schüsseln ist das Gelingen keine Zauberei mehr. Das einzige was dabei zu berücksichtigen ist, der Germteig braucht **Zeit zum Aufgehen!**

# Germteig für süße Mehlspeisen

Grundrezept

***Zubereitungszeit***
*ca. 15 Minuten + 30 Minuten zum Gehen*

***Zutaten***
*1/2 kg (gut 3 Becher randvoll) Mehl (glatt oder universal)*
*1/2 TL Salz*
*1 Packung Trockenhefe*
*6 dag Butter (1/4 vom Butter- oder Ramawürfel) oder ca. 3 dag Butter und 3 – 4 EL Öl gemischt – macht den Teig flaumiger*
*6 dag (1/4 Becher oder 3 – 4 gehäufte EL) Zucker*
*etwas Vanillezucker*
*1/4 l Milch (ca. 1 Becher – ev. etwas mehr, wenn es der Teig verlangt)*
*2 Eier*
*etwas geriebene Zitronenschale*
*1 – 2 EL Rum*

***Schritt-für-Schritt***

**1.** Mehl, Salz, Zucker, Vanillezucker, Zitronenschale und Trockengerm in eine nicht zu kleine Rührschüssel geben (ev. Teigschüssel mit Deckel).

**2.** Die Butter oder Margarine zerlassen, die Milch hinzufügen – dieses Gemisch **darf nur warm, aber keinesfalls zu heiß werden!**

**3.** Die Milch-Fettmischung und die beiden Eier zu den Zutaten in der Rührschüssel geben und mit den Knethaken des Mixers oder mit dem Kochlöffel (ist etwas mühsam) bearbeiten, bis er glatt ist und sich vom Topf und dem Kochlöffel löst (das dauert ca. 10 – 15 Minuten). Je besser der Germteig abgeschlagen wird, desto lockerer wird er.

**4.** Den Teig leicht mit Mehl bestäuben, mit einem Hangerl zudecken und an einem warmen Ort (oder im Backrohr bei 50 °C) rasten lassen. Das dauert ca. 30 Minuten, der Teig sollte ungefähr das doppelte Volumen erreicht haben. Besitzt man eine Germteigschüssel mit Deckel – den Deckel 2–3-mal aufspringen lassen. In der Zwischenzeit kann die Füllung vorbereitet werden. Das Backrohr auf ca. 180 °C vorheizen.

**5.** Hat der Teig das **doppelte Volumen** erreicht, wird er nochmals kurz durchgeknetet (in der Schüssel oder auf der Arbeitsfläche). Dann kann er weiterverarbeitet werden. **Vor dem Backen muss der geformte Teig unbedingt nochmals rasten** (je nach Menge ca. 15 – 30 Minuten), **bis er sichtbar aufgegangen ist** (je wärmer die Raumtemperatur ist, desto schneller geht der Teig auf).

**6.** Die Teigstücke mit versprudeltem Ei bestreichen, damit sie nach dem Backen schön glänzen. Damit man nicht noch ein Ei dafür aufschlagen muss, kann man von vornherein entweder 2 große Eier oder 3 kleinere Eier verwenden, diese versprudeln und etwa 1 Esslöffel davon für das Bestreichen in eine Kaffeetasse geben. Den Rest für die Teigherstellung verwenden.

**Eine andere Möglichkeit:** Man gibt das geformte Gebäck in das kalte Backrohr (Schnecken und Buchteln auf die mittlere Schiene, Reindling und Potize auf die untere Schiene). Erst jetzt wird das Backrohr eingeschaltet. Die langsam ansteigende Temperatur lässt das Gebäck aufgehen.

Die **Backdauer** hängt von der **Größe der Teigstücke** ab. Die fertig gebackenen Teigstücke sollen gut gebräunt sein.

## *Schritt-für-Schritt*

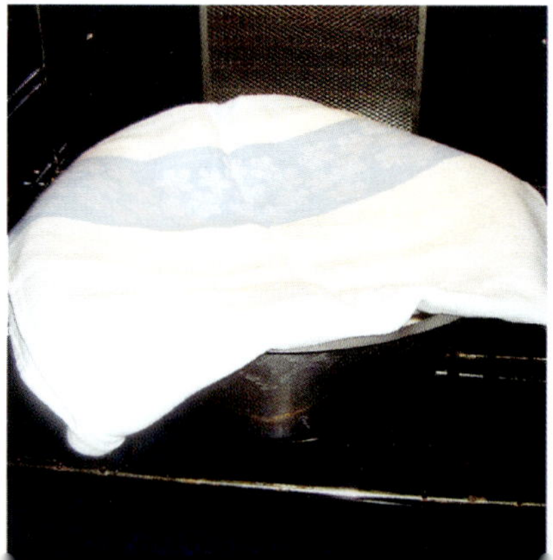

# Reindling

***Zubereitungszeit***
*ca. 45 + 10 + 60 Minuten*

***Zutaten***
*Germteig siehe Grundrezept*
***Für die Fülle***
*ca. 10 – 12 dag Kristallzucker*
*2 TL Zimt (mit dem Zucker vermischen)*
*10 dag Rosinen*
*2 EL Rum*
*6 dag Butter*
*Zusätzlich kann man noch ca. 10 dag geriebene Walnüsse und ev. noch 5 dag fein gehackte Kochschokolade hinzufügen.*

1. Den Germteig herstellen (siehe Grundrezept).
2. Während der Rastzeit des Teiges die Guglhupfform gut mit weicher Butter ausstreichen. Die Rosinen kurz mit heißem Wasser waschen und mit dem Rum vermischen. Die Butter zerlassen.
3. Den gut gegangenen Teig auf einer bemehlten Arbeitsfläche dünn zu einem Rechteck ausrollen. Mit der zerlassenen Butter bestreichen, mit Zimt-Zucker bestreuen, die Rosinen (die Nüsse und die Schokolade) aufstreuen und alles wie einen Strudel eng einrollen. Die Rolle in die Guglhupfform geben und mit versprudeltem Ei bestreichen.
4. Den Reindling entweder in das kalte Backrohr auf die untere Schiene stellen, das Backrohr auf ca. 170 – 180 °C einschalten und bei ansteigender Hitze ca. 50 – 60 Minuten backen oder den Reindling zuerst nochmals gut aufgehen lassen (an einem warmen Ort mindestens 30 Minuten) und dann im vorgeheizten Backrohr ca. 45 – 55 Minuten backen.

## *Schritt-für-Schritt*

# Schnecken

***Zubereitungszeit***
*ca. 45 + 15 + 30 Minuten*

***Zutaten***
*Germteig siehe Grundrezept*
*Der Teig kann etwas fester sein,*
*man nimmt nur etwas*
*weniger Milch (ca. 3/16 l)*
***Für die Fülle***
*ca. 6 – 8 dag Kristallzucker*
*1 – 2 TL Zimt*
*5 dag Rumrosinen*
*ca. 5 dag gehackte oder geriebene Nüsse*
*5 dag zerlassene Butter oder Creme fraiche*

1. Den Germteig herstellen und zugedeckt an einem warmen Ort rasten lassen.
2. Zucker mit Zimt und den gehackten Nüssen vermischen. Die Rosinen waschen und mit ca. 1 EL Rum vermischen. 2 Backbleche mit Backtrennpapier belegen oder mit Margarine bestreichen.
3. Den Teig dünn (ca. 1/2 cm) rechteckig ausrollen, mit zerlassener Butter (Creme fraiche) bestreichen, mit den übrigen Zutaten bestreuen und eng zu einem Strudel aufrollen. Mit einem scharfen Messer ca. 1,5 cm dicke Stücke abschneiden, nicht zu eng auf die Bleche legen und in das kalte Backrohr schieben und einschalten, Heißluft ca. 170 – 180 °C, Backzeit ca. 25 – 30 Minuten.
4. Die Schnecken mit Staubzucker bestreuen oder mit einer Zuckerlösung (1 Kaffeetasse Kristallzucker und 1/2 Kaffeetasse Wasser in einem kleinen Topf oder Stielpfandl vermischen und ca. 15 Minuten kochen lassen, bis die Lösung eine sirupartige Konsistenz bekommt) bestreichen. Die Lösung sofort mit einem Backpinsel auf die noch warmen Schnecken streichen.

***Tipp:*** Für Nuss- oder Mohnschnecken kann man eine fertige Nuss- oder Mohnfülle verwenden (siehe Strudel).

# Frühstücksgebäck

***Zubereitungszeit***
*ca. 45 + 20 + 30 Minuten*

***Zutaten***
*Germteig siehe Grundrezept*
*Der Teig kann etwas fester sein, man nimmt nur etwas weniger Milch (ca. 3/16 l)*
*ev. Hagelzucker*

1. Den Germteig herstellen (siehe Grundrezept).
2. Aus dem Teig zwei gleich starke Rollen formen und je 8 – 10 Stücke abschneiden. Jedes Stück mit der Handfläche zu einer glatten Kugel schleifen und diese etwas flach drücken. Aus einigen Kugeln eine dünne Wurst rollen, daraus Schnecken oder Knöpfe formen.
3. Die geformten Teigstücke auf das mit Backtrennpapier belegte Blech setzen, mit versprudeltem Ei bestreichen, ev. mit Hagelzucker bestreuen und ins kalte Rohr schieben. Bei ansteigender Hitze (180 °C) ca. 30 – 35 Minuten goldbraun backen.

***Tipp:*** Für Kinder kann man kleine Häschen oder Igel herstellen.

## *Schritt-für-Schritt*

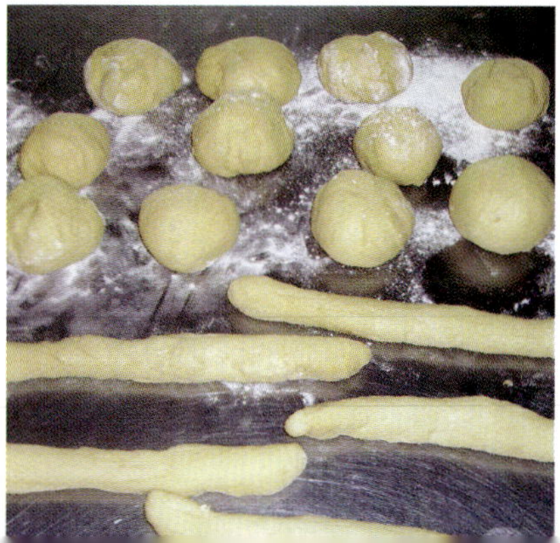

# Streuselkuchen

***Zubereitungszeit***
*ca. 45 + 10 + 30 Minuten*

***Zutaten***
*Germteig siehe Grundrezept*
*ca. 1/2 kg Zwetschkenmarmelade oder Powidl*
***Für die Streusel***
*20 dag Mehl*
*1 Prise Salz, Vanillezucker*
*12 dag Butter*
*12 dag Zucker*
*Zitronenschale*
*1/2 TL Zimt*

1. Alle trockenen Zutaten vermischen, die Butter erhitzen. Die heiße Butter in das Mehl-Zuckergemisch tropfen, dabei mit einer Gabel rühren, sodass kleine Klümpchen entstehen.
2. Das Backrohr auf 200 °C vorheizen. Das Backblech mit zerlassener Butter bestreichen.
3. Den gut gegangenen Germteig auf der bemehlten Arbeitsfläche rechteckig ausrollen, auf das befettete Backblech heben und gut auseinanderdrücken, bis das Blech gleichmäßig mit dem Teig bedeckt ist.
4. Nochmals ca. 10 – 15 Minuten gehen lassen. Die Marmelade aufstreichen, mit Streusel bestreuen und ca. 15 – 20 Minuten backen.

# Zwetschken- oder Marillenfleck

***Zubereitungszeit***
*ca. 45 + 10 + 30 Minuten*

***Zutaten***
*Germteig siehe Grundrezept*
*ca. 1 – 1,5 kg Zwetschken oder Marillen*

1. Das Obst waschen, entkernen und halbieren, größere Früchte ev. vierteln.
2. Den gut gegangenen Teig auf der bemehlten Arbeitsfläche rechteckig ausrollen, auf das befettete Backblech heben und gut auseinanderdrücken, bis das Blech gleichmäßig mit dem Teig bedeckt ist.
3. Nochmals ca. 10 Minuten gehen lassen. Die Früchte eng auf den Teig legen, leicht andrücken. Die Schnittfläche der Früchte schaut dabei nach oben.

***Tipp:*** Man kann auch einen Streusel, einige EL Mandelblättchen oder Mandelstifte auf die Früchte streuen.

# Nuss- oder Mohnstrudel (Potize)

***Zubereitungszeit***
*ca. 45 + 10 + 45 Minuten*

***Zutaten***
*Germteig siehe Grundrezept*
***Für die Nuss- oder Mohnfülle***
*ca. 25 dag gemahlener Mohn oder Nüsse*
*1/4 l Milch*
*ca. 8 – 10 dag Zucker*
*1 TL Zimt, Rum, Zitronenaroma*
*ev. 2 – 3 EL Biskuit- oder Semmelbrösel*
*(wenn die Masse zu weich ist)*

**Es gibt auch fertige Nuss- oder Mohnfülle:** Der Inhalt der Packung braucht nur mit der angegebenen Milchmenge verrührt werden!

*Mohnstrudel*

1. Die Milch aufkochen, mit den übrigen Zutaten für die Nuss- oder Mohnfülle vermischen.
2. Den gut gegangenen Germteig nochmals durchkneten und auf der bemehlten Arbeitsfläche dünn rechteckig ausrollen. Die Fülle aufstreichen und zu einem Strudel einrollen. Man kann den Teig halbieren und 2 kleinere Strudel herstellen (die Backzeit ist dann etwas kürzer).
3. Den Strudel auf das Blech heben, mit einer Gabel einige Male anstechen und mit versprudeltem Ei bestreichen. Ins kalte Rohr schieben und bei 170 – 180 °C ca. 40 – 45 Minuten backen.

***Tipp:*** Für eine **Potize** wird der ausgerollte und bestrichene Teig von beiden Längsseiten bis zur Mitte gerollt und in einer gefetteten großen Kastenform gebacken. Backzeit ca. 1 Stunde.

## *Schritt-für-Schritt*

*Nusspotize*

# Buchteln

***Zubereitungszeit***
*ca. 45 + 15 + 40 Minuten*

***Zutaten***
*Germteig siehe Grundrezept*
***Für die Fülle***
*Marillenmarmelade, Powidl oder*
*eine andere Marmelade*
*ca. 8 dag zerlassene Butter oder Margarine*

1. Den Germteig herstellen.
2. Die Butter zerlassen. Eine halbhohe Bratkasserolle oder 2 feuerfeste Glasschüsseln mit Butter ausstreichen. Den Teig ev. halbieren, aus jeder Hälfte eine Rolle formen.
3. Stücke abschneiden, diese flach drücken und mit einem Teelöffel etwas Marmelade in die Mitte setzen. Die Teigränder über der Marmelade zusammendrücken, in die flüssige Butter tauchen und mit dem Verschluss nach unten in die Form setzen
4. Die Form oder Kasserolle auf die untere Schiebeleiste des kalten Backrohres geben und die Buchteln bei 180 °C ca. 30 – 40 Minuten backen.

# Vanillesauce

***Zutaten***
*ca. 1 l Milch*
*1 Packung Vanillepuddingpulver*
*Zucker nach Geschmack*
*Vanillezucker*
*etwas Rum*
*ev. 1 – 2 Eidotter*

1. Das Puddingpulver mit ca. 1/8 l kalter Milch vermischen.
2. Die restliche Milch zum Kochen bringen und mit einer Schneerute das angerührte Puddingpulver in die kochende Milch rühren. Unter ständigem Rühren aufkochen lassen und ca. 1 Minute köcheln lassen, von der Platte ziehen.
3. Rum, Zucker (und ev. Eidotter) einrühren. Sollte die Creme noch zu dick sein, mit etwas kalter Milch verdünnen.

# Germteig für salzige Speisen

## Pizza

***Zubereitungszeit***
*ca. 50 Minuten*

***Zutaten für 1 Backblech (4 – 6 Personen)***
***Für den Teig***
*ca. 35 dag Mehl (glatt oder universal)*
*1 TL Salz*
*ca. 1/2 Packung Trockengerm*
*ca. 2 – 3 EL Olivenöl*
*200 ml warmes Wasser*
***Für die Pizzasauce***
*1 kl. Dose geschälte (ev. gewürfelte) Tomaten*
*1 Zwiebel*
*2 – 3 Knoblauchzehen*
*2 EL Olivenöl*
*Oregano, Basilikum (getrocknet, frisch oder tiefgekühlt)*
*Salz, Pfeffer*
***Für den Belag – viele, viele Möglichkeiten***

- *Press- oder Toastschinken, Rohschinken, magerer Speck, Salami*
- *Thunfisch, Sardellen, Kapern, Oliven, Pfefferoni, Perlzwiebeln, Maiskörner, Artischocken, Paprikaschoten, Zucchini, Tomaten, Spinatblätter usw.*
- *Mozzarella (ca. 2 Kugeln) oder 1 Packung geriebenen Pizzakäse*
- *Pizzagewürz oder Oregano*

1. **Pizzasauce:** Zwiebel und Knoblauch fein hacken, in Olivenöl andünsten, die Tomaten und Gewürze hinzufügen und alles ca. 15 – 20 Minuten dünsten, bis die Sauce sämig geworden ist. In den Supermärkten gibt es fertige Pizzasauce in Dosen – für den Notfall!
2. **Teig:** Die Zutaten in einer Rührschüssel vermengen und mit den Knethaken des Mixers ca. 5 Minuten zu einem glatten Teig kneten, mit Mehl bestäuben und zugedeckt ca. 15 – 20 Minuten an einem warmen Ort rasten lassen. In den Supermärkten gibt es bereits fertige, aber relativ teure Teige zu kaufen.
3. Die Zutaten für den Belag vorbereiten (abtropfen, zerkleinern). Das Backrohr auf ca. 200 °C vorheizen.
4. Das Backblech mit Öl bepinseln, den Teig auf einer bemehlten Arbeitsfläche ca. 1/2 cm dick ausrollen und auf das Blech heben. Den Teig fest an den Blechrand drücken.
5. Die Pizzasauce aufstreichen, mit den vorgesehenen Zutaten belegen, den Käse darauf verteilen, mit Olivenöl beträufeln und mit Pizzagewürz oder Oregano bestreuen.
6. Die Pizza ca. 10 – 15 Minuten backen und **genießen!**

***Tipp:*** Pizzaböden kann man auch vorbacken und einfrieren. Dazu den Teig in faustgroße Stücke teilen, zu Kugeln formen und diese dann ca. 1/2 cm dick ausrollen, auf dem Blech gehen lassen und hell vorbacken.

# Der Mürbteig

## Der süße Mürbteig oder „1-2-3-Teig“

***Zutaten für eine Torten- oder Quicheform***
*1 Teil Staubzucker, z. B. 5 dag Zucker*
*2 Teile Butter – 10 dag Butter*
*3 Teile Mehl – 15 dag Mehl*
*1 Eidotter*
*1 Prise Salz, etwas Vanillezucker*
*ev. geriebene Zitronenschale*

Nach diesem Prinzip kann die Teigmenge **beliebig vergrößert** werden – es muss dann auch die Eimenge angepasst werden. Anstatt nur Dotter kann auch das ganze Ei verwendet werden.
**Beispiel:** 8 dag Zucker, 16 dag Butter, 24 dag Mehl, 2 Dotter oder 1 ganzes Ei, Salz, Vanillezucker.
Durch Hinzufügen von geriebenen Nüssen, geriebener Schokolade, Kakao oder Kokosflocken kann der Teig geschmacklich verbessert werden. Dies wird am häufigsten bei der Herstellung von **Keksen** verschiedenster Art angewendet.

***Mürbteig mit Nüssen oder Schokolade***
▮ *5 dag Staubzucker, 10 dag Butter, 15 dag Mehl, 5 dag oder 10 dag* ***geriebene Nüsse*** *(Mandeln, Hasel- oder Walnüsse), 1 Dotter oder 1 kleines Ei, 1 Prise Salz, etwas Vanillezucker, ev. geriebene Zitronenschale.*
▮ *5 dag Staubzucker, 10 dag Butter, 15 dag Mehl, 5 dag* ***geriebene Schokolade*** *(oder 1 EL Kakao), 5 – 8 dag geriebene Nüsse, Salz, Vanillezucker (ev. etwas Zimt), 1 – 2 Dotter oder 1 kleines Ei.*

1. Die Butter in kleinen Stücken in eine Rührschüssel geben (die Butter darf auf keinen Fall zu weich sein, aber auch nicht zu fest – am besten Zimmertemperatur). Salz, Vanillezucker und Staubzucker zugeben und mit den Knethaken des Handmixers kurz vermischen.
2. Dotter (oder Ei), Mehl (Nüsse, Schokolade) zugeben und nur solange auf niederer Stufe rühren, bis die Zutaten gerade vermischt sind.
3. Den Teig mittels Teigschaber aus der Schüssel geben, etwas Mehl auf die Arbeitsfläche streuen und den Teig rasch zu einer glatten Kugel formen. Danach den Teig in Frischhaltefolie wickeln und im Kühlschrank mind. 1/2 – 1 Stunde rasten lassen.

***Zubereitung ohne Mixer***
Zuerst das Mehl mit dem Staubzucker, Salz und Vanillezucker auf die Arbeitsfläche geben. In der Mitte des Mehlhäufchens eine Vertiefung für das Ei machen, die Butter in kleinen Stückchen darüber verteilen und dann mit den Händen (ev. mit Hilfe einer Palette) die Zutaten rasch zusammenkneten, zu einer Kugel formen und kaltstellen.

***Schritt-für-Schritt***

# Kekse

Dafür ist unbedingt ein Nudelwalker erforderlich!

***Zubereitungszeit***
*ca. 1 Stunde*

***Zutaten***
*siehe „Der süße Mürbteig"*

**1.** Das Blech mit einem auf Blechgröße zurecht geschnittenen Backtrennpapier belegen (das ist beim Mürbteig zwar nicht unbedingt nötig, da die Kekse durch den Fettanteil nicht am Blech kleben bleiben, dafür bleibt aber das Blech sauber, das Backtrennpapier kann beim Mürbteig öfters verwendet werden). Das Backrohr auf ca. 180 °C vorheizen.
**2.** Die Arbeitsfläche mit Mehl bestäuben, den gut gekühlten Teig ev. halbieren, etwas flach drücken und mit dem Nudelwalker, den man ebenfalls leicht bemehlt, den Teig ca. 2 mm dick ausrollen. Dabei den Nudelwalker nicht zu fest auf den Teig drücken, sondern sanft rollen (sonst klebt der Teig auf der Arbeitsplatte). Mit der Palette oder einem langen, schmalen Küchenmesser die Teigplatte von der Arbeitsfläche lösen. Mit diesem Teig lassen sich viele verschiedene Kekssorten herstellen.
**3.** Kekse ausstechen, auf das Backblech legen und ca. 10 – 12 Minuten backen, bis sie leicht gebräunt sind. Die vom Ausstechen verbliebenen Teigreste mit dem übrigen Teig verkneten und wieder ausrollen.
**4.** Die Kekse noch einige Minuten auf dem Blech lassen und dann mit einer Backschaufel oder Palette auf ein Tablett oder eine Platte legen. Nach Wunsch können die Kekse mit Marmelade zusammengesetzt und/oder mit Schokoglasur überzogen werden.

***Tipp:*** Es ist darauf zu achten, dass der Teig nicht zuviel geknetet wird, da dadurch die Butter im Teig weich wird, der Teig lässt sich dann schwer ausrollen weil er klebt (am besten den Teig wieder kalt stellen). Wenn man beim Verarbeiten zuviel Mehl einknetet, wird der Teig „brandig" und er lässt sich ebenfalls nur noch schwer ausrollen.

***Schritt-für-Schritt***

# Kekse für Eilige

Man braucht dafür keinen Nudelwalker, das Ausrollen des Teiges erübrigt sich!

1 Teig – 5 Sorten Kekse auf einmal!

***Zutaten***
*2 + 1/4 (ca. 36 dag) Becher Mehl*
*1/2 TL Backpulver*
*1 Würfel (25 dag) Butter oder Margarine*
*3/4 Becher (ca. 12 – 14 dag) Staubzucker*
*1 Messerspitze Salz*
*Zitronenschale*
*1 Packung Vanillezucker*
*2 Eier (M)*
*1 gehäufter EL Kakao*
*1/2 – 3/4 Becher geriebene Nüsse*
*1/2 – 3/4 Becher Kokosette*

1. Temperierte Butter in kleine Stücke schneiden und mit dem Staubzucker kurz verrühren (Mixer mit Knethaken). Die Eier und Geschmacksstoffe zugeben, kurz einrühren. Das Mehl mit dem Backpulver zugeben und nur grob untermischen, noch nicht vollständig zu einem Teig verarbeiten.

2. Dieses Teiggemisch auf die Arbeitsfläche geben und in 4 Teile teilen.

- 1 Teil mit dem **Kakao** vermischen und einarbeiten.
- 1 Teil mit den geriebenen **Nüssen** vermischen und einarbeiten, bis er glatt ist.
- 1 Teil mit den **Kokosflocken** vermischen und einarbeiten.
- Der letzte Teil bekommt keine weitere Zutat.

Die 4 Teige ca. 20 – 30 Minuten kühlen (falls sie eher weich sein sollten).

3. Vom **Kakaoteig** ungefähr 1/3 wegschneiden. Die restlichen 2/3 zu einem vierkantigen Stollen verarbeiten, einwickeln und kaltstellen (ev. für 15 Minuten in den Tiefkühler geben). Das verbliebene Drittel mit dem Grundteig vermischen, sodass ein marmorierter Teig entsteht. Daraus eine 3 – 4 cm dicke Rolle formen, ebenfalls einwickeln und kalt stellen (damit er sich besser in Scheiben schneiden lässt, ev. kurz tiefkühlen). Aus dem **Kakaostollen** werden mit einem scharfen Messer ca. 3 mm dicke Scheiben abgeschnitten und auf das Blech gelegt. Nach dem Backen wird die Oberfläche mit Schokoglasur bestrichen und mit Mandelstiften oder gehackten Pistazien bestreut.
Aus der **marmorierten Teigrolle** werden ca. 3 – 4 mm dicke Scheiben geschnitten und gebacken.

***Schritt-für-Schritt***

**4.** Aus dem **Nussteig** werden Vanillekipferln und Nusskrapferln hergestellt. Aus dem gekühlten Teig eine fingerdicke Rolle formen, kleine Stücke von ca. 1,5 cm abschneiden, aus der Hälfte Kipferln formen. Aus **dem Rest** kleine Kugeln formen, diese werden mit Eiklar bestrichen, in die Mitte wird ein Nusskern gesetzt und ein wenig angedrückt. Nach dem Backen werden die noch warmen Kipferln in dem Vanille-Staubzuckergemisch gewendet. Die Krapferln werden nur leicht bezuckert.

**5.** Aus dem **Kokosteig** einen rechteckigen etwa 2 cm dicken Ziegel herstellen, diesen ebenfalls gut kühlen. Aus dem **Kokosteig-Ziegel** werden ca. 5 cm lange und 2 cm breite Stangerln geschnitten und gebacken. Die Stangerln mit heißer Marillenmarmelade bepinseln und mit dieser Seite in die Kokosflocken drücken.

*Apfelkuchen-Gitterkuchen*

# Apfelkuchen-Gitterkuchen

***Zubereitungszeit***
*ca. 80 Minuten*

***Zutaten***
*30 dag Mehl (ev. fein gemahlenes Dinkelmehl)*
*1/2 TL Backpulver*
*10 dag Staubzucker*
*1 Packung Vanillezucker*
*1 Prise Salz*
*15 dag Butter*
*1 – 2 Eier (je nach Größe)*
***Für die Fülle***
*ca. 3/4 kg Äpfel*
*1 TL Zimt*
*Zucker nach Geschmack (ca. 5 – 10 dag)*
*1 EL Rum*
*1 EL Zitronensaft*
*ev. 3 – 4 EL Mandelblättchen zum Bestreuen*

**1.** Einen Mürbteig bereiten, kühl rasten lassen. Das Backrohr auf 180 – 200 °C vorheizen.

**2.** Die Äpfel schälen, grob raspeln, fein blättrig hobeln und mit Zitronensaft, Rum und Zucker vermischen.

**3.** Ca. 2/3 des Teiges rechteckig (oder rund) ausrollen und auf das Blech heben. Den restlichen Teig ebenfalls ausrollen und in Streifen schneiden (siehe Linzer Schnitten).

**4.** Die Apfelfülle auf dem Teig gleichmäßig verteilen, die Teigstreifen gitterartig über die Fülle legen, ev. mit Mandelblättchen bestreuen. In der Backrohrmitte ca. 30 Minuten backen. Den Kuchen bezuckern und in Stücke schneiden.

# Linzer Schnitten

***Zubereitungszeit***
*ca. 60 – 80 Minuten*

***Zutaten für 1 Blech***
*30 dag Mehl, 1/2 KL Backpulver*
*25 dag Butter, 2 Eier*
*20 dag Staubzucker*
*Vanillezucker, 1 KL Zimt, etwas Nelkenpulver*
*Zitronenschalenaroma*
*20 dag gemahlene Mandeln oder Haselnüsse*
*5 – 10 dag geriebene Schokolade*
*ca. 1/2 Glas Ribiselmarmelade oder*
*Preiselbeermarmelade*

1. Nüsse und Schokolade reiben. Die zimmerwarme Butter mit dem Staubzucker und den Gewürzen kurz verrühren. Die Eier und die übrigen Zutaten untermengen. Den Teig zu einer größeren und einer etwas kleineren Kugel formen und zugedeckt oder in Frischhaltefolie gewickelt für mind. 1/2 – 1 Stunde kaltstellen.
2. Das Backrohr auf ca. 180 °C vorheizen. Zuerst die größere Teigkugel mit den Händen zu einem rechteckigen Ziegel formen, dann auf einer leicht bemehlten Arbeitsfläche zu einem Rechteck ausrollen. Nun muss die Teigplatte auf das Backblech gehoben werden. Das geht am besten mit dem Nudelwalker, indem man die Teigplatte auf den Nudelwalker aufrollt und auf dem Blech wieder abrollt. Sollte der Teig dabei in Stücke reißen, dann „flickt" man ihn einfach auf dem Blech zusammen und drückt ihn mit den Händen auseinander.
3. Die Teigplatte mit Marmelade bestreichen. Die kleinere Teigkugel ausrollen und in ca. 1 cm breite Streifen schneiden. Diese Streifen gitterartig auf die Marmelade legen.
4. Den Kuchen ca. 25 – 30 Minuten backen, bezuckern und in 4 – 5 cm große Quadrate schneiden.

***Schritt-für-Schritt***

# Feine Birnentarte

***Zubereitungszeit***
*ca. 50 – 60 Minuten*

***Zutaten für 1 Quiche- oder Tortenform mit 26 cm Durchmesser***
*21 dag Mehl*
*14 dag Butter*
*7 dag Staubzucker, 1 Ei*
*ca. 3/4 kg reife Birnen*
*Saft von 1/2 Zitrone*
*7 dag Zucker*
*1 Becher Creme fraiche*
*1 Packung Vanillezucker*
*Zitronenschale*
*2 Eier, Salz*

1. Den Mürbteig rund ausrollen (etwas größer als die Form), die Form damit auslegen und einen Rand herstellen. Das Backrohr auf 200 °C vorheizen. Den Teig ca. 10 Minuten hell vorbacken.
2. Die Birnen schälen, halbieren, das Kerngehäuse entfernen, in Viertel schneiden, mit Zitronensaft beträufeln und auf den Teig legen.
3. Creme fraiche, Eier, Zucker und Aromastoffe versprudeln und über die Birnen gießen, in der Backrohrmitte ca. 30 Minuten backen.

***Tipp:*** Statt Birnen kann man auch Äpfel, Marillen oder Zwetschken verwenden!

# Obstkuchen mit Baiser-Haube

Den gebackenen Mürbteigboden dünn mit Marillenmarmelade bestreichen. Statt dem Eier-Rahmguss kann man die leicht vorgedünsteten Obstspalten mit einer Schneehaube (3 Eiklar steif schlagen, 12 – 15 dag Feinkristallzucker langsam, löffelweise einschlagen, bis der Schaum sehr kompakt ist) bedecken, mit Mandelstifterln bestreuen und langsam bei ca. 140 – 150 °C ca. 30 Minuten hell backen.

***Schritt-für-Schritt***

# Mürbteig ohne Zucker

## Der Topfen-Mürbteig

Er wird auch manchmal als Topfen-Blätterteig bezeichnet.

## Grundrezept

***Zutaten***
*25 dag Butter*
*25 dag Topfen (10 – 20 % Fettgehalt)*
*25 dag Mehl*
*etwas Salz*
*Mehl zum Ausarbeiten*
*1 Ei zum Bestreichen*

1. Mehl und Salz auf die Arbeitsfläche streuen. Die kalte Butter in sehr kleinen Stückchen in das Mehl schneiden und mit den Händen leicht verbröseln.
2. Den Topfen dazugeben und alles miteinander kurz zusammenmischen – nicht lange kneten! Den Teig in Frischhaltefolie wickeln und ca. 20 – 30 Minuten kühl stellen.

***Tipp:*** Teig halbieren, eine Hälfte als Süßspeise, die andere als pikante Speise weiterverarbeiten.

## Marmeladetascherln

***Zubereitungszeit***
*ca. 60 Minuten*

***Zutaten für ca. 2 Bleche***
*siehe Grundrezept Topfen-Mürbteig*
*feste Marillenmarmelade*
*1 Ei zum Bestreichen*

1. Den gut gekühlten Teig möglichst dünn viereckig ausrollen (ca. 2 mm). Quadrate von ca. 8 – 10 cm ausschneiden und in die Mitte des Quadrates ca. 1/2 TL Marmelade geben. Mit einem Pinsel 2 der Teigränder dünn mit Ei bestreichen und zu einem Dreieck zusammenklappen, die Ränder behutsam andrücken (ev. mit den Gabelzinken – so entsteht zugleich ein Muster) und die Oberfläche ebenfalls dünn mit Ei bestreichen.
2. Im Backrohr bei ca. 200 °C ca. 15 – 20 Minuten goldgelb backen (der Teig muss gut durchgebacken sein).
3. Die noch heißen Tascherln mit Staubzucker bestreuen.

# Nusskipferln

***Zubereitungszeit***
*ca. 60 Minuten*

***Zutaten***
*siehe Grundrezept Topfen-Mürbteig*
***Für die Fülle***
*1/8 l Milch*
*5 dag Zucker, Vanillezucker*
*etwas Zimt und Zitronenschale*
*20 dag geriebene Haselnüsse,*
*Mandeln oder Walnüsse*
*etwas Rum*
*(ev. 1 – 2 Rippen*
*geriebene Kochschokolade)*

**1.** Den Teig herstellen und gut kühlen. Inzwischen die Fülle zubereiten: Die Milch aufkochen und die übrigen Zutaten für die Fülle einrühren und auskühlen lassen. 1 – 2 Backbleche mit Backtrennpapier belegen. Das Backrohr auf ca. 200 °C vorheizen.
**2.** Den Teig dünn (ca. 1 – 2 mm) zu einem Rechteck ausrollen. Dann 10 – 12 cm breite Streifen schneiden und aus diesen Streifen gleichschenkelige Dreiecke schneiden (8 – 10 cm). Auf den unteren Teil des Dreieckes etwas Nussfülle geben, zur Spitze einrollen und zu einem Kipferl biegen. Die Kipferln auf das Blech legen und mit versprudeltem Ei dünn bestreichen.
**3.** Die Kipferln ca. 15 – 20 Minuten backen und mit Staubzucker bestreuen.

***Tipp:*** Salzige bzw. pikante Füllungen für Kipferln, Tascherln oder Strudel: siehe Blätterteig und Strudelteig!

# Der Topfen-Öl-Teig

Dieser Teig ist die schnelle und unkomplizierte Alternative zum Germteig. Er ist im Nu hergestellt und gelingt auch Anfängern sofort. Er eignet sich sowohl für süße als auch für salzige Speisen:

- als Unterlage für Obstkuchen
- für süße Weckerln, Schnecken usw.
- als Pizzateig
- für Zwiebelkuchen
- als Unterlage für Quiche
- für pikante Schnecken
- für schnelle Weckerln

# Grundrezept

***Zutaten für 1 Blech***
*30 – 35 dag Mehl (ev. Vollkorn oder gemischt, halb weiß, halb dunkel)*
*1 Packung (2 KL) Backpulver*
*1/2 KL Salz*
*15 dag passierter Topfen (gut 1/2 Becher)*
*ca. 8 – 10 EL Milch (ca. 1/8 l)*
*5 – 6 EL Öl*

***Tipp:*** Durch die Milchzugabe kann die Konsistenz des Teiges beeinflusst werden. Vollkornmehle benötigen meist etwas mehr Milch, diese Teige soll man etwas quellen lassen.

1. Alle Zutaten in eine Schüssel geben und mit dem Knethaken des Mixers oder mit dem Kochlöffel zusammenmischen, kurz durchkneten.
2. Man kann den Teig sofort weiterverarbeiten (z. B. zu Weckerln, Pizza) oder man kann ihn im Kühlschrank in Folie gewickelt bis zum nächsten Tag aufbewahren. Er lässt sich außerdem gut einfrieren.

*Gemüsequiche*

# Gemüsequiche

Wird warm oder kalt gegessen
und eignet sich gut für Parties.

***Zubereitungszeit***
*ca. 60 Minuten*

***Zutaten für 1 Blech oder 2 Quicheformen***
*siehe Grundrezept Topfen-Öl-Teig*
***Für den Gemüsebelag***
*ca. 60 – 75 dag gemischtes Gemüse (ev. tiefgekühlt): Champignons, Lauch oder Zwiebel*
*ev. 15 – 20 dag Schinken*
*15 dag Käse in Würfel (Edamer, Gouda)*
*Öl oder Butter zum Dünsten*
*2 EL gehackte Kräuter (Petersilie oder Kräutermischung)*
*3 Eier, 1 Becher Sauerrahm*
*Salz, Pfeffer*

1. Gemüse leicht auftauen, frisches Gemüse putzen, in kleine Würfel schneiden, Lauch in Ringe, Pilze in Scheiben schneiden. Das Backrohr auf 180 – 200 °C vorheizen. Den Topfen-Öl-Teig zubereiten und ev. kaltstellen.
2. Butter erhitzen, Lauch und Pilze andünsten, das geschnittene Gemüse und Gewürze zugeben und zugedeckt dünsten, bis das Gemüse gar ist. Ev. den würfelig geschnittenen Schinken und die gehackten Kräuter zugeben, auskühlen lassen. Erst in die ausgekühlte Gemüsemischung den Käse mischen.
3. Eier mit Sauerrahm versprudeln, leicht salzen und pfeffern und zum ausgekühlten Gemüse geben.
4. Das Blech befetten und bemehlen. Den Teig rechteckig in Blechgröße ausrollen, mittels Nudelwalker auf das Blech heben, den Teig gut an den Blechrand drücken und mit der Gabel stupfen. Die Gemüse-Ei-Mischung gleichmäßig darauf verteilen und ca. 1/2 Stunde backen. Vor dem Anrichten in Rechtecke oder Quadrate schneiden.

***Tipp:*** Dieser Teig kann auch für Weckerln verwendet werden – siehe unter Brot und Gebäck!

# Variante

## Belag für Spinatquiche

***Zubereitungszeit***
*ca. 60 Minuten*

1. 1 Zwiebel und 2 – 3 Knoblauchzehen fein hacken und in 3 EL Öl anschwitzen. 25 dag in Scheiben geschnittene Champignons zugeben und bei guter Hitze ohne Deckel rösten, bis die Flüssigkeit verdunstet ist.
2. 30 – 40 dag aufgetauten, ausgedrückten grob gehackten Spinat zugeben, ca. 5 Minuten dünsten, mit Salz, Pfeffer und Muskatnuss würzen, auskühlen lassen und mit der Ei-Sauerrahm-Mischung verrühren. Auf den ausgerollten Teig streichen.
3. Ca. 10 dag dünn geschnittenen Hamburger Speck in ca. 2 – 3 cm breite Stücke schneiden und auf dem Überguss verteilen.

*Spinatquiche*

# Pikante Schnecken

***Zubereitungszeit***
*ca. 50 Minuten*

***Zutaten***
*siehe Grundrezept Topfen-Öl-Teig*
***Für die Fülle***
*15 – 20 dag Schafskäse, zerbrökelt*
*15 dag Schinken in Scheiben*
*5 – 10 dag entkernte, kleingeschnittene Oliven*
*Oregano und/oder Basilikum*
*(ev. 1/2 Glas Tomaten-Pesto)*

1. Den Topfen-Öl-Teig zubereiten und zu einem 1/2 cm dicken Rechteck ausrollen (mit Pesto bestreichen).
2. Die Schinkenscheiben auflegen, den Käse mit den Oliven und Kräutern vermischen und über den Schinken streuen. Den Teig der Länge nach aufrollen, mit einem scharfen Messer ca. 1 – 2 cm dicke Scheiben abschneiden und auf ein mit Backtrennpapier belegtes Blech legen.
3. Die Schnecken mit Milch oder versprudeltem Ei bestreichen und mit Sonnenblumenkernen oder Sesam bestreuen. Im Backrohr bei 180 – 200 °C backen.

***Tipp:*** Sehr gut schmeckt auch eine Mischung aus Lauch, Speck und Käse oder Champignons.

# Marillen- oder Zwetschkenfleck

***Zubereitungszeit***
*ca. 60 Minuten*

***Zutaten***
*1/2 Becher passierter Topfen*
*1 Ei*
*5 dag Zucker*
*1 Prise Salz, Vanillezucker*
*ev. Zitronenschale*
*8 – 10 EL Milch (ca. 1/8 l)*
*5 – 6 EL Öl*
*30 – 35 dag Mehl*
*1 Packung Backpulver*
*ca. 1 kg Marillen (oder Zwetschken)*
*10 dag Mandelstifte*
*2 Packungen Vanillezucker*

**1.** Alle Zutaten des Teiges in einer Rührschüssel mit den Knethaken gut verrühren und dann mit den Händen glatt kneten. Der Teig soll geschmeidig und nicht zu fest sein (noch etwas Milch zugeben wenn er zu fest ist, etwas Mehl wenn er zu klebrig ist).
**2.** Marillen (oder Zwetschken) waschen, entkernen und in Spalten schneiden. Das Backrohr auf 200 °C vorheizen.
**3.** Den Teig rechteckig in Blechgröße ausrollen, mit dem Nudelwalker auf ein befettetes, bemehltes Blech heben, am Rand leicht hochziehen und andrücken.
**4.** Die geschnittenen Marillen gleichmäßig darauf verteilen. Mit den Mandelstiften und dem Vanillezucker bestreuen. Im Backrohr ca. 30 – 40 Minuten backen. Danach gut bezuckern, falls die Marillen noch etwas sauer sein sollten.

# Nuss- oder Mohnschnecken

***Zubereitungszeit***
*ca. 50 Minuten*

***Zutaten***
*1/2 Becher passierter Topfen*
*1 Ei*
*5 dag Zucker*
*1 Prise Salz, Vanillezucker*
*ev. Zitronenschale*
*8 – 10 EL Milch (ca. 1/8 l)*
*5 – 6 EL Öl*
*30 – 35 dag Mehl*
*1 Packung Backpulver*
*2 Packungen Nuss- oder Mohnfülle*
*Milch (die Menge ist auf der Packung der Nuss- oder Mohnfülle angegeben)*

**1.** Die Fülle mit heißer Milch anrühren. Das Backrohr auf 180 °C vorheizen. Das Backblech mit Backtrennpapier belegen.
**2.** Den Teig herstellen (siehe Marillen- oder Zwetschkenfleck) und auf der bemehlten Arbeitsfläche zu einem Rechteck ausrollen (4 – 5 mm). Die Fülle aufstreichen und straff einrollen. Mit einem Messer ca. 1 – 1,5 cm dicke Scheiben schneiden, auf das Blech legen und ca. 15 Minuten backen.